KB059771

희망을 향한 끝없는 행진

# 난민

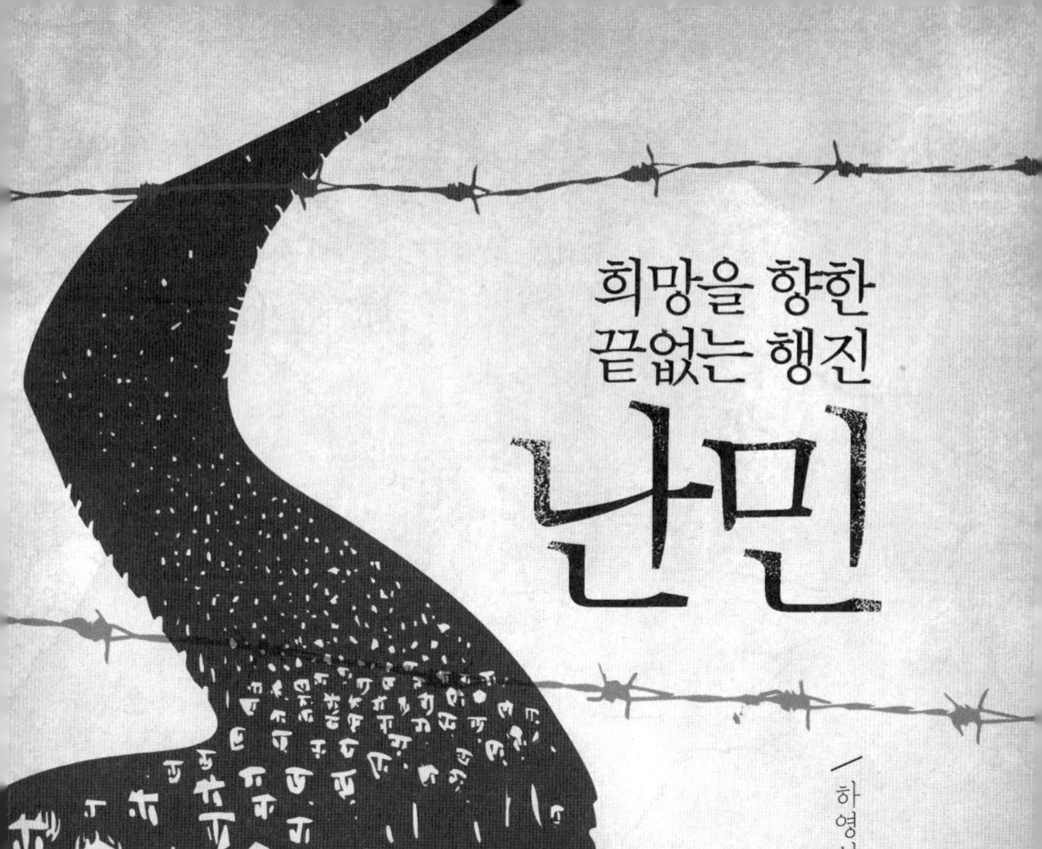

희망을 향한
끝없는 행진

# 난민

# REFUGEE

하영식 지음

사계절

우크라이나 동부 지역의 '도네츠크'시에서 대학을 졸업하고 젊은 이들이 선망하던 회사에 취직해 직장에 다니던 우크라이나 여성 '엘레나'의 삶은 어느 날 갑자기 완전히 뒤바뀌게 됩니다. 소비에트가 붕괴하면서 1991년에 우크라이나는 독립합니다. 그 후로 우크라이나는 계속적인 내부의 정치적인 소용돌이와 러시아와 충돌을 겪게 됩니다. 하지만 러시아와 전쟁까지 하리라고는 전혀 예상치 못했습니다. 그럼에도 전쟁은 일어났고 전쟁은 현실이 돼 버렸습니다. 전쟁은 그녀가 힘들게 이뤄 내고 계획해 온 미래를 송두리째 앗아가 버렸습니다.

전쟁이 일어나자 회사는 문을 닫았고 엘레나는 실업자가 돼 버린 것입니다. 엘레나는 이제 난민의 신세로 일거리를 찾아 어머니와 할머니를 도네츠크에 남겨 둔 채 열차에 몸을 싣고 키예프로 가는 중입니다. 남들이 부러워하던 인생에서 도움을 요청하는 난민의 신세가 돼 버린 것입니다.

전쟁이 일어나면 모든 게 변합니다. 국가와 민족 전체의 운명이 뒤바뀌기 때문에 한 개인의 운명이 뒤바뀌는 건 시간문제일 뿐입니다. 엘레나는 직장에서 열심히 일하고 국가에 충실히 세금 내고 이웃과 정답게 지내면서 살아온 평범한 시민입니다. 국가나 사회, 이웃에 해를 끼치는 행위는 전혀 해 본 적 없이 살아왔습니다. 더구나 전쟁은 한 번도 원한 적 없었습니다. 그런데 어느 날 갑자기 정치가나 권력자의 잘못으로 전쟁이 일어나 난민이 돼 버린 것입니다. 현재 엘레나와 같이 삶의 터전을 잃고 다른 곳으로 피난을 떠난 난민들은 전 세계에 5000만 명에 달하고 있습니다.

우크라이나 난민들이나 시리아 난민들은 최근의 사례지만 역사를 거슬러 올라가면 난민의 역사는 꽤 오래됐다는 사실을 알 수 있습니다. 인류가 전쟁을 시작한 이래로 난민은 존재했습니다. 현대인들은 고대 시대 때 전쟁에서 지면 학살을 당하거나 노예로 팔려 가는 걸 전부로 생각합니다만, 고대 시대 때도 난민들을 보호해 준 일이 항상 있었다는 사실입니다.

우리 민족의 역사에서도 삼한 시대 때 '소도'라는 종교적 성지에서는 난민들이나 억울한 사람들이 들어와서 안전을 보장받았다는 역사적 사실은 잘 알려져 있습니다. 우리나라뿐만 아니라 인류는 동서양을 막론하고 전쟁으로 인해 난민 신세로 전락한 외국인들이나 내국인들을 보호하면서 삶을 영위할 수 있게 도와준 역사적 사실을 어디에서나 찾아볼 수 있습니다.

삼한의 소도처럼 서양에서도 주로 종교적인 성지를 난민들의 피난처로 제공했습니다. 기원전 5세기 무렵 아테네에서는 아크로폴리스가 있는 언덕 아래에 위치한 아고라 지역에 많은 외국인들이 살고 있었다고 합니다. 이들은 전쟁을 피해서 아테네로 온 난민들이었습니다. 그리스인들 중에서는 이들을 '펠라스고이(야만인)'로 부르면서 차별했고, 이 지역을 저주받은 지역이라고 부르기도 했습니다. 수많은 난민들이 그리스 말이 아닌 알아듣지 못하는 말을 쓰니 당연히 '야만인'으로 취급했던 게 당시의 현실이었습니다. 어쨌든 고대 아테네에서도 난민들을 받아들여서 함께 살았다는 얘기입니다.

그리고 고대 그리스에서 신들을 숭배하기 위해 세워진 신전 도시들은 난민들을 보호할 수 있는 신성불가침의 특권과 자치권을 보장받았습니다.

아폴론 신전과 신탁으로 유명한 '델피'는 고대 그리스 세계의 왕국들 전체가 신성한 땅으로 인정했습니다. 나중에 그리스를 식민지로 만들었던 로마 제국도 델피를 성스런 도시로 인정하면서 자치권을 인정했습니다. 도시의 자치권이란 제국의 법이 적용되지 않고 도시의 독자적인 법이 관철되며 세금 징수도 독자적으로 하고 제국의 군대가 도시의 영토 내에 들어올 수 없는 권리입니다. 따라서 전쟁에 쫓긴 난민들이나 노예들, 채무자들, 억울한 일로 도피한 사람들은 델피 지역으로 가서 보호를 받을 수 있었습니다. 델피뿐만 아니라 그리스 신들을 숭배하는 성전이 세워진 도시는 난민들의 피난처로서 역할을 했습니다.

또한 이스라엘 민족은 난민으로 2500년을 살아왔던 민족이어서 누구보다도 난민들에 대한 이해가 깊습니다. 고대 이스라엘 역사를 보면 난민들에 대한 배려를 엿볼 수 있습니다. 이스라엘 민족이 난민이 되기 훨씬 전인 부족장들의 시대 때부터 12개의 지파 중 '레위'파에 속한 6개의 도시는 항상 난민들이나 억울한 사람들에게 열려 있었습니다. 아무리 중한 죄를 지은 범법자일지라도 이들 도시에만 들어가게 되면 보복을 피할 수 있었습니다.

6개의 도시들은 골란, 라모스, 보소르, 케데쉬, 셰켐, 헤브론이었습니다. 당시 고대 이스라엘의 법에 따르면 난민들을 위한 도시로 들어가는 길은 다른 도시로 들어가는 길보다도 더 넓고 더 잘 정돈되어야 했으며, 심지어 '피난처'라는 표지까지 붙어 있어야 했습니다.

근대 시대에 들어오면서 유럽에서는 종교 전쟁으로 인해 대규모 난민 사태가 발생했습니다. 16세기, 프랑스에서는 신교도와 구교도 사이에 전쟁이 터지면서 수십만 명의 신교도(위그노)들이 프랑스에서 유럽 전역으로 피난을 떠났던 역사가 있습니다. 난민들은 대략 20만 명으로 추정하지만 그보다 훨씬 많은 수가 피난 행렬에 올랐습니다. 당시 신교도 국가이던 영국이나 네덜란드, 독일로 주로 피난을 떠났지만 정교 국가인 러시아로도 많은 위그노들이 피난을 떠났습니다. 물론 유럽의 국가들은 프랑스의 신교도 난민들을 모두 받아들였습니다. 그때부터 '난민(refugee)'이란 용어가 유럽에서는 처음으로 사용되기 시작했습니다.

1차 세계 대전과 2차 세계 대전은 전 세계적으로 수천만 명을 난민으로 만들었으며, 많은 난민들이 영국이나 미국으로 피난처를 찾아 떠났습니다. 2차 세계 대전이 끝나고 국제 연합(유엔)이 조직되면서

1951년에 세계는 비로소 '난민의 지위에 관한 협약'을 채택하여 난민들을 보호해야 한다는 데 동의했습니다. 협약은 난민들이 국경을 넘은 경우에는 받아 줘야 하고 안전한 곳에서 삶을 영위할 수 있도록 도와주는 건 같은 인류로서 당연한 의무라고 규정하고 있습니다.

쿠르드 민족이나 팔레스타인 민족처럼 국가가 없는 민족이면 태어날 때부터 이미 난민이 될 확률이 높으며 어떤 경우에는 아예 난민으로 태어나게 됩니다. 물론 많은 사람들은 국가를 세우면 되지 않느냐고 되묻겠지만 국가를 세우는 것도 쉬운 일이 아닙니다. 유대 민족은 2500년 후에야 다시 국가를 건설할 수 있었습니다. 주위 국가들의 반대가 만만찮기 때문입니다.

난민이라는 운명을 받아들이고 살아가는 게 어쩌면 국가를 세우는 것보다 더 편할 수도 있습니다. 난민으로 태어나 그 생활에 익숙해지다 보면 난민으로서 살아가는 방법도 터득하게 됩니다. 실제로 이들은 난민으로의 삶을 받아들여 왔기 때문에 자신들의 국가를 건설하는 문제에서는 적극적이지 않을 수 있습니다.

특히 팔레스타인 민족들의 경우 1948년부터 난민으로 3세대를 살아오고 있습니다. 거의 70년 가까이 유엔(UN)의 지원을 받아 살아왔으니 유엔이 부모인 셈입니다. 국가가 없어도 유엔이 먹여 살려 주고 교육이나 의료 혜택을 주니 국가 건설에는 그렇게 적극적이지 않을 수 있습니다. 자칫 국가 건설을 위한 투쟁에 뛰어들었다가는 유엔에서 주는 빵조차도 얻어먹지 못할 것이라는 두려움도 실제로 잠복해 있을 것입니다.

한 가지 놀라운 사실은 팔레스타인 난민들을 70년 동안 실제로 지원해 온 국가가 미국이라는 사실입니다. 팔레스타인 난민 구호 기구가 지출하는 예산 중 반 이상을 지금까지 미국이 부담해 왔습니다. 팔레스타인 난민들의 머릿속을 지배하고 있는 반유대·반미 사상과는 모순이 아닐 수 없습니다. 미국이 주는 빵을 먹고서 미국을 증오한다는 사실입니다. 당연히 팔레스타인의 민족 국가 건설에 미국의 입김이 절대적인 영향을 끼칠 수밖에 없음을 잘 알 수 있는 대목입니다. 하루 이틀도 아니고 장장 70년 동안 미국이 주는 빵으로 살아왔다는 사실은 시사하는 바가 큽니다.

조금 더 파고들어 가면 미국의 정치·경제를 쥐고 흔드는 유대인들이 500만 명의 팔레스타인 난민들을 지원해 왔다고도 할 수 있습니다. 사실, 미국의 유대인들은 미국 정계를 움직여 팔레스타인 난민들을 위해 매년 지출하는 지원 분담금을 끊어 버릴 수도 있습니다. 의혹이 아닐 수 없습니다. 유대인들의 국가인 이스라엘을 지도에서 없애겠다는 팔레스타인들을 유대인들이 사실상 먹여 살려 왔다는 사실입니다.

난민 문제에서 닭이 먼저냐 달걀이 먼저냐 하는 논쟁이 계속되어 왔습니다. 난민이 발생하는 근본적인 이유는 전쟁입니다만, 난민들을 데려다주는 국제 인신매매 조직이나 인간 밀수 조직을 원인으로 꼽는 사람들도 있습니다. 사실, 유럽으로 난민들을 밀입국시키는 사업은 엄청난 이익을 남기는 사업이며, 인간 밀수 조직의 규모도 엄청난 게 사실입니다.

아프리카나 시리아, 이라크, 이란, 파키스탄에서 온 난민들은 유럽을 한 번도 가 본 적이 없습니다. 더구나 불법적으로 유럽으로 들어

가는 여행길은 난민들로서는 도무지 알 수가 없습니다. 불법 이민을 가능하게 해 주는 조직의 도움이 없다면 유럽으로 가는 길은 사실상 불가능합니다. 물론 이런 조직만 있다고 불법 이민이 가능한 건 아닙니다. 가난과 전쟁으로 찢긴 세상이라는 토양이 있기 때문입니다.

불법 이민자들도 여행길의 위험성은 너무도 잘 알고 있습니다. 자칫하면 여행 도중 병에 걸리거나 허기에 시달려 목숨을 잃을 수도 있습니다. 여행 중 강도나 지역 경찰들에게 가진 돈을 뺏기거나 심지어는 타국의 감옥에서 심한 고생을 할 수도 있습니다. 이를 무릅쓰고서도 가야 하는 이유가 있습니다. 바로 삶의 절망 때문입니다. 삶의 절망이 목숨을 건 유럽행을 낳고 있습니다. 유럽이라는 희망만 보고 가는 것입니다. 인간에게 희망이 없다면 삶은 의미가 없을 것입니다. 인간에게 희망은 어둠을 밝히는 빛이라 할 수 있습니다. 어둠은 절망이겠지요. 난민들은 유럽이라는 빛을 보고 몇 달이 걸리고 심지어 몇 년이 걸리는 여행길을 포기하지 않고 있습니다.

난민들의 국적을 살펴보면 아프리카 대륙과 시리아, 아프가니스탄, 이라크에서 오는 난민들이 대다수를 이루고 있습니다. 터키에서 그리스로, 리비아나 이집트에서 이탈리아로, 또는 지브롤타 해협을 넘어 스페인으로 오는 경우가 대부분입니다. 2015년 한 해만 해도 100만 명의 난민들이 유럽으로 들어왔고 터키에서 그리스로 배를 타고 들어온 수는 84만 명이나 됐습니다. 그리고 배를 타고 해역을 넘어오다 숨진 숫자만도 거의 4000명을 헤아렸습니다.

현재 대부분의 난민들이 향하는 방향은 유럽입니다. 미국이나 캐나다, 호주 등은 너무 멀리 떨어져 있어서 갈 수가 없습니다. 아무래도 유럽이 난민들에게는 가장 가기도 쉽고 안전하며, 또한 정착하기도 쉬운 곳입니다. 그러나 이제는 유럽도 난민들을 향해 열어 놓았던 문을 닫기 시작했습니다.

2016년 1월 현재 시리아와 이라크, 아프간에서 터키를 통해 그리스로 와서 유럽을 향해 국경을 넘은 수천 명의 난민들은 세르비아나 마케도니아의 국경 지역에서 추운 겨울을 나고 있습니다. 이곳에서 유럽의 국경이 열리기만 기다리고 있습니다. 믿었던 유럽마저 난민들에게 등을 돌리기 시작한 것입니다. 당연히 난민들의 처지는 막막하기만 합니다.

난민들에게 문을 열어 놓았던 독일도 이제는 난민들을 돌려보내고 있으며 난민들의 입국을 막고 있습니다. 독일은 지난 30년간 거의 360만 명의 난민 신청자들을 받아들였고, 이는 유럽 국가들이 받아들인 총난민 수의 3분의 1에 해당합니다.

독일이 난민들에게 관대한 정책을 써 왔던 이유는 2차 세계 대전을 주도한 히틀러의 전범 국가이자 인종 차별 국가라는 오명을 벗어 버리려는 노력으로도 해석됩니다. 독일이 난민들을 받지 않고 인종 차별주의적인 정책을 실시하게 되면 세계가 다시 히틀러의 악몽을 되살릴 수도 있기 때문입니다. 물론 독일의 경제가 여전히 난민들을 받아들일 수 있는 여유가 된다는 게 중요한 이유가 될 것입니다.

아프가니스탄의 수도 카불에 주재한 독일 대사관의 웹 사이트에 들어가 보면 많은 웹 페이지들이 난민 문제로 채워져 있음을 알 수 있습니다. 특히 인간 밀수 조직들이 아프간 사람들을 모집하기 위해 퍼뜨린 독일에 대한 잘못된 정보를 바로잡는 선전들이 눈을 사로잡습니다.

"모든 아프간인들은 독일에 체류할 수 있는가?"라는 질문이 보입니다. "개인적인 사례가 검증되며 제네바 난민 협약이나 독일 난민법에 해당하지 않는 아프간인들은 독일을 떠나야 합니다. 아프가니스탄이나 처음 입국한 국가로 돌아가야 합니다."라고 답하고 있습니다. 즉, 인간 밀수 조직이 퍼뜨린 소문과는 다르다고 강조하고 있습니다. 인간 밀수 조직은 "모든 아프간인들은 독일에 체류할 권한이 있다."라는 식의 선전을 해 왔다는 것을 알 수 있습니다. 그리고 "독일은 싼 노동력을 필요로 하기 때문에 아프간에서 온 노동자들을 원하는가?"라는 독일 정부의 질문을 볼 수 있습니다. 하지만 독일 정부의 답은 "고도로 교육받은 노동자들만 원합니다."라고 답하고 있습니다.

그리고 난민 신청을 해도 언제 결과가 나올지 모른다는 공고도 해 놓았고 전쟁으로 파괴된 아프가니스탄을 재건하는 프로그램에 관한 공고도 옆에 실어 놓았습니다. 즉, 독일 정부가 아프간 국민들에게 공개적으로 독일로 제발 오지 말라는 부탁을 하고 있습니다. 지금 독일은 시리아와 아프간, 이라크에서 온 난민들로 인해 몸살을 앓고 있습니다. 독일의 난민 개방 정책이 난민들에게 알려지면서 모두 독일로 향하고 있기 때문입니다.

이전에는 프랑스나 영국이 난민들이 원하던 목적지였습니다. 프랑스는 2000년대 전반기, 영국은 2000년대 후반기에 난민들이 원하던 목적지였습니다. 2010년 이후부터 난민들은 독일을 주로 찾기 시작합니다. 프랑스나 영국에서 난민들을 소극적으로 받기 시작하면서 독일이 난민 수용의 1등 국가로 올라섰습니다. 이와 더불어 북유럽 국가들도 난민들이 향하는 주 목적지의 하나가 되기도 했습니다.

2015년은 난민의 해였다고 할 정도로 난민들이 언론의 중심이 됐습니다. 유럽 연합은 밀어닥치는 대규모의 난민들을 감당할 길이 없어지자 국경 통제에 나섰고, 헝가리 같은 경우에는 아예 국경선을 따라 가시철조망을 설치하기도 했습니다. 오스트리아와 스칸디나비아 국가들과 프랑스는 현재 국경 통제를 실시하고 있는 중입니다.

또한 유럽 연합에서는 회원국들에게 난민 수를 할당해 강제로 이주시키는 정책을 채택했지만 동유럽 국가들의 반발로 제대로 시행되지 않고 있습니다. 즉, 난민들 문제로 유럽 연합 자체가 붕괴의 위기를 맞고 있는 형편입니다.

난민들을 진정한 전쟁 난민으로 분류하기에는 애매한 경우가 있습니다. 아프리카나 파키스탄, 이란, 코소보 등지에서 경제적으로 더 나은 삶을 위해 국경을 넘는 사람들도 많이 있습니다. 멕시코 국경을 넘어 미국으로 들어오는 불법 이민자들과 마찬가지입니다. 국경만 넘으면 임금이 수십 배로 올라가기 때문에 그 유혹을 뿌리칠 수 없습니다. 살고 있는 나라가 너무 가난해 더 잘사는 곳으로 생사를 걸고 불법적으로 국경을 넘는 것입니다. 이들을 '경제적인 난민' 내지 '불법 이민자'라고 부릅니다.

세계가 집중하고 있는 난민들은 대부분 아프리카나 중동 출신들이지만 눈을 다른 세계로 향해 돌린다면 더 많은 난민들을 발견할 수 있습니다. 티베트 난민들, 체첸 난민들, 키프로스 난민들…… 필자는 이들의 이야기도 함께 전해 주고 싶습니다.

16년 전에 그리스의 아테네에 있을 때 한국인 선교사 한 분에게서 한 통의 전화를 받았습니다. "아테네의 한 공원에 지금 아프가니스탄에서 온 난민들이 지내고 있으니 한번 가 봅시다." 그렇게 해서 만난 사람들이 아프간에서 온 난민들이었습니다. 수십 명의 사람들이 아테네의 공원 여기저기에 천막들을 쳐 놓고 지내고 있었습니다. 몇 명은 천막 앞에서 모닥불을 피워 놓고 손을 쬐고 있었습니다.

2001년 9월 11일, 미국은 중동의 테러 조직인 '알카이다'로부터 미국 역사상 가장 참혹한 공격을 당했습니다. 테러 공격을 당한 한 달 뒤인 10월 7일, 미국은 아프간을 폭격하면서 전면전을 개시했습니다. 곧이어 아프간에서 난민들이 유럽의 첫 관문인 그리스로 몰려오기 시작했습니다.

물론 그 전에도 알바니아 사람들이나 쿠르드 사람들, 이란에서 온 난민들이 대부분이었습니다. 전쟁이 벌어지면서 밀려들어 온 난민들은 아프간 사람들이었습니다. 아프간이나 파키스탄, 이란에서 그리스로 오는 데 거의 두 달이 걸린 셈입니다. 이들로부터 아프간에서 그리스로 오는 여행 경로나 인간 밀수업자들에 관한 얘기도 상세하게 들을 수 있었습니다. 사실상 이들을 통해 필자는 난민들의 세계를 알게 됐으며 이해하기 시작했습니다.

난민들은 파괴된 삶을 처음부터 다시 시작해야 합니다. 물론 많은 재물을 외국으로 가져간 부자들은 새 삶의 출발이 조금 더 쉬울 수도 있을 것입니다. 하지만 대부분의 난민들은 겨우 목숨만 부지해서 빈털터리로 외국으로 갑니다. 당연히 이들 난민들은 그 나라의 문화와 생활에 완전히 적응할 때까지 현지 주민들의 도움과 관심이 필요

할 수밖에 없습니다.

난민들에 대한 인식은 사실상 많이 왜곡돼 있습니다. 단지 부정적이며 파괴적인 면만이 지역 주민들의 시선을 끌고 있습니다. 난민들은 일하지 않으면서 단지 자신들이 내는 세금만 축내는 놀고먹는 돼지로 인식하는 경향이 있습니다. 그리고 지역 주민들의 일자리를 빼앗아 실업률을 부채질하면서 비숙련 노동 부문의 임금을 끊임없이 저하시키는 역할을 한다는 인식이 팽배해 있습니다.

그러나 난민들의 이동이 단지 부정적인 역할만을 하는 것은 아닙니다. 난민들의 이동으로 인해 다른 민족 간의 이질적인 문화가 장기간에 걸쳐 상호 침투하면서 세계적인 차원의 위기를 극복했던 적도 있었습니다. 종교가 모든 것을 지배했던 중세 시대의 암흑기를 겪은 유럽 대륙은 난민들과의 장기간에 걸친 교류를 거치면서 결국에는 세계의 중심으로 우뚝 선 역사가 있습니다.

십자군 전쟁과 터키의 침공으로 붕괴했던 비잔틴 제국의 난민들은 어두웠던 유럽의 역사를 전환시키는 중요한 역할을 했습니다. 13세기 이후부터 십자군들과 터키의 침공으로 인해 15세기에 비잔틴 제국은 멸망하게 됩니다. 이 기간 동안 많은 그리스인들이 비잔틴 제국을 떠나 난민의 신세로 이탈리아를 비롯한 유럽으로 건너갔습니다. 당시 그리스인들의 대규모 이동은 이탈리아와 유럽 대륙에서 일어났던 인본주의 운동인 르네상스 운동의 원동력이 됐습니다. 당시 그리스인들도 분명히 난민들이었습니다. 르네상스 운동에 지대한 영향을 준 그리스 난민들의 역할은 새롭게 역사적인 재평가가 이뤄져야 한다고 생각합니다.

유엔 난민 기구에 따르면, 전 세계에서 5000만 명 이상의 사람들이 전쟁으로 인해 삶의 터전을 떠났다고 합니다. 그리고 2011년 말에 1000만 명에 달하던 난민들이 2015년에는 1500만 명으로 늘어났다는 통계도 내놓았습니다. 5년 사이에 500만 명이 증가한 것입니다.

전쟁이나 굶주림으로 고향을 등지고 조국을 등진 난민들의 문제를 다루다 보면 답답해지기도 합니다. 사실 난민 구호 캠페인을 벌이는 일 외에는 별다른 해결책이 떠오르지도 않습니다. 무엇보다도 난민들과 함께 살면서 고통을 나누겠다는 의지가 없는 한 난민들은 무거운 짐이 될 뿐입니다. 그렇다고 난민들을 추방하려는 국가들을 비판할 수도 없습니다.

"곳간에서 인심 난다."라는 우리나라 속담은 유럽의 상황을 아주 잘 표현해 주고 있습니다. 유럽에서도 상대적으로 넉넉한 서유럽 국가들은 난민들을 받아들이는 데 대다수가 동의합니다. 하지만 먹고 살기에 팍팍한 동유럽 국가들은 난민이 유럽 땅을 밟는 자체를 반대하고 있습니다.

난민들에 대해 유럽의 문을 닫기를 주장하는 유럽의 우파 정치인들은 모든 난민들을 경제적인 난민으로 보고 있습니다. 시리아 난민들도 굳이 유럽으로 올 필요가 없다고 주장합니다. 시리아의 이웃 국가인 터키도 안전한 곳이고 그리스나 발칸 국가들도 안전한 곳인데 왜 유럽으로 오느냐는 질문을 던집니다. 단지 안전 문제 때문이 아니라 경제적인 목적으로 유럽으로 온다고 생각하고 있습니다.

하지만 난민들의 입장은 다릅니다. 전쟁으로 인해 이웃 나라로 탈출해 온 뒤 전쟁이 끝나기를 기다렸지만 몇 년이 지나도 전쟁이 끝날 기미는 보이지 않습니다. 난민들을 위해 단지 텐트만 제공하는 가난한 이웃 나라들보다는 삶의 질이 훨씬 높고 자녀들이 제대로 교육받아 미래를 보장받을 수 있는 곳으로 옮겨 갈 생각을 하는 것은 당연합니다. 비록 수천 킬로미터가 떨어져 있지만 그나마 유럽이 가장 가까운 곳입니다.

어쨌든 난민 문제의 근본적인 해결책은 난민들이 이전에 살던 조국으로 다시 돌아가는 것입니다. 난민들이 돌아가기 위해서는 전쟁이 끝나고 평화가 와야 합니다. 그 뒤에야 난민들이 돌아가는 문제가 풀릴 수 있습니다.

그리고 경제적 난민들의 이주를 근본적으로 막기 위한 해결책은 국가 간의 생활 수준이나 임금 격차를 줄이는 길밖에 없습니다. 가령, 미국과 멕시코처럼 국경을 사이에 두고 임금 격차가 10배나 20배가 된다면 누구도 미국행을 결심하지 않을 수 없을 것입니다. 똑같은 일을 하는데 멕시코에서는 하루에 10달러를 받고 국경 너머 미국에서는 100달러를 받는데 어느 누가 국경을 넘지 않겠습니까? 멕시코에서 열흘 일한 대가가 미국에서는 하루 일당에 해당한다면 누구도 일할 마음이 생기지 않을 것입니다. 파키스탄 사람들이 필사적으로 유럽으로 오는 이유도 이 때문입니다. 한 달 동안 죽자 사자 일해도 독일이나 영국에서 하루 일해서 번 임금보다 낮은 게 현실입니다. 당연히 죽음을 무릅쓰고서 유럽으로 오는 것입니다. 한국에 오는 외국인 노동자들도 마찬가지입니다.

난민들이 유럽에서 시리아로, 아프간으로, 이라크로 돌아갈 때까지는 오랜 시간이 걸릴 것입니다. 그때까지 세계는 난민들과 함께 고통을 나눌 수밖에 없습니다. 그리고 세계가 이들과 함께 어느 정도까지 고통을 나누느냐에 따라 세계의 미래가 결정될 것입니다. 중동에 평화가 와서 난민들 모두가 돌아가 파괴된 조국을 다시 건설하고 새로운 삶을 시작하는 그날이 하루빨리 오기를 기원해 봅니다.

# 차례

# 1. 유럽으로 몰려드는 난민 행렬

　헝가리의 수도 부다페스트에 갑자기 큰 변이 일어났다. 다뉴브강이 흐르는 조용하고 평화로운 관광 명소인 부다페스트가 갑자기 난민들의 집결지로 변해 버렸다. 그것도 서유럽으로 향하는 대부분의 열차들이 출발하는 '켈러티'역(동부역)에 수천 명의 난민들이 모인 것이다. 난민들로 인해 켈러티역의 모든 열차는 정지되고 지하철도 켈러티역은 바로 통과한다는 소식을 필자는 들었다. 역시 필자가 직감한 대로 켈러티역에 접근하자마자 역사는 아수라장으로 변해 있었다. 역사 주변은 물론이고 역사와 연결된 지하철역 바닥은 모두 난민들로 채워져 있었다.

　여기저기서 잠을 청하기 위해 바닥을 뒹굴고 있는 젊은이들, 바닥에 박스 종이를 깔고 앉아 차를 마시는 가족들, 흥에 겨운지 큰 소리를 치면서 뛰노는 천진한 아이들……. 무엇보다도 공동 수도가 있는

형가리 부다페스트의 켈레티역에 모여 있는 난민들.

곳은 가관이랄 수밖에 없었다. 두 개의 수도꼭지에 열댓 명이 달라붙어 조금이라도 물을 얻기 위해 서로 손을 내미는 모습은 21세기에는 좀처럼 보기 힘든 처참한 광경이었다. 필자가 켈레티역을 거쳐 간 횟수만 따져도 100번도 넘을 것이지만 이런 광경은 한 번도 본 적이 없다.

필자는 지하철역 바닥에 쪼그리고 앉아 한 난민 청년에게서 시리아에서 형가리까지의 여행담을 들었다. 자신의 이름을 '사이드'라고 밝힌 28세의 시리아 청년은 IS의 수도인 '라카'에서 아내와 함께 탈출했다고 말했다. "IS가 통치하는 라카에 살면서 제대로 숨도 쉬지 못하고 살았는데 제대로 숨 좀 쉬면서 살려고" 탈출했다는 것이다. 아내가 아파서 병원에 가야 한다는 핑계를 대고서 IS 대원들의 집요한 감시의 눈초리를 따돌렸고 끝내는 터키의 '안타키아'로 넘어오는 데 성공했다. 터키로 넘어왔다고 모든 게 끝난 건 아니었다. 터키의 동부에서 서부의 '이즈미르'시로 긴 여행을 해야 했다. 그곳에서 다시 그리스의 '레스보스'섬으로 배를 타고 넘어왔다. 필자는 그에게 인간 밀수업자에게 얼마를 지불했는지 물었다. "그리스로 들어가는 가격으로 1인당 1200유로를 지불했다."라고 순순히 털어놓았다. 아내의 몫까지 2400유로를 지불한 셈이다. 떠나기 전에 값나가는 건 모두 팔아서 경비를 마련했다고 털어놓았다.

그가 탄 배에는 20명 정도의 난민들이 함께 있었다. 레스보스섬에서 며칠 머문 뒤, 그리스 경찰은 이들을 대형 페리선에 태워 그리스 북부 지역의 항구 도시 '테살로니키'에 내려놓았다는 것이다. 테살로니키에서 난민들은 기차를 타고 그리스와 마케도니아 국경 지대에 내려서 걸어서 마케도니아 국경을 넘었다. 사이드에 의하면 마케도니아 경찰은 이들을 아주 호의적으로 대해 줬다는 것이다. 기차로 마케도니아와 세르비아의 국경 지대까지 와서는 다시 철길을 걸어서 세르비아 국경을 넘었다. 세르비아에서 다시 열차를 타고 헝가리의 국경 지대까지 왔다는 것이다. 헝가리 국경 지점인 '로스케'에서는 철조망을 넘어 광활한 들판을 걸은 뒤, 경찰들의 추격을 피해 열차와 버스를 타고 부다페스트까지 왔다.

사이드에 따르면 "헝가리가 경험한 나라 중에서는 최악의 국가"라고 했다. "우리는 이곳 헝가리에서는 전혀 인간으로 대접받지 못했다."라고 했다. 그가 통과했던 나라들에서는 그곳 시민들이 물과 음식을 나눠 줬고 무료로 교통 편의도 제공했지만 헝가리에서는 난민들 스스로 모든 걸 해결하게 만들었다고 했다. 또한 헝가리 경찰들의 태도도 강압적이고 폭력적이었다고 불만을 털어놓았다. 사이드는 나흘째 켈러티 역사에 머물면서 계속 자신의 호주머니가 비어 간다는 안타까운 호소를 했다. 헝가리의 자원봉사자들은 아이들이 있는 가족들에게만 음식을 제공하고, 사이드처럼 젊은 부부나 독신일 경우에는 주변의 상가나 음식점에서 음식을 사 먹어야 한다는 것이다. "왜 독일로만 가기를 원하는지?"를 묻자, "메르켈은 우리 난민들을 어머니처럼 잘 돌봐 주리라 믿는다. 독일에서만 우리가 제대로 인간다운 삶을 살 수 있을 것 같아서"라고 사이드가 말했다.

마침 70대의 한 헝가리 노인이 우리 곁을 지나가면서 한마디 던졌다. "나도 1956년(소비에트에 대항한 봉기가 일어났던 해)에 난민으로 영국에 들어갔지만 이런 식은 아니었다. 정당한 절차를 밟아서 들어갔지 이건 아니다!" 그는 난민들을 향해 아주 불쾌한 표정을 지으면서 필자에게 한마디 던졌다. "당시 1956년도에 헝가리에서 오스트리아로 넘어갈 때 정당한 절차라는 게 있었나?"라고 필자가 묻자, 노인은 아무런 대꾸도 없이 사라졌다.

필자는 몇 미터 근방에 앉아 있는 다른 젊은이들에게도 여행 경로를 물어봤다. 모두가 같은 경로를 거쳐서 헝가리까지 왔다는 사실을 확인할 수 있었다. 네 청년들 중 두 청년들은 IS의 수도인 '라카'에서 왔고 다른 두 청년들은 시리아의 수도 '다마스커스'에서 왔다고 했다. 이들도 모두 인간 밀수업자들에게 돈을 지불하고 헝가리까지 왔다는 사실을 확인했다. 지불한 금액도 모두 비슷해 인간 밀수 시장의 가격선이 정해져 있음을 알 수 있었다.

부다페스트 켈러티역 안에서 숙식을 해결하는 난민들.

　켈러티역에서 난민들에게 먹을 것과 입을 것을 나눠 주고 있는 헝가리 자원봉사자들은 한목소리로 정부를 비판했다. 헝가리 정부는 난민들의 통제에만 신경 썼지 구호 문제는 아예 외면한다는 목소리였다. 난민들이 실제로 필요한 물과 음식, 옷가지 등은 성금으로 충당되고 있었다. 곳곳에서 헝가리 국민들은 정부가 채우지 못한 구호의 공간을 자발적으로 채우고 있었다. 고속도로를 걸어서 오스트리아로 향하는 난민 가족들을 자신의 승용차에 태워 주다가 옆을 지나던 네오나치 일행에게 봉변을 당한 경우가 크게 보도되기도 했다. 이곳에서 난민들에게 구호 물품을 나눠 주고 있는 구호 단체 회원인 '도라'는 "모든 게 부족하다. 우리로서는 한계에 도달했다. 정부나 국제 구호 단체의 대대적인 도움이 절대적으로 필요하다."라고 도움을 호소했다.

여권이나 여행 증명서가 없는 난민들이 불법적으로 유럽으로 들어올 수 있는 길은 오로지 인간 밀수 조직의 가이드에게 돈을 지불하고 오는 방법밖에 없다. 가이드에게 경비를 지불할 수 없으면 헝가리까지 오기는 불가능하다. 그만큼 전쟁의 역효과를 노린 인간 밀수 산업이 호황을 누리고 있다는 사실을 보여 준다. 헝가리와 세르비아의 국경 도시인 '로스케' 지역에는 헝가리의 수도 부다페스트까지 난민들을 실어 나르는 차들과 운전사들이 24시간 난민들의 호주머니를 노리고 대기하고 있다. 난민들 다섯 명이 승용차 한 대를 대절해 부다페스트까지 오는 데 꽤 높은 요금인 1000유로(약 135만 원)에 흥정되는 것으로 알려졌다. 국경에서 부다페스트까지는 160킬로미터로 승용차로 두 시간 거리다.

지난달 말(2015년 8월 27일)경에는 오스트리아와 헝가리의 국경 고속도로에 세워진 트럭의 짐칸에서 71명의 난민들의 시체가 발견되면서 전 세계에 충격을 던져 줬다. 이 사건 또한 인간 밀수업자들과 관계된 사건으로 밝혀졌다. 사망 원인은 환기가 전혀 되지 않는 컨테이너의 좁은 공간에 수많은 사람들이 장시간 수용되면서 모두 질식사한 것으로 밝혀졌다. 오스트리아 경찰에 따르면 체포된 트럭 운전사는 난민들로부터 돈을 받고 부다페스트에서 오스트리아로 실어다 주기로 했다는 것이다. 운전사는 오스트리아 국경 지대에서 난민들이 모두 숨진 사실을 알고서는 트럭을 버려두고 도주해 버린 것으로 밝혀졌다.

2014년부터 헝가리의 우파 정부(피데스당: 청년민주동맹)는 국내 언론에 터져 나온 몇 가지 부패 스캔들의 시선을 딴 곳으로 돌리기 위해 중동의 난민들의 유럽행에 반대하는 대대적인 캠페인을 국내에서 벌여 왔다. 난민들은 도저히 이해할 수 없는 헝가리어로 "헝가리에 오면 헝가리의 문화를 존중하라!", "헝가리인들의 일자리를 빼앗지 말라!"라는 등의 플래카드를 헝가리 전역 곳곳에 걸어 놓기도 했다. 뿐만 아니라 세르비아와의 국경선을 따라 철조망과 울타리를 설치하기도 했다.

어쨌든 지난해부터 난민들이나 불법 이민자들의 월경에 대비해 쳐 놓은 철조망은 무용지물로 전락해 버렸다. 헝가리 정부가 국내 여론의 무마용으로 시작했던 반이민자 캠페인은 난민들이 대거 몰려들면서 정부의 위신을 떨어뜨려 놓았고, 대비를 전혀 하지 않았다는 사실이 드러난 셈이다. 지금은 경찰력에 의지해 난민들의 월경을 물리적으로 막는 시도를 하지만 난민들의 수가 워낙 많다 보니 대부분은 빠져나가 버리고 있다. 이곳을 통과한 난민들이 켈러티역에 진을 쳐 왔다.

헝가리는 유럽 연합에서 배제된 세르비아와 국경을 맞댄 연유로 인해 서유럽으로 향하는 난민들이 최초로 넘어야 하는 유럽의 관문이다. 현재 유럽의 26개국을 포함하는 셍겐 국가들 사이에는 여권 심사나 세관 심사가 생략된 상태이다. 따라서 난민들이 헝가리 땅만 밟게 되면 유럽 연합에 발을 내디딘 것과 같은 의미이지만 난민 문제로 인해 각국마다 여권 심사를 되살려야 한다는 목소리가 커지고 있다. 그럼에도 국경 통제가 되살아나면 유럽 연합이 깨질 것이란 우려로 인해 다시 잠잠해진 상태이다. 반이민 반무슬림 정책을 기조로

난민들이 모여 있는 켈러티역을 순찰하는 헝가리 경찰들.

한 헝가리 정부는 불법으로 국경을 넘은 난민들은 체포해 수용소로 보낸다는 정책을 고수하고 있지만 턱없이 부족한 경찰력과 행정력으로 인해 실행이 불가능한 상태이다. 현재 부다페스트의 기차역이나 지하철역마다 정복 경찰들이 난민들로 보이는 사람들을 불심 검문을 하는 모습을 보지만 상황은 여전히 혼란스럽다. 게다가 서유럽, 특히 독일과 오스트리아의 이중적인 정책은 헝가리 정부의 난민 정책에 혼란을 부추겨 왔고 유럽 연합 내에서도 분열을 초래해 왔다.

독일 정부는 헝가리 정부에 난민들을 반드시 등록시킬 것을 주문해 왔고 헝가리 정부는 이를 그대로 시행하기 위해 국경을 통제하고 난민들을 켈러티 역사에서 움직이지 못하게 발을 묶어 놓았다. 당연히 헝가리 곳곳에서는 경찰들과 난민들의 충돌이 벌어지기도 했다. 그러나 며칠이 지나지 않아 독일이나 오스트리아에서는 난민들에게 국경을 개방한다면서 수백 명의 난민들을 등록 절차도 생략한 채 그대로 받아들이기 시작했다. 이는 독일 정부나 오스트리아 정부까지도 현재의 난민 문제에는 아무런 원칙이 없음을 보여 준 것이나 다름없다. (필자가 켈러티역을 방문한 이틀 뒤인 9월 6일, 수백 명의 난민들이 오스트리아로 떠나기 시작했다.) 심지어 독일에서는 시민들이 역에 나와서 난민들이 도착하자 환영식까지 치르는 일도 벌어졌고 서유럽의 언론들은 난민들을 켈러티 역사에 그대로 방치해 놓은 헝가리 정부의 비인도적인 처사를 대대적으로 비판하기도 했다. 뿐만 아니라 헝가리의 수상 '오르반 빅토르'는 현재 서유럽에서는 반인권적이자 반인도적인 독재자로까지 낙인찍힌 상태이다. 당연히 독일 정부의 난민들에 대한 가혹한 처사를 그대로 실행에 옮긴 헝가리의 수상은 궁지에 몰리게 되면서 난민들을 받아들이지 말라는 요구를 공개적으로 하기도 했다.

9월 9일, 유럽 연합 집행 위원장 융커는 16만 명의 난민들을 국가별로 나누어서 받아들이자는 구체적인 숫자를 명시한 제안을 내놓았다. 독일은 3만 1000명, 프랑스 2만 4000명, 스페인 1만 5000명, 폴란드 9200명의 순이다. 그러나 동유럽 국가들인 폴란드, 슬로바키아, 체코와 헝가리에서는 강력한 국경 통제를 원하면서 융커의 난민 수용안 자체를 반대하고 있어 제안이 실행될지는 여전히 미지수다. 이미 슬로바키아에서는 지역 투표를 통해 96퍼센트의 주민들이 난민 수용을 절대적으로 거부한 바 있다. 동유럽 국가들이 융커의 분산

켈러티역에 모여 있는 난민들이 독일 국기를 들고 있다.

수용안을 거부하는 이유는 명확하다. 경제적으로 여전히 서유럽에 강하게 의존하고 있는 동유럽 국가들은 난민들로 인해 서유럽 국가들에서 일하는 자국민들의 일자리가 위협받을 것이란 강한 우려 때문이다. 현재 융커의 제안은 임시 처방으로 나온 것이지만 이것마저도 비현실적이라는 비판의 목소리가 나오고 있다. 대부분의 난민들이 독일로 가기를 원하는 상황에서 난민들을 강제로 다른 국가들에 분산 수용하겠다는 방침은 비현실적이라고 할 수 있다. 융커의 제안은 단지 난민들을 수용하겠다는 인도적인 측면과 통일 유럽이라는 정치적인 측면만 고려했을 뿐 현실과는 동떨어진 제안이라는 비판이다.

유럽 연합의 공식적 통계만 보더라도 2015년 7월 한 달 동안에만 34만 명의 난민들이 유럽으로 들어오기를 시도했다. 난민들은 중동에서뿐만 아니라 아프리카 전역에서도 보트를 타고 들어오고 있다. 현재 그리스의 '레스보스'섬에만 2만 명의 난민들이 체류하고 있으며 매일 수천 명이 보트를 타고 도착하고 있다. 난민 문제는 지역 주민들의 일상적인 삶까지도 심각하게 침해하고 있다. 레스보스섬에 사는 그리스 주민들은 매일처럼 벌어지는 난민들 간의 싸움이나 난민들과 그리스 경찰 간의 충돌로 인한 폭력적인 분위기로 인해 절망적인 상황에 놓여 있다. 아이들을 학교에 보낼 수도 없고 밖에 나올 수도 없는, 정상 생활이 불가능한 상황이라고 호소하고 있다. 그리스의 다른 섬에 머무는 난민들까지 합하면 수만 명에 이르고 있으나 경제 파탄에 빠진 그리스로서는 속수무책일 뿐이다. 그리스로 들어오는 난민들은 모두 헝가리를 통해 독일로 가기를 원하고 있다.

  난민들의 면면을 살펴보면 시리아와 이라크, 아프간, 파키스탄, 이란 등에서 온 사람들로 뒤섞여 있다. 물론 이란이나 파키스탄에서 온 사람들은 모두 경제적 불법 이민자들이다. 이들은 유럽의 높은 임금 수준과 생활 수준에 이끌려 유럽행을 택한 사람들이다. 당연히 유럽과 다른 국가들의 경제 수준 차가 좁혀지지 않는 이상 경제적 불법 이민의 행렬은 끊이지 않을 것이다. 현재 대다수는 시리아와 이라크, 아프간에서 전쟁의 참화를 피해 온 난민들이지만 이들과 경제적인 목적의 불법 이민자들과의 경계 또한 애매모호한 것도 사실이다. 난민들도 사실은 가족들의 안전 문제보다는 '독일식의 삶'을 원해서 유럽행을 택한 게 사실이기 때문이다.

현재 벌어지고 있는 난민 문제는 국제 인간 밀수 조직의 사업 활동 때문이 아니라 중동에서의 전쟁, 특히 시리아 전쟁이 가장 큰 원인이다. 물론 시리아의 내전은 아사드 정부의 실책과 더불어 이슬람의 종파 간의 갈등이 원인이지만 미국과 유럽의 개입 또한 전쟁을 부추겨 왔다. 미국과 유럽은 아사드 정부의 붕괴를 목표로 반아사드 진영에 속하는 어떤 이슬람 지하드 그룹도 지원해 왔다. 이로 인해 이슬람 국가(IS)가 시리아 영토의 반 이상을 점령하는 심각한 결과를 낳았고 이들의 잔인한 만행으로 인해 800만 명의 난민들이 양산돼 왔다. 이 때문에 미국과 유럽이 난민 문제에서 책임을 회피할 수 없는 것이다.

당연히 난민 문제의 근본적인 해결책은 즉각적인 전쟁의 종결이다. 전쟁을 종결시키고 난민들을 귀향시켜 전후 복구 사업에 종사하게 만드는 일이다. 그것이 여의치 않을 경우에는 난민들을 텐트촌에 묶어 두기 위해 이들의 삶을 향상시키는 문제에 지금보다 더 많은 관심을 가져야 한다. 현재 유럽이 안고 있는 난민 문제는 이들의 삶을 외면한 데서 비롯됐다고도 볼 수 있다. 난민들의 삶을 외면할수록 난민들은 더 나은 삶을 찾아 움직일 수밖에 없고 결국에는 유럽이 모든 부담을 질 수밖에 없다.

## 2. IS는 어떻게 성장해 왔는가?

1992년 8월 당시, 아주 젊었던 나는 답답한 심정을 달래기 위해 파리로 떠나갔다. 그곳에서 지하철 열차가 지상으로 올라온 순간, 유리창 밖에 보이던 에펠 탑의 거대한 크기는 사진으로만 접해 왔던 나를 경외감에 빠져들게 만들었다. 하지만 콩코드 광장을 지날 때는 단두대와 루이 16세, 마리 앙투아네트, 로베스피에르 등의 이름들이 자연스럽게 떠올랐다. '그렇다! 프랑스는 프랑스 혁명이 최고의 걸작품이다.'라는 생각이 뇌리를 스치고 지나갔다. 프랑스가 관광객들의 호주머니를 비우기 위해 선전하는 에펠 탑이나 향수, 와인보다는 프랑스 민중들이 피를 흘려 성공시킨 프랑스 혁명이 사실은 프랑스가 인류사에 기여한 가장 값어치 있는 것이다. 자유와 평등, 박애라는 프랑스 혁명의 정신은 지금도 전 세계인들이 배우고 실천하는 인류 역사의 소중한 불멸의 가치로 자리 잡았다.

하지만 IS는 마치 자유와 평등, 박애의 정신을 경멸이라도 하듯이 파리를 향해 테러를 자행했다. 2015년 11월 13일 금요일 밤에 자행된 테러 공격으로 129명이 사망했고 수백 명이 부상을 입고 진료 중에 있으며 자유와 낭만의 상징이던 파리시는 피와 공포의 도시, 무장 군인들이 곳곳에 진을 친 계엄하의 도시로 변해 버렸다. IS가 공개적으로 파리를 공격했음을 인정한 이틀 뒤엔 프랑스도 IS의 수도인 시리아 북쪽의 '라카'시에 전투기를 동원해 무차별 보복 공습을 퍼부었다.

파리의 테러 공격에 세계가 충격에 빠진 이유는 러시아의 민간 항공기 폭파와 파리의 테러 공격을 하나의 연장선상에서 보지 않았기 때문이다. 프랑스의 국민들은 프랑스가 IS와 전쟁 중이라는 현실을 망각하고 있었다. 사실 프랑스는 올해 9월부터 IS에 대한 공습을 시작하면서 IS와 전쟁 중이었다. 프랑스와 전쟁 중인 IS는 적의 후방인 파리를 쳤다는 의미이다. 러시아의 민간 비행기 폭파 사건도 같은 맥락이다. IS처럼 잔인무도한 세력에게는 전쟁에서의 '제네바 협약' 같은 룰을 기대할 수는 없다. 2015년 10월 31일에 IS는 이미 이집트의 시내반도에서 러시아 관광객 224명을 실은 민간 항공기에 폭탄을 심어 공중에서 폭파시켜 수백 명의 민간인들을 학살한 바 있다.

전선이 중동에 있음에도 불구하고 수천 킬로미터나 떨어진 후방인 파리에서 테러 사건이 발생했다는 사실은 많은 시사점을 던져 주고 있다. 물론 IS의 주적(主敵)은 미국과 러시아지만, 두 나라를 뚫고 들어가기란 그렇게 만만치 않다. 그만큼 프랑스 정부가 IS라는 세력을 과소평가하면서 제대로 대처하지 못한 실책을 저질렀다는 점이 지적돼야 할 것이다.

그럼, IS가 파리에서의 테러 공격을 통해 노린 건 무엇인가? 같은 해 11월 12일, 이라크 북부의 쿠르드 지역의 도시 '신자르'에서는 IS가 쿠르드와의 전투에서 패배하면서 퇴각했다. 난민 문제로 인해 IS를 제거해야 한다는 국제 여론에 밀려 서구의 연합군들과 러시아의 폭격과 쿠르드군의 공세로 인해 IS는 계속 점령지에서 밀려나면서 수세에 몰리기 시작했다. 이에 파리의 테러 공격을 통해 복수극을 벌인 측면도 있다. 비록 신자르에서는 패배했지만 IS라는 단체의 건재함을 외부에 과시하면서 사기를 잃어 가는 IS 대원들의 사기를 북돋우기 위한 목적이 바로 그것이다. 그리고 시리아 여권을 자살 폭탄 테러리스트 옆에 남겨 놓으면서 난민들에 대한 유럽 사회의 포비아를 조장할 목적도 있었다. 이를 통해 유럽인들과 난민들, 유럽의 기독교와 이슬람, 나아가 세계와 이슬람의 대립으로 부추기려는 시도도 엿보였다.

많은 사람들이 'IS'라는 이름을 언론을 통해 자주 들어 오면서 귀에 익숙해졌다지만 여전히 생소하다. 대중들에게는 서방 언론인들을 잡아서 잔인하게 목을 치는 테러 단체 정도로 알려져 있을 뿐이다. 그러나 IS는 하루아침에 급조된 조직이 아니라 나름대로의 이념과 역사성까지 보유하면서 재생산 구조까지 갖추고 있는 무장 조직이다.

2014년 6월 10일, 이슬람 국가(IS)는 북부 이라크의 모술시(고대 도시 니느웨)를 점령했고, 6월 29일에 그곳에서 '이슬람 국가(IS)'를 공식적으로 선포했다. 이와 함께 '알바그다디(Al Baghdadi)'를 이슬람 세계의 최고 지도자인 칼리프(이브라힘 1세)로 발표했다.

어쨌든 누구도 관심을 갖지 않았고 이름도 없던 수니파 무장 그룹인 IS가 모술을 점령한 사건은 세계를 충격에 빠뜨리기에 충분했다. 당시 모술에는 3만 명의 이라크 병사들이 주둔하고 있었지만 전투 한번 제대로 벌이지 않고 IS에 100만 명이 거주하는 대도시인 모술을 고스란히 내주고 도망쳐 버린 것이다. 뿐만 아니라 이라크 병사들은 미국이 보급한 군수 물자들과 최신식 무기들을 버려두고서 줄행랑을 쳐 버려 모든 것이 IS의 수중에 넘어가 버렸다.

IS는 모술을 점령하고 미군들이 남기고 간 최신 무기로 무장한 뒤부터 급속도로 세력을 확장하기 시작했다. 이라크 북부 쿠르디스탄의 무장 부대인 '페시메르가'조차도 IS의 진격에 전혀 제동을 걸지 못하고 IS의 중무기에 놀라 도망해 버린 것이다. 당연히 페시메르가 부대의 갑작스러운 후퇴는 페시메르가의 방어선만 믿고 피난하지 않고 남아 있던 쿠르드 민족의 한 줄기인 예즈디족만 희생시킨 결과를 낳았다. 예즈디족에게 IS는 엄청난 재난이었다. IS의 갑작스러운 공격을 받은 뒤 대량으로 학살당하고 부녀자들과 어린이들은 모두 노예 시장에 성 노예로 팔려 나가는 고통을 당해야 했다. 그리고 갑작스러운 피난으로 인해 아무것도 챙기지 못한 피난민들 중 많은 사람들은 산에서 고갈과 허기로 죽어 가야 했다. 필자가 만났던 예즈디 사람들은 산에서 비참하게 죽어 갔던 가족들의 얘기를 할 때는 북받치는 눈물로 인해 얘기가 아예 불가능했다.

2014년 말에 IS에 잡혀간 예즈디 여인들 중 200여 명이 풀려나오면서 IS의 행각에 대해 증언한 내용들은 세계에 엄청난 충격을 안겨 주었다. IS의 행각은 마치 고대 노예 시장을 방불케 하는 장면을 연상시켰다. 22세의 한 예즈디 여인은 22번이나 노예 시장에서 팔려 다녔고 한 무슬림 지도자는 자신의 이름을 여인의 손바닥에 문신으로 넣어 자신의 노예임을 공공연하게 밝혔다고 한다. 그리고 많은 예즈디 여성들이 성적인 학대에 시달리다 못해 자살한 것으로 알려졌다. 나중에는 이들의 자살을 방지하기 위해 아예 머리를 가릴 때 사용하는 스카프를 금지했다는 것이다.

미처 피란을 떠나지 못한 노인들과 부녀자들, 아이들까지 모두 2만 명의 예즈디인들은 하는 수 없이 IS(이슬람 국가)에 포로로 잡혔다. IS는 예즈디 남성들을 강제로 이슬람으로 개종시키면서 개종을 거부할 경우 즉석에서 처형해 버렸다고 한다. 2014년 8월 한 달 동안에 IS에 의해 처형된 예즈디 남자들만 5000명에 이르는 것으로 알려졌다. 또한 부녀자들은 대부분 성 노예로 노예 시장에 팔려 나가 서로 사고파는 물품 대상이 됐다. 현재 노예 시장에 팔린 예즈디 여인들의 몸값은 1000유로에서 5000유로이고, 가족들의 품으로 돌려보내는 가격은 5000유로에서 1만 유로로 가격이 매겨져 있는 상태다.

이슬람 국가의 공격이 시작되자, 아무런 준비도 없이 겨우 몸만 빠져나온 수만 명(4만 명 내지 5만 명)의 예즈디인들은 모두 산으로 피란해 갔지만, 그곳에는 물도 음식도 없었다. 중동의 산들은 대부분 물이 말라 버리고 숲이나 나무가 없는 민둥산들이어서 산으로 들어간다 하더라도 생존하기가 힘들어진다. 8월의 중동의 무더위는 물과 음식이 없는 상태로 사흘을 견디던 수백 명의 사람들을 죽음으로 몰아갔다. 당시 산으로 피란했던 수만 명의 예즈디인들은 굶주림과 갈증으로 거의 죽음의 문턱까지 갔다고 한다. 사흘이 지나면서 산으로 날아온 미군 헬기에서 물과 음식이 낙하산에 매달려 공수되기 시작했다. 미군들은 예즈디인들이 모여 있는 산의 정확한 위치를 파악하지 못해 음식과 물을 이슬람 국가가 통제하는 지역에 떨어뜨리는 실수를 범하기도 했다는 것이다. 예즈디 난민 대표는 "이로 말미암아 물품 공수가 연기되면서 많은 예즈디인들이 목숨을 잃었다."고 한탄하기도 했다. 그리고 이들이 머무는 산으로 PKK(쿠르드노동당) 쿠르드 게릴라들이 나타나 예즈디인들을 터키의 국경 내로 안내하고는 사라지는 일도 벌어졌다. 예즈디인들은 7일 동안 산에서 버티다가 터키 국경을 넘어 터키의 동부 지역으로 피란해 왔다는 것이다. 당시 산으로 피란해서 머물던 예즈디인들 중 수천 명은 산 아래의 상황을 두려워해 여전히 산에서 내려오지 않고 있다고 했다. 미국을 비롯한 이라크에서 떨어뜨려 준 음식과 물을 먹고서 계속 산에서 생존하고 있고 다른 예즈디인들이 시리아나 터키로 떠난 뒤에도 계속 산에 남아 있다고 전해 주었다.

대표의 천막을 나온 필자와 쿠르드 취재진 일행은 가족을 잃은 몇 명의 난민들을 만나 봤다. 23세의 나이로 얼마 전에 결혼한 쉬린은 자신의 친정 식구들이 모두 죽임을 당했다고 울먹였다. 미처 피란 가지 못한 부모와 형제자매, 사촌들 등 모두 13명이 이슬람 국가에 잡혀 죽임을 당했다고 했다. 이 사실을 친정집 이웃에 사는 친구가 전해 줬다는 것이다. 부모는 모두 방 안에 갇히고 나서 물과 음식이 없어 굶어 죽었고 남은 식구들은 이슬람 국가가 어디론가 데려갔다는 소식을 전해 들었다고 했다.

쉬린의 가족 사례처럼 많은 사람이 가족을 잃었다는 증언을 했다. 특히 샬론(21세)의 이야기는 주위 사람들의 가슴을 아프게 했다. 할머니와 샬론, 그의 형, 세 사람은 단란하게 농사일을 하면서 살고 있었다. 그러던 어느 날 난데없이 피란을 떠나라는 소리가 들려왔다. 형은 그 말을 믿지 않고 그냥 남아 있기를 고집했고 샬론과 할머니는 피란을 떠났다가 조용해지면 돌아오겠다는 약속을 하고 마을을 떠났다. 그길로 형과는 영원히 헤어지게 됐다. 처음에는 통화가 가능했으나 이틀이 지나면서 형과의 통화는 영영 끊어지고 말았다는 것이다. 나중에 산에서 만난 마을 사람들에 의하면 형은 이슬람 국가에 체포돼 어디론가 끌려갔고, 할머니는 자신과 함께 산으로 피란 왔다가 굶어 죽었다는 것이다. 그는 자신의 눈앞에서 굶어 죽어 가던 할머니에 대해 얘기하면서 눈물을 뚝뚝 흘렸다. 이제 그는 가족들을 모두 잃어 갑자기 혈혈단신이 돼 버렸다. 그의 눈물은 필자의 가슴까지도 아프게 만들었다.

예즈디 민족은 수천 년의 역사를 자랑하고 있는 고대 종교인 예즈디교를 보존해 왔다. 예즈디 민족은 쿠르드 민족이지만, 대다수의 쿠르드 민족이 이슬람교로 개종했음에도 개종하지 않고 전통 종교인 예즈디교를 믿어 온 신자들이다. 예즈디 민족은 오래전부터 다른 종교로부터 많은 탄압을 받아 왔다. '악마를 숭배하는 종교'니 '뱀을 숭배하는 종교'로 다른 종교에서 예즈디교를 비난해 왔다. 물론 다른 종교에서 예즈디교를 향해 날리는 의혹의 시선은 충분히 이해가 가고도 남는다. 필자는 2003년 미국의 이라크 침공이 있은 뒤 몇 달이 지나 이라크의 북부 지역과 바그다드를 방문한 적이 있었다. 고대 도시 니느웨의 다른 이름인 '모술'도 방문해서 며칠간 머물렀다. 이때 쿠르드인들의 안내로 예즈디인이 사는 마을과 예즈디인들의 집을 방문해서 이들이 사는 모습을 볼 기회도 있었다.

예즈디교의 성지라 불리는 '랄리쉬'도 방문했다. 랄리쉬에 도착하자마자 성스러운 곳이니 모두 신발을 벗어야 한다는 법도를 접했을 때는 조금 당혹스럽기도 했다. 물론 성전 입구는 조금 지저분하게 느껴지는 곳이었지만 신발을 벗으라는 법도를 어길 수는 없었다.《성서》에서도 신발을 벗는 장면이 나온다. 불타는 떨기나무에서 신이 모세에게 성스러운 곳이니 신발을 벗을 것을 명령하는 장면과 유사하다. 그리고 또 하나의 충격은 중앙 성전의 입구 벽에 조각해 놓은 검은 뱀 때문이었다. 제법 큰 검은 뱀이 마치 하늘로 올라가듯 머리는 하늘로 향해 있고 꼬리는 땅을 향해 있는 모습으로 조각돼 있었다. 검은 뱀을 성전에다 조각해 놓은 건 처음으로 접했기 때문에 필자가 기존에 가져 왔던 종교적 관념과는 정면으로 충돌하는 순간이었다. '왜 하필 검은 뱀을 조각해 놓았을까?'라는 의구심이 계속 머릿속에서 맴돌기 시작했다. 물론 나는 이들을 악마나 사탄을 숭배하는 사람들이라고 단정하고 싶지도 않았고 좀 더 관찰해 보고 싶었다. 물론 기독교나 유대교, 이슬람교에서 예즈디교의 성전을 본다면 즉각적으로 악마나 사탄을 숭배하는 종교라고 규정해 버릴 것이다. 다른 종교에서 예즈디교를 비판하는 근거는 바로《성서》에 있다.《성서》의 잣대로 예즈디교를 '사탄을 숭배하는 종교'라고 비판하고 있다. 인류의 조상이었던 아담과 하와가 살았던 에덴동산에 나타나 하와를 유혹해 선악을 알게 하는 과일을 따 먹게 하여 끝내 아담과 하와를 에덴동산에서 쫓겨나게 만들었던 주인공이 바로 뱀이다. 이 뱀을 예즈디교에서 숭배하고 있다는 의혹을 제기하고 있다.

그동안 무슬림들이 끊임없이 예즈디교도들을 공격하고 학살해 온 배경에는 예즈디교의 랄리쉬의 성전 문에 새겨진 검은 뱀이 사실상 큰 역할을 해 왔고 끊임없는 오해를 불러일으켜 왔다. 예즈디 사회에서 뱀은 적대시되는 대상이기보다 인간의 친근한 벗으로 다뤄지고 있다. 《성서》적인 관점에서 보면 뱀은 인간을 낙원에서 떨어뜨린 원수이지만 예즈디교에서 뱀은 인간을 도와 인간을 구원한 구원자로서 역할을 했다는 이야기가 전해져 내려오고 있다.

예즈디의 전설은 노아의 홍수 시대로 거슬러 올라간다. 노아의 방주는 비를 맞으면서 계속 물 위를 떠다니고 있었다. 어느 날 방주에 물이 새고 있는 것을 노아가 발견했다. 배에 물이 새면 배가 침몰해 다 죽을 수밖에 없는 상황이었다. 이로 인해 노아는 심각한 고민에 시달리게 됐다. 당시 배에 물이 샌다는 사실은 노아의 가족 이외에는 누구도 알지 못했지만 한 동물만이 알고 있었다. 뱀이었다. 뱀은 노아에게 자신이 물이 새는 곳을 막을 수 있다고 했고 노아는 그렇게 해 달라고 요청했다. 뱀은 물이 새는 구멍으로 자신을 던져서 물이 새는 곳을 막았다. 곧 노아의 방주에는 새던 물이 멈췄고 노아의 가족들은 숨을 돌릴 수 있었다. 자신의 몸을 던져 노아의 가족과 다른 동물들을 구한 셈이다. 이 일이 있은 후 노아와 가족들은 뱀을 어느 동물보다도 소중하고 신성하게 다뤘다는 이야기가 예즈디의 구전으로 전해지고 있다. 또한 예즈디인들은 뱀을 치료의 근원으로 여기고 있는데, 이는 고대 그리스인들이 뱀을 치료의 상징으로 여겼던 것과 같은 맥락이다. 예즈디의 성전에 뱀이 조각된 이유도 바로 예즈디의 구전과 연관돼 있다.

예즈디교에서는 구전을 중요시하기 때문에 사실상 제대로 정리된 서적이 없다. 하지만 1000년 전 예즈디인들로부터 성인으로 추앙받은 쉐익(성직자 타이틀) '아디'가 예즈디교의 구전을 더욱 정교하게 체계화시켰다는 평가를 받고 있다. 시간이 지나면서 조금씩 내용이 더해지지만 핵심적인 내용은 변하지 않고 그대로 내려오고 있다.

예즈디교는 '타우시 멜렉(공작 천사: Peacock Angel)'을 가장 중요한 숭배 대상으로 삼아 왔다. 최초에 최고신(Supreme God)이 무지개 색깔을 따라 타우시 멜렉을 창조했고 다른 여섯 천사를 창조했는데, 공작 천사가 다른 여섯 천사의 우두머리가 됐다. 최고신은 보이지도 않고 접촉할 수도 없는 대상이지만 최고신은 자신의 창조물인 공작 천사를 통해 자신의 존재를 드러낸다고 믿고 있다. 즉, 공작 천사는 최고신의 표현이며 최고신의 아바타라고 할 수 있다. 공작 천사는 곧 지구를 창조하고 우주를 창조하게 된다. 그리고 '랄리쉬'라는 곳에서 공작 천사와 다른 여섯 천사가 아담을 창조하게 되는데, 각 천사들마다 눈과 귀, 코 등 아담의 한 부분을 책임지고 창조했다.

공작 천사에 대한 또 다른 구전은 신이 우주와 세상을 창조하고 아담을 창조했을 때 모든 천사들에게 아담을 경배하라고 명령했다. 여섯 천사는 신의 명령에 의해 아담을 경배하고 고개를 숙였지만 공작 천사인 타우시 멜렉은 고개를 숙이지 않았다. 신의 명령을 거역한 셈이다. 신이 공작 천사에게 아담을 경배하지 않은 이유를 묻자 아담은 흙으로 창조됐지만 우리는 신이 직접 창조한 피조물인데 어떻게 흙으로 창조된 피조물을 섬길 수 있느냐고 신에게 대답했다. 신은 그의 말을 기특하게 여겨 다른 천사들의 우두머리로 삼았다는 구전이 내려온다.

예즈디교 신학자들은 예즈디교를 유일신 종교의 원조라고 주장한다. 유일신 종교인 조로아스터교나 유대교조차도 예즈디교에서 많은 것들을 빌려 왔다는 주장이다. 이 때문에 예즈디교는 다른 종교의 비난의 표적이 돼 왔다. 예즈디교가 내세우는 유일신 원조론은 상당한 역사적 근거를 갖고 있고 지금도 그것을 충분히 증명할 유적지가 존재하기 때문에 허구에 찬 주장이라 넘겨 버릴 수도 없다. 쿠르디스탄 전역을 다녀 보면 지금도 남아 있는 고대 유적지들을 많이 접할 수 있다. 이들 유적지가 간직한 전설은 모두 《성서》에 나오는 이름과 중복되기 때문에 《성서》에 대한 지식이 조금이라도 있는 사람들에게는 아주 친근감이 들기도 한다.

예즈디교에 의하면 유대인들의 조상인 아브라함은 쿠르드인이며 그의 이름은 쿠르드어에서 나왔다. 쿠르드어에 따르면 '아브라함'은 '바위에서 나온 사람'이란 뜻으로 해석된다. 이 사실을 주장하는 예즈디교를 믿는 쿠르드 민족은 아브라함을 자신의 조상으로 간주하고 있는 아랍 민족이나 유대 민족의 원조라는 논리로 귀결되기 때문에 중동 일대의 아랍 민족이나 유대 민족은 예즈디교 자체를 인정하지 않으려고 한다. '아브라함'이란 말이 쿠르드어라는 말은 단지 한 가지 사례에 불과하며 이보다 더 심오한 전설이 쿠르드 민족의 예즈디교에 남아 있다.

예즈디교의 성지인 랄리쉬(Lalish)라는 말의 의미는 '신이 아담을 창조했다.'는 뜻이다. Lalish란 말은 El+Asha라는 말에서 나오는데, 'El'은 '신'을 뜻하고 'Asha'는 '남자'를 의미한다. 쿠르드 예즈디교인들은 랄리쉬를 '지구의 중심'이라고 굳게 믿고 있다. "신이 랄리쉬를 창조한 후에야 지구를 창조했다."는 전설이 있다. 그리고 아담의 갈비뼈에서 나왔다는 하와는 'Isha'라는 쿠르드어로 의미는 '여자' 이다. 따라서 예즈디교에서는 랄리쉬를 신이 아담과 하와를 창조한 장소로 믿고 있다.

또 예즈디교인들이 지키는 칠라(Chilla)라는 명절이 있다. 이 명절은 예즈디교에서 노아의 방주가 땅에 닿은 날을 기념하여 지키고 있다. 《성서》에 나오는 노아와 대홍수는 고대 수메르나 바빌로니아의 기록에서도 찾아볼 수 있는 고대 시대의 역사적인 사건으로 알려져 있다. 쿠르드인들은 노아를 쿠르드인의 조상으로 간주하고 있다. 노아(Noah)는 쿠르드어로 'Nur-Ach'인데, 'Nur'는 '새로움'을 뜻하고 'Ach'는 '땅'을 뜻한다.

그리고 쿠르드인들은 노아의 방주가 도달한 곳을 '아라라트산'이 아니라 '쥬디산'으로 주장하고 있다. 《성서》에 따르면 인간의 완전한 타락을 목격했던 신은 더 이상 참지 못하고 인간을 세상에서 완전히 절멸시킬 결심을 하지만 나중에는 노아의 가족과 모든 동물 한 쌍씩만 남겨 놓고 대홍수를 일으켜 쓸어버린다. 40일 동안 계속된 홍수 속에서 살아남은 것은 방주 속의 노아의 가족들과 짐승들이었다. 대홍수가 쓸고 간 땅이 마르는 데 걸린 시간만도 150일이었다고

《성서》는 기록하고 있을 정도로 지구상의 대사건이었다. 《성서》에서는 땅이 마르고 노아의 방주가 도달한 곳이 아라라트산이라고 하지만 쿠르드의 전설에 따르면 노아의 방주는 쥬디산에 도달했다고 전해 내려오고 있다. 바로 이날을 기념하고 노아의 가족이 방주에 있으면서 40일 동안 금식한 것을 기념하여 예즈디교인들도 40일 동안 금식하는 전통이 지금까지도 내려오고 있다.

예즈디인들을 잔인하게 처형하고 비인간적으로 학대했던 IS의 수장은 박사 학위까지 받은 무슬림 성직자로 알려졌다. 칼리프로 자칭한 IS의 총책인 '알바그다디'는 이라크의 '사마라' 출신으로 바그다드의 이슬람 대학에서 이슬람 종교에 대한 연구로 박사 학위를 받았다. 그의 주변 사람들은 그가 혼자 있기를 좋아하며 주로 모스크에서 설교를 하면서 조용하게 살았다는 것이다. 그런데 어떻게 이런 삶을 살았던 사람이 세계에서 가장 폭력적이고 잔인한 조직의 수장이 될수 있었는지가 의문점이다. 학자의 길을 갔던 사람이 어떻게 전쟁과 죽음의 길을 택했는지. 자신을 드러내기를 좋아하지 않는 성격 때문에 사람들은 그를 '보이지 않는 성직자'로 불렀다.

2003년 미국의 이라크 침공 후 알바그다디는 본격적으로 지하드 운동에 뛰어들어 한 무장 그룹의 건설을 지원했다. 이 때문에 그는 2004년도에 미군에 의해 체포돼 캠프 '부카'에 수용돼 열 달 가까이 지냈다. 그곳에서 미래의 IS 지도자들 대부분을 만났고 조직을 기획하기 시작했다. IS 조직의 최고 지도자 9명이 그곳을 거쳐 갔다. 그곳에 들어온 대부분은 단순히 반미주의자로 미국에 테러를 가하거나 테러의 가능성이 있는 자들이었으나 그곳을 나갈 때는 모두 투철한 지하드 전사로 성장해 나갔다. 캠프 부카는 '테러리스트들의 대학'이라는 말이 나돌 정도로 지하드의 학교로 유명해졌다. 알바그다디가 캠프 부카에 있을 때 맡았던 역할은 죄수들 사이에서 분란이 일어나면 중재하는 심판관의 역할이었다. 이로 인해 미군들은 그를 아주 높이 평가해 그에게 많은 특권을 부여했다. 마음대로 캠프의 아무 곳이나 방문할 수 있었고 누구와도 만날 수 있는 특권을 누렸다. 이를 통해 갇혀 있던 많은 지하드 지도자들을 만나서 그곳에서 미래의 이슬람 국가(IS)를 조직했다.

수니파 무장 단체인 IS의 탄생에는 두 개의 전쟁이 큰 역할을 했다. 미국의 이라크 침공으로 시작된 2003년 이라크 전쟁과 2011년 시리아에서 시작된 내전이다. 시리아에서의 내전은 중동에 불어닥친 민주화의 바람이 근원이 된다. 당시 '아랍의 봄'으로 인해 리비아의 가다피와 튀니지의 벤 알리, 이집트의 무바라크는 살해당하거나 권좌에서 물러났다. 이를 '아랍의 봄'이라 부르지만 현재는 IS로 인해 '아랍의 겨울'로 변하고 말았다.

IS를 공공연하게 뒤에서 지원하는 국가들로 알려진 사우디아라비아나 터키, 아랍 에미리트, 카타르 등은 모두 수니파 국가들로서 민주화의 바람을 두려워한다는 공통점이 있다. 특히 여성에 대한 차별 정책을 엄격하게 실행하는 국가들이다. 사실 IS가 점령한 곳에서는 민주주의나 자유, 평등이란 단어조차 입 밖으로 꺼내기 힘들게 됐으며 아예 이런 단어들은 금지어로 지정됐다. 당연히 이들 국가들이 아랍의 봄을 잠재우기 위해 IS를 의도적으로 조장하고 지원하지 않았 느냐는 의혹까지 불러일으키고 있다.

시리아에서의 내전은 이전에도 있었기 때문에 그리 충격적인 사건은 아니다. 이미 1970년대 중반부터 1980대 초까지 내전을 경험한 바 있는데, 당시의 집권자는 '바샤르 알 아사드'의 아버지 '하페즈 알 아사드'였다. 그는 1970년 군사 쿠데타를 통해 집권했으며 시아파의 한 종파이자 소수파인 '알라위'파 출신이다. 이 때문에 시리아에서는 다수파인 수니파에 의한 반란이 끊이지 않고 일어났다. 1976년부터 1979년까지는 산발적인 무장 투쟁이 이어지다 1979년부터 1982년까지는 수니파인 '무슬림 형제단'이 주도하는 대대적인 무장 투쟁이 벌어졌다. 결국에는 수천 명이 사망하면서 막을 내렸다.

2000년 하페즈 알 아사드가 사망하고 젊은 후계자인 아들 '바샤르'가 정권을 승계하면서 다시 시위가 벌어지기 시작했다. 이때는 비폭력적인 시위가 벌어졌으며 영국에서 살면서 서구 민주주의를 경험했던 젊은 아사드 대통령에 대한 기대가 충만할 때였다. 또한 시리아에 들어선 새 정부의 민주주의에 대한 시험대가 되기도 했다. 물론 무혈 시위였고 무혈 진압으로 모든 게 평화적으로 끝이 났지만 여전히 변화된 것 없이 지나갔다. 이 시기를 '다마스커스의 봄'이라 부른다. 당시 아사드가 제대로 민주주의적인 방식으로 시리아를 변화시켰더라면 지금과 같은 폭발은 면할 수도 있었으리란 추정도 해 보지만 너무 늦었다.

2011년 아랍의 봄을 틈타 시리아에서 발생한 수니파의 봉기는 전세계의 지하드 용사들에게는 절호의 기회였다. 중동을 완전히 통제하기 위해 아사드 정권의 붕괴를 갈망했던 미국과 유럽은 아사드 정권에 맞서 싸우는 누구라도 지원하겠다고 나섰다. 곧 물을 만난 물고기들처럼 전 세계에서 수니파 지하드 용사들이 대거 몰려들기 시작했다. 튀니지, 모로코, 체체니아, 사우디아라비아, 발칸 지역이나 서유럽에 거주하던 '무자히딘'들까지 모두 시리아로 물밀듯이 밀려들기 시작했다. 당시 이라크에서도 미군에 눌려 몸을 사리고 있던, 나중에 IS의 모체가 되는, '이라크 이슬람 국가(ISI)'라는 무장 조직의 대원들도 시리아로 이동하기 시작했다. 수만 명의 지하드 전사들이 그룹을 결성해 반아사드 전선에 뛰어들었고 너도나도 미국과 유럽으로부터 무기와 자금을 지원받기 시작했다.

IS는 지금까지의 어떤 지하드 그룹들보다 훨씬 더 부유한 것으로 알려져 있다. 부유한 집안 출신의 큰손으로 이름났던 오사마 빈 라덴이 지원했던 알카에다 조직보다도 훨씬 더 부유한 것으로 알려졌다.
IS의 기본적인 재정은 사우디와 터키, 아랍 에미리트, 카타르의 지원에서 나온다. 이들 수니파 국가들은 역사적으로 언제나 지하드의 이론을 제공해 왔고 지하드 운동에 재정적·군사적 지원을 해 왔던 국가들이어서 IS에 대한 재정적 지원 또한 의심할 여지가 없다. 터키와 사우디, 아랍 에미리트 국가들은 미국의 연합 전선에 서서 IS를 폭격하는 대열에 공식적으로 가입해 있다. 그럼에도 비공식적으로는 수천만 달러에서 수억 달러를 지원하고 있다는 것은 누구나 다아는 사실이다. 사우디 왕실이 원하는 건 지하드의 총구가 자신을 향하지만 않으면 된다는 정책으로 사우디 밖에서 행해지는 지하드는 적극적으로 지원하고 있다.

IS가 재정 조달을 하는 가장 중요한 방법은 전쟁을 통해서다. 이슬람 국가의 기치를 내걸고 다른 민족이나 국가들의 영토를 점령하면서 탈취한 금전이나 재산 등도 엄청난 것으로 알려졌다. 예를 들면 2014년 6월에 IS가 모술을 점령했을 때 모술의 은행에서만도 거의 5억 달러를 탈취해 갔던 것으로 알려졌다. 또한 점령지의 지역 은행들을 털어서 엄청난 수익을 올린 것은 잘 알려진 사실이다.

더욱이 유전 지대를 탈취해 석유를 밀수출해 수입을 올리는 것으로 알려졌는데 주로 터키의 원유 밀수입자들에게 판매해 수입을 올리는 것으로 드러났다. 물론 터키 정부는 이를 부정하고 있지만 터키에서 IS의 석유를 싼값에 밀수입해서 다른 나라로 비싸게 되팔아 엄청난 수익을 올린다는 사실은 널리 알려져 있다. IS는 유전 지대를 장악해 석유를 판매하면서 2014년 6월에는 하루에 300만 달러를 벌어들였다고 한다. 그러나 1년이 지난 지금 많은 유전 지대가 미국의 공습으로 파괴되면서 석유 판매에서 나오는 수입은 많이 줄어들었다고 한다.

그리고 점령 지역의 부유한 주민들의 집을 약탈하는 방식으로 수입을 올리기도 하고 점령한 지역의 주민들에게 과세하는 방식으로 재정을 충당하는 것으로 알려졌다. 세금뿐만 아니라 IS가 통제하는 지역에서 생산되는 면화나 농산물이나 공산품 등에도 세금을 징수해 수입을 올리고 있다.

또 다른 수입원은 납치인데, 이를 통해 벌어들이는 수입도 만만찮다. 납치는 이미 오래전부터 지하드 그룹들의 중요한 사업으로 자리 잡았다. 탈리반도 우리나라의 샘물교회 교인들을 납치해 수천만 달러의 수입을 올린 건 잘 알려진 사실이다. 외국인들을 납치하기만 하면 그렇게 큰돈은 들지 않는다. 목숨만 살려 놓고서 계속 협상을 진행하면 빠른 시일 내에 엄청난 금액을 획득할 수 있는 사업이다. 특히 외국인 관료들이나 기자들은 가장 좋은 먹잇감으로, 정부를 상대로 해 1인당 수백만 달러의 몸값을 받을 수 있다.

2014년 많은 예즈디 여인들과 어린이들을 납치해 갔는데 가족들에게 돌려보내는 대가로 여인의 나이나 외모, 학력, 능력에 따라 등급을 나눠 5000유로에서 1만 유로를 요구했다. 수천 명의 여인들을 납치해서 돌려보내는 대가로 벌어들인 돈만도 천문학적인 액수였다.

외국인 관광객들이나 기자들, 관료들의 납치로 벌어들인 수입만 해도 벌써 2500만 달러를 넘어섰다는 분석이다. 유럽 출신의 기자 한 명당 몸값은 500만 달러에 이르는 것으로 알려졌다. 2014년에 미국인 기자는 참수당했지만 4명의 프랑스 기자들은 풀려났다. 프랑스 정부가 지불한 돈은 1800만 달러로 알려졌다. 국가에 따라서 몸값은 달라진다. 미국이 가장 높고, 다음이 서유럽 출신들이며, 일본과 한국 등으로 낮아진다. 그러나 미국 정부가 몸값 지불을 거절하면서 2명의 기자가 참수당했다. 이로 인해 미국 내에서도 상당한 논란이 일었다.

2014년 6월에 모술을 점령하면서 납치했던 터키 영사관의 직원들과 외교관들을 돌려받기 위해 터키 정부에서는 49대의 탱크와 무기들을 보냈다고 한다. 당시 IS는 쿠르드족을 상대로 전투를 벌이고 있었고, 터키는 쿠르드족을 물리적으로 제압하는 정책을 시행하고 있였기 때문에 상호 간의 이해가 맞아떨어진 것이다. IS는 터키 정부에 49명의 영사관 직원 한 명당 탱크 한 대를 요구했던 것 같다. 탱크 한 대의 값을 따지자면 수백만 달러에 달하기 때문에 아무리 낮게 평가해도 수천만 달러가 IS에 건네졌다는 결론이 나온다.

터키와 사우디아라비아를 비롯한 걸프 지역의 수니파 국가들이 IS를 배후에서 지원하고 있다는 사실은 미국도 잘 알고 있다. 미국은 적극적으로 이들 국가들을 통제하지 않았을 뿐만 아니라 이들 수니파 국가들의 지하드 운동에 대한 지원을 사실상 눈감아 주거나 덮어 왔다. 중동의 석유 생산과 분배에 대한 통제와 함께 무기 수출을 통한 경제적 이익의 창출이 그 목적이다. 물론 IS 같은 지하드 그룹의 활동이 통제할 수 없는 상황으로 치닫게 되면 미국 정부 내에서도 한 번씩 경고성 발언이 쏟아져 나오기도 한다.

2014년 10월 초, 미국의 부통령인 조 비덴이 하버드대학교 초청 강연에서 공개적으로 터키와 사우디, 아랍 에미리트를 IS의 배후로 지목한 일이 있었다. 당연히 세 나라는 미국 정부에 사과를 요구하면서 강력하게 반발했고 비덴 부통령은 할 수 없이 떠밀려 사과를 할 수밖에 없었다. 부통령이 공식적이고 공개적인 자리에서 했던 발언이기에 미국 정부가 이들 세 나라에 대해 가진 시각을 잘 표현해 준 사건이었다. 사실상 미국 정부가 이 국가들에게 강력한 경고를 한 셈이다.

2010년 12월 5일 자 〈뉴욕타임스〉에서는 미국 국무부 장관인 힐러리 클린턴의 극비 메모를 실었다. 힐러리 장관은 극비 메모에서 "사우디의 기부자들이 전 세계 수니 테러리스트 그룹들의 가장 중요한 재정적인 원천"임을 지적하고 있다. 또한 사우디와 함께 "아랍 에미리트와 카타르, 쿠웨이트"도 테러리스트 그룹들을 재정적으로 지원하는 국가라고 지적하기도 했다.

시리아의 두 번째 도시인 알레포가 IS에 점령당하면서 학교 교육체계는 완전히 뒤바뀌었다. 이전에 남녀 공학이었던 학교가 오전에는 여학생들, 오후에는 남학생들로 시간대가 바뀌었고 남학생과 여학생은 완전히 분리됐다. 그리고 이전에는 미술과 예술, 음악, 시리아 역사, 프랑스어, 세계사, 철학과 사회 과목들을 배우다가 IS가 점령한 뒤로는 교과 과목도 모두 이슬람 종교로 바뀌었다. 음악이나 미술과 같은 과목은 사라졌고 역사도 없어졌다. 종교도 단지 수니파의 원리주의만 가르친다. 이슬람 교리, 《쿠란》, 하디트, 모하메드의 삶, 이슬람법, 지하드 훈련 등의 과목으로 대체됐다. 사실상 지하드 전사들을 양성하는 교육 프로그램으로 봐도 무방하다.

지하드 전사를 양성하는 교육 프로그램에는 미국도 관여했고 사실상 많은 기여를 했다. 아프간 전쟁이 한창이던 1980년대에 미국은 소비에트에 대항한 아프간전에서 승리하기 위해 모든 방법을 다 동원했다. 당시 소비에트에 대한 항전을 벌였던 무자히딘들에게 무기와 돈을 지원했고 심지어 무슬림 어린이들을 지하드 용사로 만들기 위해 지하드(성전)에 대한 내용으로 가득 찬 교과서까지 공급한 것으로 알려졌다. 2002년도 3월에 발간된 〈워싱턴포스트〉지에 따르면, 1980년대 미국 정부는 난민이 된 아프간 어린이들을 교육시키기 위해 네브래스카대학교에 5000만 달러의 용역비를 제공하면서 지하드의 내용으로 가득 찬 교과서를 개발하게 만들었다고 폭로했다. 지하드 교과서의 내용은 대체로 소비에트에 대한 전쟁은 성전(지하드)이며 비무슬림인 소비에트군을 처단하는 것은 알라신의 뜻이라고 기술하고 있다. 심지어 어린이들을 위한 교과서임에도 불구하고 총기와 총탄, 병사들, 탱크, 미사일 등의 그림들로 채워졌다는 것이다.

당시 교과서는 아프간에서 사용되던 '파슈토'어와 '다리'어 두 언어로 인쇄됐다. 그리고 교과서 수백만 권이 미국에서 아프가니스탄과 파키스탄으로 몰래 운반돼 배분됐다. '파슈토'어와 '다리'어는 아프가니스탄에서 대다수가 사용하는 언어들이다. 배분된 교과서는 공립학교들과 '마드라사(이슬람 학교)'들로 보내졌고 정규 과목의 교과서로 선정돼 가르쳐졌다.

소비에트에 대항한 아프간전이 끝난 지 거의 30년이 지난 지금도 아프간이나 파키스탄의 학교들에서는 미국에서 출간된 교과서를 그대로 사용하고 있는 것으로 알려졌다. 당시 이 정책을 추진했던 국가 안보 고문 '브레진스키'는 자신들의 정책이 옳았다고 주장했다. 브레진스키가 당시에 인터뷰에서 언급했던 대목이다.

"세계 역사에서 무엇이 가장 중요한가? 탈리반의 창조인가? 아니면 소비에트의 붕괴와 동유럽의 해방, 그리고 냉전을 끝내는 것인가?"

하지만 2001년 9월 11일 미국이 알카이다의 공격을 받은 뒤에는 엄청난 비판에 시달려야 했다. 부시 정권 때는 과거에 분배됐던 지하드 교과서들을 폐기 처분하고 새로운 교과서로 대체하는 작업이 진행되긴 했지만 사실상 큰 성과는 없었다.

IS는 특히 교육에서 사우디에서 가져온 와하비즘의 종교 교과서를 그대로 사용하고 있고 다른 과목들도 모두 사우디에서 사용하는 와하비즘의 시각에서 작성된 교과서에 의존하고 있다. 중·고등학교 수준은 거의 동일하다. 아랍어, 문학, 역사, 사회, 문화, 윤리 등은 모두 와하비즘의 시각으로 해석된 내용들을 가르치고 있다.

또한 종교나 신학 교육에서는 샤리아법(쿠란법)에 초점을 맞춰 가르치고 있고 물리나 생물은 모두 창조론에 입각해서 가르친다. 당연히 다윈의 학설 등은 아예 부정되고 있고, 현대 물리학에서 소개하는 빅뱅 이론도 찾아볼 수 없다. 또한 지리학에서는 시오니스트들이 팔레스타인을 불법으로 점령했고 앞으로 무슬림이 예루살렘을 다시 수복해야 한다는 식으로 가르친다. 또한 이스라엘은 아예 아랍 세계의 지도에서는 존재하지 않는다.

그리고 시아파 무슬림들은 '배교자'들로 낙인을 찍어 차별하는 건 당연하고 심지어 죽여도 죄가 되지 않는다고 가르치고 있다. 사우디나 바레인에도 시아파 이슬람들이 많이 살고 있다. 이곳에 사는 시아파들은 정부나 국방, 보안처의 자리에서 배제되는 차별을 당하면서 살아가고 있다.

게다가 학교에서부터 사우디의 청소년들에게 지하드에 참전할 것을 가르치고 있다. 이슬람의 적들에게 이슬람의 신앙이나 영토가 공격당할 때 무슬림은 지하드에 참여해야 할 의무가 있다고 가르치고 있다. 또한 지하드에서의 죽음이 가장 행복한 죽음이며 이렇게 죽는 사람은 순교자로서 즉시 천국으로 간다고 가르친다.

IS의 이데올로기적 근거는 사우디아라비아가 믿고 있는 이슬람교의 '와하비즘'에 있다. 와하비즘의 근원을 거슬러 올라가면 IS의 잔인하고 비인간적인 행동이 이해될 수도 있다. 와하비즘은 이슬람교의 《쿠란》에 대한 독특한 해석 방식으로 '와하브'라는 이슬람교 신학자로부터 시작됐다. 기독교로 말하자면 이슬람의 청교도주의라고 할 수 있으며 순수한 이슬람교를 지향한다.

18세기 초에 태어난 와하브는 사우디아라비아의 중부 내륙에 위치한 '나즈드'에서 자랐다. 이슬람교 학자의 눈에는 당시 유행하던 이슬람교의 성자들에 대한 숭배나 묘지 순례와 묘지에서의 죽은 자들에 대한 숭배 등은 모두 유일신 신앙을 부정하는 우상 숭배 행위로 보였다. 와하브는 이를 단호하게 지적하면서 유일신 신앙을 강조했다. 당시 대중적이던 이슬람 문화를 부정하고 비판하던 그의 가르침으로 인해 그는 고향에서 쫓겨나 설 자리를 잃어버리고 한동안 방황하면서 목숨까지도 위협당하는 처지로 전락해 버렸다.

하지만 그를 품고 지켜 줄 부족이 나타난 것이다. 현재의 사우디 왕가의 조상은 사우드 부족의 부족장들이었다. 1744년, 와하브는 사우드 부족장과 협약을 맺었다. 사우드 부족장은 와하브 부족을 물리력으로 보호하고 이슬람교에 대한 와하브의 신학적 가르침을 펴뜨리고, 이에 와하브는 사우드 부족장을 지도자로 받들면서 충성하고 영광을 돌린다는 협약을 체결했다. 사우드 부족은 이전에 항상 이웃 부족들을 침공해 학살하고 약탈을 일삼아 온 무장한 도적 떼와 같은 부족으로 악명을 떨쳤으나 와하브와 결탁이 맺어지면서 종교적 합법성을 획득했다.

이후 와하브와 사우드 부족은 '지하드'라는 이름 아래서 함께 연합해 일대를 정복하고 시아파를 공격하면서 영토를 넓혀 나갔고 메카와 메디나도 정복해 나갔다. 협약을 맺었던 와하브와 사우드 부족장이 죽고 난 뒤에도 대를 이어 여전히 협약은 유효하게 지켜졌다.

와하비즘에서 중요한 이론은 지하드를 통해, 이슬람이지만 참이슬람이 아니면 강제로 개종시키든지 추방하든지, 아니면 죽여야 한다고 가르치고 있다. 또 비무슬림이 무슬림의 땅에 있으면 당연히 추방돼야 하며 거역하면 죽여야 한다고 가르치고 있다. 지하드로 인해 죽으면 순교자의 명예가 주어지며, 죽어서는 즉각적으로 천국으로 간다고 가르치고 있다. 자살 폭탄 테러 같은 극단적인 공격의 사상적 근거가 바로 이 와하비즘에서 나온다.

20세기에 들어와서도 와하브와 사우드 간의 협약은 계속됐다. 사우디아라비아 왕국이 세워지고 사우드 왕가가 들어서면서 와하비즘은 사우디에서는 거역할 수 없는 종교적 조류로, 공식적인 신학으로 자리 잡았다. 또한 수니파 이슬람 중에서도 가장 극단적인 실천을 강조하는 국가로 변화했다. 현대에 들어와서 와하비즘은 지하드 그룹들이 따르는 이론이 됐으며 사우디에서는 여전히 대다수가 와하비즘을 따르고 있다.

이런 교육 제도하에서 지하드 이론으로 교육받은 사우디의 청년들은 현실에서 이론을 실천하기 위해 많은 수가 IS에 합류했음을 알 수 있다. 대략 7000명에서 1만 명 정도가 사우디 출신으로 알려져 있다. 또한 IS를 재정적으로 뒤에서 지원하는 국가도 사우디로 알려져 있다. 이 문제로 미국 정부와 상당한 갈등을 빚기도 했지만 여전히 미국은 사우디를 감싸고 있다. 이유는 물론 석유 때문이다.

1945년 당시 대통령이던 루즈벨트는 수에즈 운하에 정박해 있던 항공 모함 '유에스에스 퀸시'로 당시 사우디 국왕이던 '아지즈'왕을 초청했다. 당시 왕실의 안전 문제를 걱정하던 사우디 국왕은 미국과 '석유를 위한 안전 보장 조약'이라는 조약을 비밀리에 체결했다. 미국이 사우디의 안전을 책임지고 보장하는 대신에 미국은 사우디의 유전을 개발한다는 조약이었다. 그때부터 미국과 사우디의 관계는 급속도로 가까워졌고, 사우디가 공식적으로 테러 그룹에 재정적 지원을 한다는 사실을 알면서도 미국은 항상 지그시 눈을 감아 왔다. 무엇보다도 사우디가 지원한 테러 그룹을 미국이 타격하는 정치적 쇼가 지금까지도 계속돼 온 것이다.

2014년 9월부터 미국은 '반IS 연합'을 결성해 IS에 대한 공습을 해 왔다. 반IS 연합에는 전 세계의 62개 국가가 참여하고 있으며 직접 전투에 참가하는 국가도 있고 재정적으로만 지원하는 국가들도 있다. 우리나라도 재정적으로 지원한 것으로 알려졌다. 어쨌든 반IS 연합의 활동은 별다른 성과를 거두지도 못하고 있고 이 때문에 미국에 대한 의혹의 시선만 커져 가고 있다. 즉, 미국이 IS를 간접적으로 지원하지 않는가 하는 의혹이다.

2015년 5월에는 이라크의 바그다드에서 얼마 떨어지지 않은 '라마디'시가 IS에 떨어진 일이 있었다. 라마디시에서도 2014년 6월 모술시에서 일어났던 일이 똑같이 벌어졌다. 라마디시를 방어하던 이라크 병사들이 IS가 진격해 들어오자 싸움 한번 제대로 해 보지도 않고 모두 무기를 놓고 도망해 버린 것이다. IS는 라마디시를 함락하면서 엄청난 현대식 무기와 중화기를 비롯해 탄약과 폭탄을 획득한 것으로 알려졌다.

그리고 또 다른 의혹은 더 결정적이다. IS의 최소 수백 명의 병사들이 수도인 '라카'에서 이라크의 라마디까지 사막을 가로질러 500킬로미터 이상의 거리를 자동차로 진격해 왔다. 그런데 공중을 장악하고 있는 미국에서 어떻게 공습이 없었느냐는 의혹의 목소리다. 미국 측에서 나온 구차한 변명은 갑자기 모래바람이 거세져 공중에서 제대로 볼 수가 없었다는 것이다.

2016년 9월 17일에는 미국 전투기가 시리아 정부군을 공격해 62명의 시리아 정부군이 사망한 사건이 일어났다. 미국은 러시아 정부의 강력한 항의에 마지못해 사과했지만 의혹은 여전히 풀리지 않고 있다. 미국 정부는 실수로 시리아 정부군을 공습했다면서 '실수'로 돌렸다. 하지만 시리아 정부와 러시아는 미국의 실수를 인정할 수 없다는 분위기다. 시리아군이 공습을 받을 당시의 상황에서는 미국이 실수로 시리아군을 공습할 수가 없었다고 한다. 당시 시리아 정부군과 IS는 치열한 전투를 벌이고 있던 중이었다. 시리아군의 공세에 IS는 거의 괴멸 직전까지 갔다는 것이다. 이런 상황에서 미군 전투기가 날아와 전투를 벌이고 있던 시리아군을 공격했다는 것이다. 시리아군 측에서는 충분히 IS를 제압할 수 있는 상황이었지만 미군 전투기가 날아와 공격하는 바람에 IS가 여유 만만하게 도주할 수 있었다는 것이다. 시리아군에서는 미국 측이 IS를 구하기 위해 고의적으로 시리아군을 공격했다고 해석하고 있다. 이 사건이 있은 후 전 세계 언론에서는 본격적으로 "미국이 IS를 창조했고 IS를 보호해 왔다."라는 확신에 찬 주장을 쏟아 내고 있다.

IS는 갑자기 급조된 조직이 아니라 나름대로의 역사성과 이념을 가진 조직으로서 지하드전을 위해 조직됐고 또한 이슬람 제국을 위해 건설된 조직이다. 현대에 들어와서 영토를 가진 지하드 조직으로 이슬람 제국을 선포한 최초의 조직이기도 하다. IS는 현대 지하드 운동의 결정판이며, 수십 년간의 지하드 운동을 총망라하는 역사를 담고 있다. 짧게는 2003년도의 이라크 전쟁으로 거슬러 올라가며, 그보다도 더 오랜 아프가니스탄 전쟁으로 거슬러 올라가야만 지하드 운동의 역사를 조금이나마 이해할 수 있다.

2003년 미국의 이라크 침공은 이라크에서 알카이다 조직을 건설하는 기회를 제공했다. 아프가니스탄의 전쟁 때 조직됐던 '알카이다' 조직은 이라크에서 수니파를 중심으로 반미 성전을 부르짖으면서 세력을 확장하면서 '이라크 알카이다'를 조직했다. 이라크 알카이다 조직의 근원은 아프가니스탄으로 거슬러 올라간다. 사실 모든 것은 아프가니스탄에서 시작된다.

'알카이다'라는 아랍어의 의미는 '근거지'나 '기초' 혹은 '기반'으로 해석된다. 사실 알카이다는 9·11 테러 공격 전만 해도 거의 알려지지 않은 조직이었고 오사마 빈 라덴도 무명의 무자히딘 지도자들 중 한 사람이었다. 미국에 대한 '9·11' 타격으로 악명을 떨친 '알카이다' 조직의 역사는 아프가니스탄으로 거슬러 올라간다.

1979년 소비에트의 전격적인 아프간 침공과 더불어 아프간에 소비에트 정부를 세우면서 본격적인 아프간 내전이 시작됐다. 물론 그전부터 항상 아프가니스탄은 오랫동안 부족 간, 사회 세력 간의 갈등으로 인한 내전 상태의 그늘 아래서 고통받아 왔다. 그러나 소비에트가 본격적으로 아프간에 개입하기 시작하면서 소비에트와 아프가니스탄의 민중들 간의 전쟁으로 전화됐다. 소비에트와 아프간 민중들 간의 전쟁이 아니라 소비에트와 이슬람 세계와의 전쟁이 시작됐다는 표현이 정확할 것이다. 현대에 들어와서 지하드 전사들을 가장 용맹스럽고 잔인한 이슬람의 군사로 본격적으로 훈련시킨 곳이 바로 아프가니스탄이었다. 1980년대를 통틀어 소비에트에 대항해 싸웠던 아프가니스탄에서 본격적인 현대 지하드 운동이 시작됐다고 봐도 무방하다. 험준한 산악 지형을 이용해 게릴라 전사로 훈련되면서 도시를 중심으로 한 시가전이나 정규전에만 강하고 능했던 당시 세계 최강의 소비에트 군대와 10년 동안 전투를 벌였고 마침내 소비에트군을 몰아내고 승리했다. 1980년대의 아프간 전쟁은 단지 아프간에서 소비에트의 철수로만 그친 게 아니라, 결과적으로 소비에트라는 거대한 제국의 붕괴로 이어지게 만들었다.

1979년 말, 소비에트 군대가 전격적으로 아프간에 들어오면서 아프간의 무슬림들은 민족적으로 항쟁하기 시작했고 나아가 전 세계적으로 무슬림 전사들을 아프간에 끌어들이기 시작했다. 주변 국가들인 타지키스탄이나 파키스탄, 이란에 살던 타지크족과 파슈툰족들이 대거 몰려들었고 사우디아라비아와 이집트, 북아프리카의 무슬림들까지도 몰려들기 시작했다. 이들을 '무자히딘'이라고 부른다.

무자히딘들에게 성전의 명분은 아주 좋았다. 무신론자인 공산주의자들에 대항한 이슬람교도의 싸움이었다. 더구나 당시는 냉전 사고가 지배하던 시대로 미국을 비롯한 서방 세계의 소비에트를 향한 적대 정책이 최고조였을 때였다. 당연히 미국과 영국, 사우디 등의 국가들은 군사적·재정적 지원을 아끼지 않고 퍼붓기 시작했다. 심지어 소비에트에 적대적이었던 공산 국가 중국까지도 무자히딘을 군사적으로 지원하기도 했다. 당시 종교적 열정이 넘쳐 무작정 아프간으로 왔던 아마추어 무자히딘들을 군사적으로 훈련시키고 비용을 지급하면서 서서히 이슬람의 전위 군대로 키워 나갔다. 오사마 빈 라덴의 '알카이다'라는 조직도 4000개에 달하던 무자히딘 그룹 중의 하나에 불과했지만 소비에트와의 전투를 통해 조금씩 작은 그룹들을 통합하면서 세계적인 네트워크를 형성하기 시작했다.

아프간 전쟁에서 무자히딘이 저지른 만행은 지금 IS가 예즈디인들과 쿠르드인들, 시리아인들과 이라크인들에게 저지르는 만행과 별 차이가 없다. 하지만 이들의 만행은 냉전이라는 큰 틀에서 모두 망각돼 버렸고 사라져 버렸다. 공산주의자인 소비에트에 맞서 싸운다는 것만 중요했지 다른 사실들은 모두 부차적인 문제였다.

미국은 당시 지하드 그룹들이 결국에는 총부리를 미국으로 돌릴 것이란 사실을 인지하고 있었으나 당장 눈앞에 보이는 적인 소비에트와의 싸움에서 이기는 게 중요했다. 미국이 1979년부터 1989년까지 일명 '사이클론 작전(Operation Cyclone)'을 통해 아프간전에서 뿌렸던 예산만도 200억 달러에 달한다. 당연히 미국이 뿌린 돈과 무기는 지하드 그룹의 수중으로 들어갔고 지하드 그룹은 이를 통해 점차 세력을 확대하기 시작했다.

아프간전 당시 미국은 막대한 양의 무기를 지하드 용사들에게 지원했다. 처음에는 소비에트와의 전면전 가능성을 고려해 다른 나라의 무기를 구입해서 공급하다가 전투가 격화되면서 본격적으로 미국산 무기를 공급하기 시작했다. 그중에서 당시 최첨단 무기였던 '스팅어 미사일'까지 공급하기 시작했다. 1986년 미국은 여러 차례 행정부와 의회의 논쟁을 거쳐 고성능의 지대공 미사일인 스팅어 미사일을 지원하기로 결정했다. 스팅어 미사일의 지원으로 인해 소비에트가 전투에서 패배했다는 소리까지 나올 정도로 수많은 소비에트 비행기들이 격추당하기 시작했다. 미국의 CIA는 스팅어 미사일을 1500기 내지 2000기를 지원한 것으로 알려지고 있지만 공식적으로는 500기를 지원한 것으로 서류상에 나와 있다. 지하드 조직들은 지원받은 스팅어 미사일을 숨기거나 이란이나 카타르, 크로아티아 등의 국가들에 팔아 엄청난 부를 획득한 것으로 드러났다. 전쟁이 끝난 뒤 미 정부는 사용하다 남은 스팅어 미사일을 한 대에 20만 달러를 주고 다시 사들이는 정책으로 5500만 달러 이상을 예산으로 책정하면서도 300기만을 회수할 수 있었다. 현재 실종된 스팅어만도 대략 600기 이상이 되는 걸로 추정되고 있다.

오사마 빈 라덴의 '알카이다'의 기원은 소비에트의 아프간 침공에 맞서고자 재정 지원과 군사 훈련을 위해 1984년에 조직됐던 '마크(MAK: Maktab al-Khidamat, 아프간 서비스 사무국)'라는 조직에 그 뿌리를 두고 있다. MAK는 '빈 라덴'과 '압둘라 아잠'에 의해 시작됐다. 압둘라 아잠은 빈 라덴의 스승이자 멘토이며 팔레스타인 출신의 이슬람학자이다.

아잠은 팔레스타인에서 출생했고, 어린 시절에는 신동으로 소문이 자자할 정도로 뛰어났다고 한다. 이슬람에 관한 공부를 위해 시리아와 이집트에 머물렀고, 이슬람교에 관한 연구로 박사 학위를 받은 인물이다. 이슬람교의 경전인 《쿠란》에서 현실 참여와 정치적인 면에 초점을 두고 해석하면서 지하드(성전) 이론에서는 가장 권위적인 학자로 이름을 날렸다. 한때는 팔레스타인 해방 운동에 참여하기도 했지만, 당시 PLO(팔레스타인 해방 기구)의 지도자인 '야세르 아라파트'의 노선인 마르크스·레닌주의적 노선에 동의하지 못해 팔레스타인을 떠났다. 그는 팔레스타인 해방과 이슬람교도들의 해방은 이슬람이라는 종교 운동을 통해서만 가능하다고 생각했고 중동의 서구 세계로부터의 해방 또한 이슬람교의 실천 운동을 통해서만 가능하다고 생각했다. 그는 자신의 이론을 직접 현실에 구현하기 위해 빈 라덴과 함께 알카에다의 모체인 MAK를 조직해 운영했으나 1989년에 폭탄 테러로 암살당했다. 물론 암살자는 나타나지 않았지만 대부분은 알카에다 내에서 행해진 테러로 인식하고 있다.

MAK는 아프가니스탄으로 훈련을 위해 오는 무자히딘들의 비행기 표를 대신 부담하고 이들에게 군사 훈련을 시키는 등 주로 지하드 전사들을 모집해 훈련시키는 역할을 했다. MAK 지부는 나중에 중동을 비롯해 유럽이나 미국에 설립돼 지하드전을 위한 자금을 모금하거나 지하드 전사들을 모집하는 활동을 했다. 미국 전역에서만 30여 곳의 MAK 지부가 설립돼 있을 정도로 이슬람 세계에서의 영향력은 상당했다.

당시 빈 라덴은 MAK를 설립하는 데 재정적 지원을 담당하면서 아잠과 함께 활동했다. 사우디의 거부인 아버지 덕분에 부유하게 자랐지만 아버지의 엄격한 종교적인 삶의 요구로 인해 빈 라덴은 이슬람교에 대한 공부를 하면서 자랐다. 사우디 '젯다'대학의 교수였던 아잠을 만나면서 본격적으로 지하드 이론을 접했고 지하드 운동에 뛰어들었다. 억만장자였던 아버지가 죽으면서 남긴 유산을 지하드 운동에 기부하고 또 자금을 모으면서 지하드 운동 세계에서 명성을 쌓아 나갔다.

빈 라덴의 아버지인 '모하메드 라덴'을 많은 사람들은 사우디의 왕족으로 알고 있지만 사실 그의 아버지는 예멘의 가난한 시골 출신의 건축 노동자였다. 사우디로 이민을 떠나온 뒤 건설업을 시작하면서 사우디 왕조와 인연을 맺으며 사업을 확장하기 시작해 사우디에서는 비왕족으로서 가장 성공적인 사업가로 변신했다. 사우디 왕족과의 인연으로 사우디 대부분의 이슬람 사원 건축을 도맡아서 했고 주변국들의 모스크 건축도 하면서 엄청난 부를 쌓았다. 억만장자로서 그는 22명의 부인들과 이혼과 결혼을 반복했고 54명의 자녀를 뒀으며 23번째 부인과의 결혼을 위해 다른 지방으로 자가용 비행기로 이동하던 중 비행기 추락으로 사망했다. 모하메드가 사망하면서 남긴 유산은 거의 500억 달러에 이르렀으며 빈 라덴은 약 3000만 달러를 유산으로 받은 것으로 알려졌다.

1989년 소비에트군이 철수할 무렵에 MAK 내에서는 조직의 미래를 둘러싼 논쟁이 뜨겁게 전개됐다. 빈 라덴과 가깝던, 이집트 출신의 이집트 지하드 조직의 지도자 '알자와히리'는 MAK의 미래는 세계적인 지하드 운동으로 나가야 한다고 주장하면서, 아프간에서 순수한 이슬람 국가를 모델로 먼저 세워야 한다는 입장을 가졌던 아잠과 많은 충돌을 벌였다.

1989년 아잠이 살해되면서 MAK는 '알카이다'로 명칭을 변경하고 당시 MAK에 남은 유일한 지도자 빈 라덴이 새 조직인 알카이다의 지도자가 됐고 2인자로는 알자와히리가 임명됐다. 아잠이 제거되면서 더 이상 걸림돌이 없어진 알카이다는 세계적인 지하드를 목표로 내건 조직으로 본격적으로 활동하기 시작했다.

현재 빈 라덴이 살해되고 유일한 지도자로 남은 알자와히리는 이집트 출신으로 카이로대학교에서 의학을 전공해 의사 자격증을 획득한 인물이다. 어릴 때부터 이슬람교에 심취하면서 10대 때 이미 '무슬림 형제단'에 가입해 당국의 주의를 받을 정도로 정치적인 성향을 띠었다. 의사라는 신분이었기 때문에 국제 적십자사의 봉사단원으로 파키스탄의 피샤와르 병원에서 아프간 난민들과 지하드 전사들을 치료하는 활동을 했다. 아프간의 전쟁터는 어디에나 쉽게 다닐 수 있는 군의관의 신분으로서 부상당한 무자히딘을 치료해 주면서 누구나 쉽게 만나고 다닐 수 있었다. 빈 라덴을 만난 것도 아프간전에서 무자히딘을 치료해 주면서였고 알카이다의 결성도 그렇게 이뤄졌다.

이슬람 세계의 전쟁이나 투쟁을 보통 '지하드'로 규정하는 경우가 많다. 지하드에 참전한 개인을 '무자히드'라고 하고, 복수를 지칭할 때는 '무자히딘'이나 '무자헤딘'이라 한다. 지하드의 목표는 외부 세력, 즉 비이슬람 세력을 몰아내고 이슬람이더라도 순수한 이슬람으로 변화시켜 샤리아법(쿠란법)이 구현되는 국가를 건설하는 것이다. 아프간 전쟁 당시 지하드 전사들의 목표는 단지 아프가니스탄에서 소비에트를 몰아내는 데만 있었던 게 아니었다. 무엇보다도 소비에트가 물러나면 아프간에 순수한 이슬람 국가를 건설하겠다는 목표를 두고 모여들었던 것이다.

지하드를 주장하는 이슬람 신학자들은 대부분 수니파들로, 무슬림의 경전인 《쿠란》을 지하드에 초점을 맞추고 해석하면서 무슬림들의 투쟁을 정당화시킨다. 무슬림과 비무슬림과의 투쟁을 성전(지하드)으로 해석하며 무슬림들의 참전을 일생에 한 번은 메카를 순례해야 하는 '하지'처럼 무슬림교도의 의무라고 규정하고 있다.

당대의 가장 권위 있는 지하드 이론의 선구자로 알카에다의 뿌리 조직인 MAK의 창설자 '압둘라 아잠'을 꼽는다. 아잠은 "현대에 들어와 이슬람교를 보면 가장 큰 불행이 바로 지하드의 포기"라는 점을 들면서 현대 이슬람교의 흐름을 비판했다. 또한 그는 "알라에 대한 신앙 다음으로 비이슬람 신도들을 몰아내는 지하드가 가장 중요한 과제"라면서 지하드를 강조하기도 했다. 《쿠란》을 지하드의 관점에서 매력적으로 해석한 그의 책은 지금도 젊은 이슬람교도들에게는 중요한 저작으로 꼽히고 있다.

이슬람교에서 지하드는 수니파에 의해서 무장 투쟁으로서 강조되는 측면이 강하다. 반면에 시아파는 지하드를 영적으로나 개인적으로 해석해서 강조하는 차별성을 보인다. 세계 역사에서 수많은 이슬람교도들의 투쟁을 지하드로 규정하지만 대부분은 수니파의 지하드였다. 반면에 현대에 들어와 시아파에서 지하드로 규정한 경우는 호메이니가 이란·이라크전과 레바논의 서방 대사관에 대한 폭탄 테러 공격을 성전으로 규정한 외에는 거의 찾아볼 수 없다.

알카에다나 탈레반이 《쿠란》을 해석하는 방식은 거의 유사하며 이들 단체는 모두 수니파 무슬림에 속한다. 실제로 현대에 들어와 지하드가 현실에서 구현된 가장 큰 사례가 바로 소비에트에 대항한 아프간 전쟁이었다. 아프간에서 막강한 소비에트를 몰아내면서 전쟁에서 승리한 지하드 세력은 지하드에 대한 더욱 확고한 신념을 가질 수 있었다. 아프간에서 돌아간 지하드 세력들은 자신들이 속한 땅에서 지하드를 실천하기 시작한다. 체체니아 전쟁이나, 코소보나 보스니아에서 일어난 발칸 전쟁은 모두 아프간 전쟁에 참여했던 무자히딘들에 의해서 일어난 '지하드'였다.

극단적인 이슬람주의자들은 소비에트에 대한 지하드(성전)를 알라(신)를 믿는 신앙의 표현으로 간주했다. 메카를 일생에 한 번은 방문해야 한다는 '하지'처럼 지하드의 참여도 일생에서 한 번은 반드시 해야 하는 것으로 생각했다. 《쿠란》에 적힌 법대로 따라야 한다는 '샤리아법'에는 모두 동의하고 있지만 그렇다고 지하드를 목표로 한 무장 그룹과 중동의 국가들을 같은 성격의 조직으로 보지는 않는다. 샤리아법을 적용하는 국가들은 중동 세계에서 많이 볼 수 있다. 그렇다고 이 국가들을 모두 테러 조직이나 지하드 조직으로 규정하지는 않는다.

알카이다 조직의 구성원들은 대부분 외국인들로 오사마 빈 라덴처럼 사우디 출신이거나 현재 알카이다 조직의 지도자인 알자와히리처럼 이집트 출신, 걸프 국가 출신이나 북아프리카 출신이 대부분이다. 반면에 탈리반 조직의 구성원들은 파슈툰 민족이 대부분이다.

무엇보다도 두 조직의 가장 큰 차이점은, 알카이다는 세계적 지하드를 추구하는 조직으로 전 세계의 국가를 모두 이슬람 국가로 바꾸겠다는 목표를 가졌지만, 탈리반은 아프가니스탄에서 순수한 이슬람 국가의 모델을 세우겠다는 목표를 가졌다. 알카이다가 등장하기 전, 1980년대 말에 조직 노선을 둘러싼 압둘라 아잠과 알자와히리의 논쟁이 있었는데 이것과 거의 동일 선상에 있다.

어쨌든 알카이다의 최종 목표는 부패한 중동의 배교자 정부들을 뒤엎고 순수한 이슬람 정부로 대체하는 것이지만 가장 첫 번째 공격 대상은 미국이다. 미국이 중동의 질서를 어지럽히고 부패시키는 원인의 뿌리라고 지적하고 있다. 미국의 군사적·경제적 지원으로 사우디나 이집트의 지배층이 유지된다고 보고 있으며, 미국을 대상으로 공격을 하게 되면 결국에는 미국이 물러가거나 중동에서 축출되면서 내부에 새로운 질서가 들어선다는 사고이다.

1989년 일국에서의 이슬람 국가 건설이라는 노선을 주장하던 지하드의 사상가 압둘라 아잠이 사망하면서 세계적인 지하드 운동으로 노선을 정리한 알카이다가 탄생한다. 금전적으로 알카이다의 전신 조직인 MAK를 후원하던 빈 라덴이 사실상 지도자이던 압둘라 아잠을 제치고 유일한 지도자로 올라섰고 아잠과 사상적 논쟁을 벌였던 알자와히리는 2인자의 자리에 올랐다. 알카이다는 1998년에 탄자니아와 케냐의 두 미국 대사관을 폭파하면서 그 위세를 떨쳤고 2001년에 9·11을 통해 그 존재를 세계에 알렸다.

미국은 아프간에서 벌어졌던 소비에트와의 전쟁에서 탈리반 그룹을 파키스탄 정보부(ISI)를 통해 조직했고 군사적·재정적으로 지원하면서 계속 키워 나갔다. 물론 미국이 직접 접촉해서 탈리반을 조직하고 확장시킨 게 아니라 파키스탄 정보부를 통해 조직하고 키웠다.

미국의 돈과 무기, 사우디의 돈이 합작해서 만들어 낸 작품이 바로 탈리반이라는 조직이다. 그리고 알카이다도 마찬가지의 방식으로 조직됐고 성장했다. 아프간전에서 무자히딘의 모집 총책이었던 빈 라덴도 미국으로부터 군사적 지원과 사우디로부터 자금을 지원받았기 때문에 "빈 라덴은 아메리칸 보이"라는 말이 나왔던 것이다.

IS의 모체가 되는 '이라크 알카이다'의 지도자 알자르카위는 팔레스타인 출신의 요르단 국적자로서 1980년대 말에 아프가니스탄의 대소비에트 지하드 전쟁에 참여했다. 1989년도에 그가 갔을 때는 이미 소비에트군이 철수하던 때여서 전투를 할 기회는 없었지만 그곳에서 빈 라덴 등 알카이다의 지도부를 만나 교감을 나눈 것으로 알려졌다. 1993년 요르단으로 돌아와서 지하드 조직을 건설하려다 체포돼 거의 6년을 감옥에서 지내다 1999년에 출옥했다. 곧 파키스탄으로 가서는 지하드 훈련소를 차려서 요르단에서 온 지하드 군사들을 훈련시키는 일을 하다 이란으로 건너갔다. 2001년 미국이 아프가니스탄을 침공하자, 아프가니스탄으로 넘어와서 미국과 전투를 벌이다 부상을 입고 이란으로 돌아가서 치료를 받았다.

알자르카위는 1999년에 이미 이라크에 조직(알 타우히드 왈 지하드: 유일신 신앙과 지하드를 위한 그룹)을 건설해 미국을 상대로 한 공격을 준비하고 있었다. 미국이 침공하자마자 조직적으로 폭탄 세례를 퍼붓고 자살 폭탄 테러를 감행하기 시작했다. 2004년 10월에 알자르카위의 조직은 알카이다에 충성을 맹세하는 의식을 갖고 '이라크 알카이다'로 조직 명칭을 변경했다. 이라크 알카이다는 먼저 미국을 이라크에서 축출하고 난 다음, 이라크에 이슬람 제국(칼리프 제국)을 건설하고, 세 번째로 이웃 국가들의 세속 정권을 무너뜨린 다음 이스라엘을 공격하는 것으로 목표를 정했다.

2003년에서 2005년 사이에 이라크에서 자행된 자살 폭탄 테러의 42퍼센트가 알자르카위파에 의해 행해진 것으로 판명됐다. 놀라운 사실은 알자르카위의 두 번째 부인의 아버지인 '야신 자라드'까지 자살 폭탄 테러를 감행해 시아파의 가장 성스러운 모스크로 간주되는 '이맘 알리 모스크'를 타격했다. 폭탄이 터지면서 모스크는 아수라장으로 변했고 거의 100명 이상의 순례객들이 희생되는 참변을 당했다. 알자르카위의 시아파에 대한 무차별적인 공격은 수니파의 종주국인 사우디에 의해 극찬되기도 했지만 무슬림 세계의 많은 지하드 전사들로부터 비판과 논쟁의 대상이 되기도 했다.

알자르카위는 2004년 1월에 빈 라덴에게 보낸 편지에서 시아파에 대한 자신의 관점을 아주 분명하게 표현했다. 물론 빈 라덴을 비롯한 알카이다의 지도부에서는 시아파에 대해서는 같은 무슬림으로서 타협적인 관점을 보여 왔다. 이 편지는 쿠르드가 중간에서 가로채면서 공개됐다. "시아파는 극복하기 어려운 장애이고, 숨어 있는 뱀이며, 간사한 전갈이며, 스파이질하는 적이고, 침투하는 독"이라고 표현했다. "천천히 들여다보고 스스로 생각해 본다면 시아파의 이론은 떠오르는 위험이며 진정한 도전"이라고 거침없이 표현했다.

미군과 시아파 민간인과 정부 인사들, 심지어 비판적인 수니파 인사들에 대한 광범위한 공격과 자살 폭탄 테러 공격으로 인해 내부에서조차 지도자인 알자르카위에 대한 비판의 목소리가 나오기 시작했다. 2006년 6월 7일, 마침내 거침없고 무자비하던 알자르카위는 미군의 폭격에 의해 사망했고 그의 사망은 이라크 알카이다에서도 공식적으로 확인했다. 미국 정부나 요르단 정부는 알자르카위가 미군의 공격을 당해 사망했던 위치에 관한 정보는 알카이다 내부에서 알려 온 것이라고 발표했다.

알자르카위가 사망하면서 이라크 알카이다는 다른 작은 무장 그룹들과 여섯 개의 무장 부족들과 함께 '무자히딘 슈아 협의회'를 결성하면서 이라크 이슬람 국가(ISI)를 공식적으로 공포했다. 그룹의 수장으로는 '아부 오마르 알바그다디'를 선출했다. 그러나 계속되는 미군과 이라크군의 공격으로 이라크 이슬람 국가는 안정적인 군사 기지나 아지트를 확보하는 데 실패하면서 지도부의 상당수가 사망하게 된다. 2010년 4월에는 '오마르 알바그다디'가 미군의 공습으로 살해되면서 조직은 해체되기 일보 직전까지 가는 위기를 맞게 된다. 또한 미군 측에서는 이라크 알카이다와 파키스탄의 알카이다는 거의 단절된 상태라는 발표까지 했다. 당시 이라크에서 미국은 테러 조직들을 거의 섬멸하다시피 하면서 깨끗이 정리할 수 있는 상황이었지만 시리아 내전에 대한 대처를 잘못하는 바람에 아쉽게도 기회를 놓쳐 버렸다.

오마르 알바그다디가 사망하자 이라크 이슬람 국가 내부에서는 다시 조직을 정비해 '아부 바크르 알바그다디'를 대표로 선출하고 사담의 정보부에서 일했던 인물들을 끌어들이면서 조직을 다시 정비하기 시작한다. 곧 ISI는 조직원들의 구출을 위해 공격을 재개한다.

미국의 이라크 침공으로 사담 후세인 정권이 붕괴되고 수니파가 세력을 잃게 되자 이라크 알카이다는 조직적인 무장 캠페인을 벌이면서 미군이나 시아파 정부 요인이나 시아파 민간인들을 타깃으로 삼았다. 군이나 정부 요인들의 암살을 비롯해 시아파 민간인들의 살상을 목적으로 모스크들을 폭파하기도 하고 외국인들의 거주 지역을 타격하기도 했다. 수니파 지하디스트들의 공격이 있은 후 시아파 정부군과 미군들은 맞공격으로 대응했고 이런 식의 싸움은 끊이지 않고 이어져 왔다.

수니파인 사담 정권이 무너진 뒤 이라크의 수니파 지역은 권력의 공백이 생기면서 행정력이 미치지 않는 상태였다. 시아파 정권하에서 시아파 공무원들이나 군인들, 경찰들은 수니파 지역은 가능하면 피하고 관할하기를 꺼려 했고 그 틈을 노려 알자르카위가 이끄는 이라크 알카이다 같은 무장 조직들이 수니파 지역을 관할하기 시작했다. 실질적으로 수니파 무장 조직들은 수니파 지역에서 행정부로서의 기능을 한 셈이다.

2006년 6월에 이라크 알카이다의 지도자인 '알자르카위'가 미군의 정밀 타격으로 숨지면서 이라크 알카이다는 한동안 위축되기 시작했다. 곧 분산된 그룹들을 하나로 모아 2006년 12월에 '이라크 이슬람 국가(ISI)'라는 단체를 결성하게 된다. 그 뒤 이라크 이슬람 국가는 조금씩 세력을 확장하게 된다. 2011년 말에 이라크에서 미군이 철수하면서 수니파와 시아파의 종파적 충돌은 한층 격화되기 시작한다.

꺼져 가던 불씨였던 '이라크 이슬람 국가(ISI)'라는 조직을 다시 살린 것은 2011년에 시작된, 아사드에 대항한 시리아의 수니파들의 봉기였다. ISI는 조직원들을 시리아로 보내기 시작하면서 시리아의 각 지역마다 무장 조직의 세포들을 건설하기 시작한다. 알카이다 소속인 시리아 출신의 '알줄라니'와 함께 ISI는 빠른 시일 내에 급속도로 조직을 확장하면서 '알누스라 전선'을 공식적으로 건설했음을 선언하기도 했다. 알누스라 전선은 반아사드 진영에 있는 그룹들을 통합하면서 가장 대규모의 전투적인 그룹으로 성장했다.

ISI의 수장인 '알바그다디'는 알누스라 전선을 ISI와 통합해 '이라크와 알샴 이슬람 국가(Islam State of Iraq and Al-Sham, ISIS)'를 건설했음을 일방적으로 선언했다. 그러나 알바그다디의 통합 선언은 곧 알누스라 전선의 대표인 알줄라니에 의해 부정되고 말았다. 알줄라니는 알바그다디의 통합 선언이 자신이나 조직의 어느 지도자와도 논의된 적이 없다고 밝혔다. 이에 파키스탄에 있는 알카이다의 지도자인 '알자와히리'는 편지를 보내 두 조직을 중재하고 나서면서 두 조직의 통합은 없었던 것으로 한다고 밝혔다. 곧 알바그다디는 알카이다의 권위나 중재를 공식적으로 거부했고 통합을 계속할 것임을 밝혔다. 이에 알자와히리는 알누스라 전선이 시리아에서 알카이다를 대표하는 공식 조직임을 밝혔고 IS와는 조직적 관계를 단절할 것이라고 엄포를 놓았다. 알자와히리는 알카이다를 대표해 IS와 알누스라 전선을 중재할 대표를 시리아로 파견했지만 특사는 곧 자살 폭탄 테러에 의해 사망했다. 알자와히리가 보낸 특사의 죽음은 두 조직의 관계를 급속도로 냉각시켰다. 2014년 2월 알카이다는 공식적으로 IS와의 단절을 선언했다. 그 뒤 두 조직은 서로 무력으로 공격하는 적대적 관계로 발전했다가 알자와히리가 2014년 5월에 IS에 대한 공격을 중단할 것을 명령하면서 상호 공격은 중단됐다. 2011년 빈 라덴이 사망하면서 빈자리를 알자와히리가 채웠지만 빈 라덴이 있을 때보다는 알카이다 조직의 권위도 상당히 쇠퇴했음을 보여 주는 사건이었다.

원래부터 아랍어로 '킬라파(이슬람 제국)'에 대한 건설은 지하드에 몸담고 있는 지하드 전사 '무자히드'라면 누구나 동의하는 목표다. 샤리아법이 적용되는 순수한 이슬람 국가를 건설하는 문제에서 알카이다나 탈리반, IS에 몸담고 있는 누구나 동의해야만 하고 할 수밖에 없는 강령이자 지하드의 목표이다. 그럼에도 지하드 조직들 간의 전술적인 논쟁은 상당히 심각하게 벌어져 왔다.

빈 라덴은 알바그다디의 킬라파 건설이 시기상조라고 내다봤다. 순수한 이슬람 국가가 건설되기 위해서는 안정적인 근거지인 킬라파의 영토가 전제돼야 하는데 현재 그런 조건을 갖추지 못했다고 본 것이다. 그러나 IS의 지도자인 알바그다디는 이슬람 국가의 건설을 지하드를 통해 영토를 확보하고 만들어 나가는 하나의 과정으로 생각한 것이다. 알바그다디가 스스로를 칼리프로 자칭하고 자신의 조직인 이슬람 국가를 '킬라파'로 선포하면서 알카이다와는 자연스럽게 다른 길을 갈 수밖에 없었다. 물론 앞으로 IS의 운동이 효과적이어서 더 많은 영토를 확보하고 계속적으로 다른 지하드 그룹을 흡수하게 된다면 알카이다도 어쩔 수 없이 IS를 인정하고 IS에 흡수되거나 연대 전선을 형성할 수도 있을 것이다. 반면에 앞으로 IS의 운동이 실패하여 빈 라덴이 IS 노선을 비판했듯이 시기상조론이 옳다는 것으로 증명되면 지하드 그룹들은 모두 알카이다 조직으로 통일될 수도 있을 것이며 세계적 지하드 운동이 더욱 힘을 얻을 것이다.

알카이다의 명령을 거부하면서 독립적인 운동을 전개하기 시작한 IS는, 이라크에서는 IS의 조직원들을 더 많이 확보하기 위해 교도소를 주로 공격해 죄수들을 탈출시키는 작전을 벌여 상당수의 조직원들을 흡수했다. 또한 시리아에서는 계속 전투를 벌이면서 많은 수의 작은 무장 그룹들을 흡수하거나 충성을 유도하며 영토와 더불어 유전까지 차지하면서 계속적인 확장을 해 왔다. 체체니아의 지하드 그룹도 IS에 통합을 선언하기까지 했고 이로 인해 체체니아의 지하드 그룹은 갈라져 버렸다. 이 외에도 많은 외국인 지하드 그룹들이 IS에 충성을 맹세하거나 통합을 선언하면서 시리아 출신의 무장 그룹과는 다른 목표와 노선을 가지기 시작했다. 반아사드 투쟁을 위해 시리아로 왔던 외국인 지하드 그룹들은 아사드에 대한 전투보다는 IS의 목표인 이슬람 제국 건설에 동의하면서 IS의 확장에 더욱 관심을 보이기 시작했다.

이슬람의 예언자 모하메드가 죽으면서 이슬람 세계가 갈라지게 된 원인도 칼리프로 인해서였다. 모하메드의 다음 지도자로 그의 장인이자 이슬람 운동의 지원자였던 '아부 바크르'가 칼리프가 되자, 모하메드의 사위이자 사촌인 '알리'를 칼리프로 옹립하려던 세력은 갈라져 나오게 된다. 수니와 시아의 분리는 여기서 시작됐다. 시아파는 알리를 유일한 모하메드의 계승자인 칼리프로 인정하지만 다른 칼리프들은 인정하지 않는다. 반면에 수니파는 알리를 4대 칼리프로 인정하지만 그를 중요한 칼리프로 인정하지 않는다.

현재 많은 국가에 거주하고 있던 젊은 이슬람교도들이 IS의 이념이나 활동에 동조해 IS에 합류해 왔다. 특히 유럽에 거주하는 많은 이슬람 청년들이 IS에 합류해 들어가면서 국제적인 논란의 주제로 떠오르기도 했다. 높은 실업률과 인종 차별과 무슬림에 대한 종교적 억압 등 유럽 사회에 적응하기 힘든 젊은이들이 대거 IS에 합류하면서 유럽 사회에 충격을 던져 주었다. 뿐만 아니라 요르단 국왕은 공식 석상에서 젊은이들이 합류하는 이유를 IS에서 지급하는 1000달러의 월급에다 가장 큰 방점을 찍어서 얘기하기도 했다. 튀니지, 모로코를 비롯해 경제가 열악한 북아프리카나 중동의 이슬람 젊은이들에게 1000달러라는 액수는 중산층 이상이 받을 수 있는 월급이라는 설명도 덧붙였다. 물론 소수는 IS의 이념에 끌려 합류한 경우도 있겠지만 대부분은 경제적 요인으로 인해 IS에 합류했다는 것이다.

IS 전투 요원들의 대략적인 수는 각 나라마다 다르게 평가돼 왔다. 러시아군 정보부에서는 IS의 숫자를 대략 7만 명으로 보고 있지만 미국의 CIA에서는 절반인 3만 명 정도로 보고 있다. 그러나 쿠르드 측에서는 IS의 숫자를 20만 명 이상으로 추측하고 있다.

# 3. 쿠르드 민족의 국가 건설의 꿈

 2015년 여름, 유럽은 중동의 난민들이 밀어닥치면서 몸살을 앓던 무렵이었다. 난민들에 대한 차가운 여론이 높아 가던 시기에 한 어린아이가 터키 연안의 해변가에서 엎드려 죽은 채 발견된 사진이 전 세계에 퍼져 나갔다. 이 한 장의 사진은 난민들에 대한 세계의 차가운 여론을 완전히 잠재워 버렸다.

 파도에 떠밀려 와서 터키의 해변가에 엎드린 채 죽은 어린아이는 '알란 쿠르디'로, 이름처럼 쿠르드 민족의 아이로 밝혀졌다. 시리아 코바니 출신의 쿠르드 아이로, 부모와 함께 IS와의 전쟁으로 파괴된 고향을 뒤로하고 친척이 사는 캐나다로 가기 위해 먼 여행길을 나섰다가 죽음을 당했다. 터키의 최남단 '보드룸'에서 그리스의 섬 '코스'로 밤에 고무보트로 건너가려다 배가 뒤집어지면서 참변을 당했다. 6명이 최대 인원인데 12명이 승선했으며 구명조끼도 불량품이어서 물속에서 아무런 효과도 발휘하지 못했다.

시리아 전쟁이 발발하면서 난민이 돼 유럽으로 향하던 사람들 중에는 쿠르드인들도 많이 섞여 있다. 이들은 모두 다른 국적을 갖고 있지만 쿠르드 민족이다. 시리아와 이라크, 이란 등 중동 지역에는 많은 민족들이 함께 살아가고 있다. 비록 이들이 가진 여권은 동일하다 해도 민족은 다르다. 이라크 여권을 소지했다고 해도 민족은 다르다. 아랍인이라는 이라크인이 있고 쿠르드인이라는 이라크인, 이란인이라는 이라크인도 있다. 터키 여권을 가진 사람들도 모두 다른 답변을 한다. 터키 출신의 터키인, 터키 출신의 쿠르드인, 터키 출신의 아랍인 등 많은 민족이 같은 국가라는 틀 안에서 공존하고 있다. 필자도 이라크에서 온 난민들이나 시리아에서 온 난민들에게 물어본 적 있다. 난민들 중에는 비록 국적은 달라도 쿠르드인들도 많이 섞여 있다는 사실을 알 수 있었다.

이런 사실을 모르는 외국 신문 기자가 써 놓은 과거의 기사를 본 적 있다. 예를 들면 1991년 걸프전이 발발했을 당시에 "사담 후세인 정부가 이라크 북부의 이라크인들을 공격해 많은 이라크인들이 난민 신세로 이란으로 터키로 피난했다."라는 기사를 읽은 적 있다. 당연히 의문을 가질 수밖에 없다. 사담이 왜 같은 이라크 국민들을 공격하고 이라크 국민들이 난민이 됐는지 알 길이 없다. 물론 국적은 같은 이라크이지만 민족은 쿠르드 민족으로 다른 민족이다. 같은 이라크 내에서 이라크 민족이 쿠르드 민족을 공격한 것이다. 이라크 수니파 정권이 이라크 쿠르드 민족을 공격한 것이다.

2001년부터 그리스의 수도 아테네에서 필자는 많은 쿠르드 난민들을 만날 기회가 있었다. 이들은 모두 터키에서 비합법적인 비밀 통로를 따라 그리스로 넘어왔으며, 대부분은 가이드를 따라 비합법적으로 독일로 가기 위해 준비하고 있었다. 소수의 쿠르드인들은 그리스에서 난민으로 인정받아 정착했지만 대부분은 독일을 비롯한 서유럽으로 가기를 원했다.

쿠르드 민족은 역사상 한 번도 제대로 민족 국가를 가지지 못했기 때문에 타민족에 이용만 당하고 박해당하면서 수천 년을 살아왔다. 이들은 전쟁만 터지면 피난을 떠나야 하는 신세여서 언제나 비상식량을 쌓아 놓고 살아온 민족이다. 큰 전쟁이 없어도 지역 분쟁으로 인해 언제나 유럽으로 향하는 행렬은 지금까지 끊이지 않고 계속되고 있다.

현재 유럽에 거주하는 쿠르드 민족의 인구를 300만 명으로 추정한다. 쿠르드 민족이 가장 많이 사는 독일에는 100만 명이 집중돼 있는 것으로 알려지고 있다. 물론 통계상의 숫자보다 독일의 쿠르드 인구는 훨씬 많을 것이다. 그리고 쿠르드인이지만 터키 여권을 소지하고 있는 쿠르드인들도 많기 때문에 그 숫자는 정확하게 파악되지 않는다.

쿠르드 민족이 난민으로 고통받았던 최근의 굵직한 시기를 조명하면 1991년 1차 걸프전이 발발했을 때와 터키에서 PKK(쿠르드노동당)와 터키 정부군과의 충돌이 벌어졌을 때였다.

미국이 사담 후세인을 제거하기 위해 벌인 1차 걸프전 때, 이라크 북부 지역의 쿠르드 지역에서는 이라크에서 독립하기 위한 대대적인 봉기가 일어났다. 봉기 이전부터도 사담 후세인은 쿠르드 민족을

시리아 코바니에서 온 쿠르드 난민들.

말살하기 위해 잔인한 방법을 동원했다. 심지어는 1988년에 화학 무
기를 사용해 수천 명의 쿠르드인들을 학살하기도 했다. 쿠르드 민족
이 봉기하자 사담 후세인은 전투기와 탱크를 동원해 쿠르드 지역을
공격하기 시작하면서 200만 명의 쿠르드 민족이 난민으로 피난길에
올랐다. 터키로 이란으로, 그리고 산으로 피난을 떠났지만 터키 정부
는 국경을 봉쇄해 버렸다. 50만 명이 터키 국경선을 따라 노숙하면
서 연명했지만 하루에 500명 이상의 쿠르드인들이 죽어 갔다는 뉴
스가 전해졌다.

　그리고 1980년대 쿠르드노동당(PKK)과 터키 정부군 사이의 충돌
이 격화되면서 산간 지대에 사는 쿠르드 마을들을 터키군에서 강제
로 소개시켰다. 쿠르드 게릴라들이 산간 마을에 사는 쿠르드 농부들

로부터 숙식을 제공받는다는 이유 때문이었다. 터키군은 언제까지 마을을 비우라는 통첩을 전달한 뒤 말을 듣지 않으면 마을을 불태웠고 항의하는 주민들은 학살해 버렸다. 약 300만 명의 쿠르드인들이 고향을 잃고 터키의 대도시로 강제로 이주했으며 100만 명은 터키 내에서 사실상 난민으로 생활해 왔다. 대도시로 이주해 간 쿠르드인들은 최하층의 도시 빈민층을 형성했고 도시의 또 다른 문제로 부각됐다.

쿠르드 민족이 거주하는 대표적인 나라를 든다면 네 나라를 들 수 있다. 4000만의 쿠르드 민족 중 절반을 넘는 2500만 명이 터키 지역에 집중돼 있고 600만 명이 이란, 400만 명이 이라크, 300만 명이 시리아, 나머지 300만 명 정도가 유럽에 흩어져 살고 있다.

쿠르드인들은 메소포타미아를 중심으로 수천 년을 한곳에서만 살아온, 오랜 역사를 간직해 온 민족이다. 지금도 터키의 남동부 지역의 하산키프에는 8000년이나 된 석조물들이 존재하고 있어 찬란했던 고대 민족의 역사를 증명하고 있다. 쿠르드인들이 고대 시대 때 세웠던 국가들은 구티움 왕국, 룰루 왕국과 두라투 왕국이었다. 그 뒤 카사이트 제국과 미타니 제국을 건설하기도 했다. 쿠르드 민족이 건설했던 제국들은 기원전 2000년경에 건설됐고 이들 양대 제국을 거치면서 중동 일대를 제압한 적도 있었다. 기원전 8세기에 중동 일대를 장악했던 메데(메디아) 제국을 구성했던 민족을 쿠르드 민족으로 보는 견해도 강하다. 어쨌든 아케메니아, 파르티아, 사사니드 제국들의 지배를 받으면서 고대 쿠르드 민족의 힘은 쇠퇴해 갔다.

쿠르드인들은 고대 시대 때부터 자그로스산맥 일대에서 살아온 산악인들이다. 고대 시대 때 유명했던 산악 민족으로는 쿠르드 민족을 제외하고서는 엘람 민족을 들 수 있다. 엘람 민족은 고대 수도인 '사사'를 중심으로 왕국을 건설하여 생활해 왔으나 나중에는 대부분의 지역이 쿠르드 민족의 근거지로 변했다.

많은 쿠르드인들이 이슬람으로 개종하게 되면서 쿠르드 민족의 역사는 이슬람 세계의 역사에 묻히게 된다. 그럼에도 쿠르드 민족은 이슬람 제국의 한 부분으로 군사적인 면에서 핵심적인 역할을 담당했다. 십자군 전쟁에서 예루살렘을 점령하고 있던 십자군들(기독교 연합군들)을 굴복시켜 이름을 날렸던 '살라하딘' 장군도 쿠르드 용사였다.

20세기 들어오면서 오토만 제국의 힘이 약해지면서 중동 지역은 대영 제국과 프랑스의 각축장이 되었고 나중에는 이 지역 전체를 관할하던 오토만 제국이 붕괴하게 된다. 1차 세계 대전이 끝난 뒤 쓰러져 가는 오토만 제국의 영토를 분할하기 위해 영·불 두 강대국은 1920년에 프랑스 세브르에 모여 지도를 그리기 시작한다. '세브르 회담'에서 쿠르디스탄이 정식 회의 주제로 채택됐으며 토의가 되기도 했다. 쿠르디스탄의 영토 문제에 들어가서는 쿠르드 민족 내부에서조차 제대로 합의된 결론이 없었고, 강대국에서 호수 반(VAN)을 제외했다는 쿠르드 대표의 문제 제기로 인해 아무런 결론 없이 흐지부지됐다. 이로써 쿠르디스탄은 쿠르디스탄의 영토를 확보해 국가를 세울 기회를 놓쳐 버렸다.

'세브르 조약'이 체결된 뒤, 터키는 케말이 주도하는 독립 전쟁을 일으켜 영국과 프랑스, 그리스, 아르메니아군에 맞서 싸우면서 물러서지 않고 버티기 시작했다. 당시 케말의 독립 전쟁에 도움을 준 국가는 러시아의 볼셰비키 정권이었다. 당시 볼셰비키 정권은 지금의 터키 동부에 위치한 카프카즈(코카서스) 지역과 아르메니아 땅을 차지하는 대신에 터키의 케말 군대에 무기와 자금을 지원하기로 상호 약조를 맺었다. 러시아는 당시 볼셰비키군(홍군)과 반군(백군)이 내전 중이었는데 볼셰비키는 러시아의 내전에 강대국들이 참전하기를 원치 않았다. 이 때문에 터키의 케말 군대를 지원해 강대국들과 전쟁을 벌이도록 계속 부추겼다. 터키의 케말 군대가 물러서지 않고 계속 버티자 영국과 프랑스도 결국에는 오토만 제국이 사인했던 세브르 조약을 무효화하는 데 동의했다.

그리고 터키의 독립 전쟁 당시 쿠르드 민족 중에서 일부는 터키의 케말 군대와 협력해 영·불과 그리스, 아르메니아군에 맞서 싸우기도 했다. 터키의 동부 지역에서 과거 아르메니아와 영토가 겹치는 쿠르드족이 아르메니아를 몰아내고 영토를 독차지하려는 욕심으로 터키와 함께 1915년의 아르메니아 대학살을 지원하기도 했다. 몇 년 전에는 쿠르드 지도자들이 아르메니아에 정식으로 아르메니아 대학살에 대해 사과한 일도 있었다.

터키의 독립 전쟁이 끝난 뒤, 1923년 7월 23일, 스위스 로잔에서는 미국, 영국과 프랑스의 강대국들과 오토만 제국을 뒤이은 새로 수립된 '터키 대민족 의회'의 정부 대표들이 모여 1차 세계 대전 후의 새로운 전후 구도를 짜기 위한 회담을 진행했다. 이 회담에서 터키의 끈질긴 로비와 영국의 이익이 맞아떨어지면서 쿠르드 민족의 독립에 대해서는 일언반구도 없었다. 터키나 아랍 민족의 독립은 1차 세계 대전 전 공개적으로 약속된 바 있었으나 전쟁에 승리한 영국이나 프랑스는 눈앞의 이익에 눈이 멀어지면서 전쟁을 도왔던 쿠르드 민족이나 아랍 민족을 하루아침에 배신했다.

로잔 조약은 쿠르드 민족에게 엄청난 재앙을 안겨 줬다. 지도상에 존재하던 쿠르디스탄은 순식간에 터키의 영토로 대부분 들어가게 되고 부분적으로 시리아, 이라크, 이란으로 편입돼 들어갔다. 터키 쪽에 속했던 쿠르드 민족은 학교나 조직, 출판 활동 등이 완전히 금지됐다. 1925년 로잔 조약의 내용을 뒤늦게야 알게 된 쿠르드 민족은 항의 시위를 조직했으나 강대국들을 등에 업은 터키 정부의 무자비한 진압으로 꺾이게 되고 이후에는 터키 정부의 습격과 강제 추방, 학살 등의 탄압이 1935년까지 이어졌다.

그리고 1919년 이라크 북부의 술래마니아시를 중심으로 쿠르드 무슬림의 지도자였던 마흐무드 바르자니가 독자적인 쿠르디스탄을 건설하여 스스로 통치자가 된 뒤 이 지역을 다스리기 시작하면서 그의 영향력은 계속적으로 확대되기 시작했다. 바르자니의 돌발적인 출몰에 당황한, 당시 이라크를 식민지화했던 영국은 급히 바르자니를 권력에서 몰아냈다. 즉시 영국의 반쿠르드 정책에 맞서 이라크 지역의 쿠르드 민족의 저항이 시작됐다. 1922년 쿠르드 민족의 봉기는 영국군에 의해 잔인하게 진압됐고 다시 2년 뒤에는 영국군이 전투기까지 동원해 술래마니아를 폭격하기까지 했다. 당시 이라크를 통치하던 영국은 쿠르드 민족의 자치 정부에는 전혀 관심이 없었고 오직 새로 수립된 이라크 정부에 쿠르드 민족이 어떻게 협력하게 만들 것

독립 국가를 꿈꾸며 저항하는 쿠르드 전사들.

인지에만 관심을 갖고 있었다.

그러나 영국이 당시에 관심을 가졌던 것은 석유였는데 석유가 매장된 지역은 다름 아닌 쿠르드 민족의 거주지인 킬쿡이나 모술이었다. 영국과 쿠르드는 다시 협상에 들어가 쿠르드 민족의 권리인 쿠르드어 사용, 자치 행정부, 학교 등의 민족적 제 권리를 보장하는 대신 이라크 정부에 협조한다는 내용에 합의하면서 이라크 쿠르드 민족과 영국 간의 갈등은 수그러졌다.

이란과 이라크가 전쟁 중이던 1980년부터 1988년까지 이라크 북부의 쿠르드족은 이란을 지원했다. 이라크의 사담 후세인 정권은 이라크 북부의 쿠르디스탄을 궤멸시키기 위해 화학 무기를 사용해 수

많은 쿠르드인들을 학살하기도 했다. 1차 걸프전이 발발하자 쿠르드 민족은 사담 후세인 정권에 맞서 싸웠고 미국과 영국 연합군의 도움으로 이라크의 지배에서 벗어날 수 있었다.

미국과 영국의 쿠르디스탄에 대한 '노 플라이 존(No Fly Zone)' 정책은 쿠르디스탄을 사담 후세인 정권으로부터 보호하면서 이라크전 이후에는 거의 독립된 자치 정부의 지위를 부여했다. 그러나 여전히 터키와 주변국들의 반대로 인해 독립 국가를 수립하지 못하는 실정이다. 또한 쿠르드 민족 내에서도 이라크 북부의 쿠르디스탄만의 국가 건설을 반대하는 세력도 있어 국가 수립이란 과제가 평탄치만은 않다.

1923년의 로잔 조약에서는 쿠르디스탄의 존재가 완전히 무시된 반면에, 터키와 시리아, 이란 등의 근대 국가들의 건설이 명시됐다. 그 뒤, 터키는 "하나의 민족, 하나의 언어"를 표방하면서 앙카라를 수도로 한 터키 공화국을 공포했다. 이는 터키 민족이 아닌 다른 민족들을 터키의 영토에서 제거하겠다는 선언이나 다름없었다.

무엇보다도 터키의 영토에 수천 년 동안 살아왔던 아르메니아 민족과 쿠르드 민족, 그리스 민족 등이 첫 번째 제거 대상이었다. 아르메니아 민족은 1914년부터 시작된 대학살을 통해 150만 명이 학살되면서 거의 제거된 상태였다. 또한 그리스 민족도 오토만 터키에 의해 50만 명 정도가 학살된 것으로 알려졌다. 터키는 오토만 터키가 붕괴한 뒤 다른 민족을 학살한 시체 위에서 건설한 국가이다.

터키가 국가를 선포한 다음 해인 1924년에 접어들면서 쿠르드 민족의 학교들이나 조직들, 출판 미디어들이 모두 폐쇄됐다. 또한 '쿠르드'나 '쿠르디스탄'이라는 말은 불법화됐고 이들의 존재를 인정하는 글이나 말은 모두 불법으로 간주됐다. 터키 정부의 쿠르드 민족에 대한 민족 동화 정책은 집요하게 전개돼 왔다. 오토만 제국이 막을 내리고 현대 터키가 시작된 1923년부터 터키 헌법은 터키에서의 다른 민족의 존재를 인정하지 않았다.

"한 민족, 한 언어"라는 국시는 1980년 터키에 쿠데타가 발생한 뒤 군부 정권이 들어서면서 한층 더 강화되었다. 당연히 쿠르드인 학교와 대학교, 출판사나 신문사, TV, 라디오 등은 금지되었고 쿠르드어 사용도 금지되었다. 그리고 자신을 쿠르드인이라고 밝히면 일자리도 구할 수 없었고 완전히 사회에서 추방되었고 심지어는 감옥에도 던져졌다. 쿠르드인으로서 이런 사회적 환경 속에서 살아남기 위해서는 터키인으로 살아가야 하는 게 현실이다. 무엇보다도 자신을 쿠르드인이라고 밝히는 데는 삶을 건 용기가 필요하다.

더구나 터키 정부에서는 쿠르드 민족들의 이름까지도 터키식의 이름으로 가질 것을 강제하고 있다는 사실도 드러났다. 일제가 우리 민족에게 강요했던 '창씨개명(일본식 성명 강요)'과 같은 정책이다. 쿠르드 가족들이 전통적인 쿠르드어로 작성된 이름을 태어난 아들에게 부여했다가 터키 법을 깨뜨렸다는 이유로 경찰에 피소당하는 사건이 벌어지기도 했다. 터키 남동부의 쿠르드 민족 지역인 '디클라'에서 벌어졌던 이 사건은 터키 정부에서 얼마나 깊숙이 쿠르드 민족의 생활 문화까지 지배 통치하고 있는지를 보여 주는 사례라 하겠다.

이곳에 사는 쿠르드족인 일곱 가족들은 태어난 21명의 아기들에게 전통적인 쿠르드 이름인 '세르핫', '바란', '로자', '젤랄' 등의 이

시리아 코바니에서 온 어린이 난민들.

름으로 출생 신고를 했다가 범법 행위로 지방 법원에 정식으로 기소
됐다. 지방 법원에서는 기소된 가족들에게 쿠르드노동당(PKK)에서
이들 이름을 코드로 사용할 가능성이 있다면서 개명할 것을 판결했
다. 그리고 만약 이들 가족들이 불복할 경우 벌금형이 선고될 예정
이라고 밝혔다. 그러나 '세르핫'이나 '바란' 같은 이름은 터키인들도
공통으로 사용하는 이름이어서 터키 국민들까지도 이 사안에 대한
비판을 늘어놓고 있다. 어쨌든 터키 정부의 쿠르드어 탄압 문제는 어
제오늘 벌어진 일이 아니다.

　수천 년 동안 쿠르드인들의 정신적인 지주였던 민족 종교인 '예즈
디'교마저도 터키 정부에서는 금지시켰고 예즈디교를 전혀 인정하지

예즈디 난민들의 천막촌.

않고 있다. 그 하나의 사례로 예즈디교를 믿는 쿠르드인(이하 예즈디 쿠르드인)의 신분증이나 여권의 종교란에 '이슬람'을 기입하고 그 옆에 세 개의 십자가 표시를 해 두었다. 즉, 세 개의 십자가 표시는 이슬람교의 한 분파라는 표시인데 비이슬람이라는 뜻이다. 지금까지 터키에 거주하는 쿠르드 민족의 90퍼센트가 이슬람교로 개종했지만 여전히 소수의 예즈디 쿠르드인들은 완강하게 버티고 있다.

그리고 터키 정부에서 예즈디교를 철저하게 탄압하는 이유는 예즈디교의 종교 의식이 모두 쿠르드어로 진행되기 때문이다. 당연히 공식적으로 터키에는 예즈디교가 존재하지 않으며 예즈디교의 성전인 '쿱바'의 건축도 금지돼 있다. 쿠르드 민족이 거주하는 다른 세 나라의 경우도 터키의 실정과 별반 차이가 없다. 과거 이라크의 사담 후세인 치하에서는 예즈디 쿠르드인들이 구속되거나 정치적인 압박으로 시달리는 사례들이 종종 있었고 이 때문에 산악 지역으로 옮겨 다니며 살아야 했다. 시리아나 이란의 경우는 정부적 차원이 아니라 이슬람 원리주의자들에 의한 집단적이고 공공연한 테러가 빈번하게 발생해 왔다. 이 때문에 수백만의 예즈디교인들이 종교의 자유를 찾아 정든 고향을 떠나 수천 리 떨어진 타국으로 이민을 가야 했다.

예즈디족을 민족이라 칭하기도 하지만 엄연히 쿠르드 민족의 한 종교적 분파이다. 원래 쿠르드 민족은 예즈디교를 전통 종교로 믿어 왔던 민족이었지만 이슬람이 발흥하면서 이슬람교로 개종한 민족이다. 과거의 역사를 무시하고 종교적 관점에서만 본다면 쿠르드 민족과 예즈디 민족은 같은 언어를 사용하는 다른 민족이 돼 버린다. 그러나 원래 쿠르드 민족의 민족 종교는 예즈디교였고 쿠르드 민족 전체가 예즈디 민족이었다.

예즈디 민족은 수천 년의 역사를 자랑하고 있는 고대 종교인 예즈디교를 보존해 왔다. 예즈디 민족은 쿠르드 민족으로 대다수의 쿠르드 민족이 이슬람교로 개종했지만 개종하지 않고 전통 종교인 예즈디교를 믿어 온 신자들이다. 예즈디 민족은 오래전부터 다른 종교로부터 많은 탄압을 받아 왔다. '악마를 숭배하는 종교'니 '뱀을 숭배하는 종교'로 다른 종교에서 예즈디교를 비난해 왔다. 물론 다른 종교에서 예즈디교를 향해 날리는 의혹의 시선은 충분히 이해가 가고도 남는다.

난민촌에서 생활하는 예즈디 성직자.

터키 정부는 터키의 영토 내에서 살고 있던 2500만 명의 쿠르드 민족의 존재 자체를 1991년까지 부정해 왔다. 터키의 정책은 성공적이어서 당시 터키에 살던 지식인들조차도 '쿠르드'란 말은 들어 본 적도 없었다고 한다. 단지 터키의 영토에 살고 있는 쿠르드 민족을 '산에 사는 터키인'으로 지칭했다. 이 기간 동안 '쿠르드'니 '쿠르디스탄'이니 하는 말은 엄격하게 금지됐고 이 단어가 입 밖으로 나오면 바로 구속됐다.

쿠르드 지역에 사는 쿠르드인 농부들은 터키어 교육을 받을 기회가 전혀 없었기 때문에 터키어를 몰랐다. 이 때문에 시골의 많은 쿠르드인들이 구속되고 박해받는 일도 벌어졌다. 또한 쿠르드 민족은 기본적인 인권인 쿠르드어 사용과 쿠르드어로 된 교육을 금지당해 왔다. 이 같은 상황에서 PKK 무장 투쟁이 대중들의 지지를 받는 것은 당연하다. 그리고 터키 정부의 강제 이주 정책도 쿠르디스탄 지역에서 폭력적인 저항을 불러일으킨 요인으로 작용해 왔다. 터키 정부는 이 지역을 군사 작전 지역으로 설정해 놓고 대부분이 농부들인 수백만의 쿠르드인들을 야만적으로 억압해 왔다. 1988년 사담 후세인이 화학 무기를 쿠르드인을 대상으로 시험한 것처럼, 터키는 미국으로부터 매년 신형 무기를 수입하여 이를 쿠르드인들을 대상으로 시험해 왔다.

2002년에 필자는 쿠르드 민족의 수도라고 할 수 있는 '디얄바르키르'시를 방문한 적 있었다. 터키 정보부의 미행 속에서도 쿠르드 교원 노조 사무실을 방문했다. 사무실의 벽에는 쿠르드어를 가르치다 체포돼 숨진 교사들의 사진 액자들이 걸려 있었다. 필자의 기억으로는 스무 명 정도 되는 것 같았다. 곧 교원 노조 위원장 '하이레틴 알툰'과 인터뷰를 했다. 위원장은 쿠르드 민족이 당하는 박해를 가장 적절하게 잘 표현해 주었다. 쿠르드 민족에 대한 박해는 지금도 계속되고 있고 쿠르드 지역의 상황은 크게 달라진 게 없기 때문에 이 장 끝부분에 그와의 인터뷰를 다시 싣는다.

지금도 많은 쿠르드인들은 산악 지역에서 소규모의 염소나 양을 키우는 목축업에 종사하고 있다. 이들의 삶의 형태를 본다면 산악 지대에서 가족 중심의 소규모 마을들을 기본 단위로 한 자급자족적인 공동체 생활을 해 왔다. 뿐만 아니라 많은 지역에서는 지금까지도 다수의 쿠르드 가족들이 동굴을 개조한 집에서 생활하고 있다.

많은 쿠르드 지식인들의 한결같은 의견은 PKK(쿠르드노동당)의 게릴라 운동이 없었다면 쿠르드 민중들은 자신이 쿠르드인이라는 사실조차도 모르고 살고 있을 것이라는 가정을 한다. 쿠르드 게릴라 운동이 활발하던 1990년대 초 터키군들이 쿠르드의 산악 마을에 밀려들어 와서는 쿠르드 농부에게 게릴라들이 어디에 있는지 물었다. 그러나 난생처음 듣는 터키 말을 이 농부는 이해할 리 만무하였다. 우물쩍거리는 농부에게 터키 군인은 "왜 터키 말을 하지 않느냐?"면서 터키 말을 할 것을 강요했다. "터키에 살면 터키 말을 해야지." 하면서 터키 병사는 이 농부를 사살했다. 오직 자신의 양과 염소만 알던 한 농부의 죽음은 많은 쿠르드인들의 민족성을 일깨우는 계기가 됐다고 한다.

쿠르드 민족의 해방 운동에서 가장 중요한 세력을 꼽는다면 PKK(쿠르드노동당)를 들 수 있다. 쿠르드노동당이 결성된 때는 1978년으로, 대부분의 활동가들은 학생 출신들이었다. PKK가 다른 조직과는 달리 성공적으로 기반을 확대시킬 수 있었던 이유는 바로 혁명운동에서 '농민들의 동원'을 강조했다는 데 있다. 다른 좌파 조직들은 존재하지도 않는 공장 노동자들에 눈을 돌리는 헛수고를 한 반면 PKK는 쿠르디스탄의 농민들 속으로 들어갔다.

터키에서 군사 쿠데타가 일어났던 1980년에는 도시의 많은 활동가들이 체포되어 죽음을 맞거나 고문으로 반신불수가 됐다. 터키의 압제는 많은 활동가들을 레바논이나 시리아로 내몰았는데 '압둘라 오잘란'도 그중 하나였다. 이들은 그곳에서 본격적으로 군사 훈련을 받은 후 터키의 산악 지대로 돌아오게 된다. 지금도 많은 쿠르드인들이 기념하는 1984년 8월 15일은 최초로 쿠르드의 무장 세력이 터키군에 반격하여 두 지역을 점령했던 날이다. 이 일이 있은 후 터키 정부는 충격을 받아 남동부에 군사력을 집중하게 되고 쿠르드 농민들을 잔인하게 탄압하기 시작했다. 당시까지만 해도 자신의 민족 정체성을 전혀 몰랐던 농민들은 터키 정부의 탄압을 경험하면서 민족의식에 눈을 뜨기 시작했다.

1949년생인 오잘란은 전형적인 가난한 쿠르드인 집안 출신으로 고등학교까지 그가 태어나고 자란 고향인 '우르파'에서 성장했다. 그 뒤 앙카라대학교에서 정치학을 공부하면서 사회과학을 접하게 되고 마르크스주의자가 되었다. 대학을 졸업한 뒤 고향인 쿠르디스탄으로 돌아와 공무원 생활을 하면서 쿠르드 민족의 현실을 가까이에서 접할 기회를 가졌다. 몇 명의 젊은이들과 함께 쿠르드 민족의 운명을 해결할 방법을 모색하게 되고 이를 위한 대중 운동에 뛰어들었다. 당시에도 터키 정부는 쿠르드 민족의 정체성과 쿠르드 문화를 부정했다. 그는 당시 '동방 민주 문화 협회'를 조직해서 활동했는데, 이 조직은 쿠르드 민족의 언어와 문화를 계승하고 보호한다는 취지였다. 그 뒤 1971년 터키에서 군부 쿠데타가 일어나면서 오잘란이 결성한 문화 단체는 양적·질적인 발전을 거듭했다. 1978년에는 처음으로 터키에 쿠르드 독립을 위한 정치 결사체인 쿠르드노동당(PKK)이 창립됐으며 오잘란이 지도자가 됐다. 쿠르드노동당은 쿠르드 민족의 주체적 권리를 찾기 위해 1984년 최초로 터키 중앙 정부에 대한 무장 투쟁을 선언한 이래 지금까지 터키 정부와 투쟁을 벌

군사 훈련을 받는 쿠르드 전사들.

여 오고 있다. 1999년 터키 정부의 강력한 요구와 미국 정부의 지원, 각국 정보부들의 국제적인 합동 작전에 의해 케냐의 그리스 대사관에 은신해 있던 오잘란은 체포됐으며 터키로 압송됐다. 오잘란은 현재 터키의 '임랄리'섬에 있는 교도소에 혼자서 수천 명의 무장 병사들의 감시를 받으며 수감 중이다. 사형을 선고받았지만 2002년 8월 터키에서 사형 제도가 폐지되면서 현재 종신형으로 대체된 상태다.

　PKK의 게릴라 운동은 농민 대중들과 견고하게 결합하게 되면서 소수의 게릴라 운동이 나중에는 대중적인 게릴라 운동으로 전환됐다. 1992년경에는 단지 500~600명에 불과하던 게릴라 숫자가 1만 명 이상으로 불어나는 놀라운 일이 일어나기도 했다. 이 과정에서 수만 명의 쿠르드인들이 투옥되고 약 4000개의 쿠르드족 마을들이 불 탔으며, 500만 명의 쿠르드인들이 강제로 터키의 도시들로 이주되거나 외국으로 보내졌다. 그리고 쿠르드인들, 터키 병사들, 쿠르드 게릴라들을 합쳐 모두 3만 명 이상이 죽었다. 이런 희생을 치른 후에도 터키 정부의 대응에는 달라진 것이 없다.

터키의 헌법은 "하나의 민족, 하나의 언어"를 명시하고 있다. 터키 헌법에 따르면 쿠르드 민족은 터키에 존재할 수 없는 민족이다. 지난 1990년대 이전까지만 해도 터키 정부는 쿠르드 민족의 존재 자체를 성공적으로 부정해 올 수 있었다. 그러나 쿠르드 게릴라의 무장 투쟁이 드세어지면서 더 이상 쿠르드 민족의 존재를 부정할 수 없게 됐다. 그럼에도 터키 군부의 강경파는 쿠르드 민족의 존재를 지금도 인정하지 않고 있고 물리적인 억압 방책만 모색하고 있다.

터키 정부가 두려워하는 것은 무엇보다도 쿠르드 민족의 독립 국가 수립이다. 이라크전 이후 이라크 북부의 쿠르드 지역의 대표적인 세력인 쿠르드민주당(KDP)과 쿠르드애국동맹(PUK), 그리고 쿠르드노동당(PKK)이 협력해서 민족 국가를 수립하는 일에 신경을 바짝 곤두세우고 있다. 바로 이것 때문에 터키 정부는 터키군을 이라크에 파견하기 위해 미국과 계속 협상을 벌여 왔다. 터키군의 이라크 파견은 이 지역에서 다른 전쟁을 부추길 가능성 때문에 미국도 쉽게 터키군의 파견에 동의할 수 없는 실정이다.

이라크에서 쿠르드 민족의 국가 건설은 사막의 회오리바람처럼 중동 전체를 휘저어 놓을 것이지만 특히 터키는 국가 자체의 붕괴로 발전할 가능성까지 점쳐지고 있다. 터키 지역의 쿠르드인들은 터키 사회를 지탱하는 최하층 구조를 이루면서 전체 사회를 지탱하고 있고 터키의 지배 체제는 군부 독재 체제로 쿠르드를 무력으로 억압하기 위한 구조로 짜여 있다. 결과적으로 이라크 북부가 되든 어디에든 쿠르드 민족의 국가가 건설될 경우에는 쿠르드 민족의 대규모 엑소더스가 단행될 것이고, 터키 사회는 엄청난 혼란과 더불어 쉽게 붕괴될 것이란 예측이 가능하다.

2016년 10월 16일 IS가 점령하고 있는 모술을 수복하기 위해 이라크군과 쿠르디스탄의 페시메르가군이 진격을 시작했다. 여기에 터키군이 모술을 수복하기 위한 공세에 가담한 것이다. 터키군의 참전은 이라크 정부의 강력한 반발을 불러일으켰다. 이라크 정부는 터키군의 후퇴를 명했다. 하지만 에르도안 대통령은 "모술이 수복된 뒤에는 누구의 손에도 들어가게 하지 않겠다. 쿠르드족의 손이나 시아파 무슬림 손에 들어가는 것을 막겠다. 이들에 의한 모술 점령은 터키에는 위협"이라고 하면서 터키군의 퇴각을 거부했다.

중동에서의 헤게모니를 내놓지 않기 위해 계속적으로 군사 분쟁에 개입하고 있는 미국도 적대적인 두 진영을 화해시키거나 조정하기란 불가능하다는 사실을 잘 알고 있다. 자칫하면 두 마리 토끼를 다 놓칠 수도 있는 판국이어서 미국도 살얼음판을 걷듯이 명확한 입장 표명은 계속 유보하고 있는 상태이다. 터키에서 군사 쿠데타가 실패한 이후로 에르도안 정부는 쿠데타의 배후로 미국을 지목한 게 사실이다. 이 때문에 미국도 터키를 놓치지 않기 위해 온갖 외교적 노력을 기울여 왔다.

2003년 이라크 침공 전부터 미국이 쿠르디스탄에 들여 온 공도 만만치 않다. 그리고 사담 이후의 이라크도 사실상 미국이 세운 국가이기도 하다. 두 나라를 포기하기엔 미국의 출혈이 너무 크다는 점도 있고 미래의 중동에 관한 전략에서도 두 나라는 미국이 결코 포기할 수 없다는 점도 있다. 당연히 이라크와 쿠르드 측의 반발에도 불구하고 미국도 두 진영을 달랠 수밖에 없는 입장이다. 10월 21일 미국의 카터 국방 장관이 터키를 방문하면서 모술 공세에서 터키의 역할은 제한적일 것이라고 발표했다. 미국으로서는 터키를 향한 의혹의 시선을 최대한 상쇄시키기 위한 시도라고 할 수 있다. 그렇지만 여전히 터키와 이라크 사이의 긴장은 계속 고조되고 있다. 수니파인 터키와 시아파인 이라크의 긴장으로 종교적 갈등인 셈이다.

쿠르드 측은 터키의 참전이 IS에 타격을 가하기 위한다기보다는 쿠르드 민병대(YPG)에 타격을 가하려는 목적이라고 주장한다. 2016년 10월 20일 터키의 전투기들이 쿠르드 민병대를 폭격해 수백 명의 대원들이 목숨을 잃은 사건이 발생했다. 이 사건이 일어난 뒤에 쿠르드 측은 예정돼 있던 IS의 수도 '라카'에 대한 공세에서 터키군의 참전을 완강히 반대해 왔다.

터키 정부는 IS와 싸우고 있는 쿠르드 민병대를 쿠르드노동당(PKK)의 한 조직으로 '테러리스트' 단체라고 주장하고 있다. 반면에 시리아 내전이 발발한 이후 지금까지 미국은 IS에 대항해 싸우는 가장 효과적인 군사 조직으로 쿠르드 민병대를 꼽으면서 계속 지원해 왔다. 터키 정부는 수년 동안 계속 미국 정부에 쿠르드 민병대에 대한 지원을 중단하라고 요구해 왔지만 미국은 거절해 왔다.

저항하는 쿠르드 전사들의 모습.

　2016년 8월 24일에는 탱크를 앞세운 터키군이 시리아 국경을 넘어와서는 쿠르드 민병대가 IS로부터 탈환한 '만비즈'시를 침공한 적 있다. 당시 미군 측에서도 쿠르드 민병대에 후퇴하라는 통지를 보내 왔다고 한다. 터키는 언론을 통해 IS를 타격하기 위해 시리아 국경을 넘는다고 했지만 사실은 IS를 타격한 게 아니라 쿠르드 민병대를 타격한 것이다. 터키가 국경을 넘은 이유는 현재 시리아 국경 근처에서 살아온 쿠르드 민족이 아사드 정권의 부재를 틈타 쿠르드 민족의 국가를 건설하는 것을 막기 위함이다.

　터키와 시리아의 국경선은 820킬로미터에 달하는 긴 거리로, 국경선을 따라 터키와 시리아 양편에 걸쳐 수많은 쿠르드 민족이 오랫

동안 살아왔다. 2011년부터 시작된 시리아 내전으로 사실상 시리아의 아사드 정권이 행사해 왔던 쿠르드 민족에 대한 행정력은 마비돼 버렸다. 곧 시리아 국경 지역에 살던 수백만의 쿠르드 민족은 세 개의 '칸톤(자치 정부)'을 수립해 '북시리아 연방(로자바)'을 결성했다. '코바니' 칸톤, '자지라' 칸톤, '아프린' 칸톤 등 세 개의 칸톤이 그것이다. 칸톤을 통해 쿠르드 민족은 중동에서는 보기 드문 민주적인 자치 행정을 실현해 왔다는 평가를 받아 왔다. 그러나 IS가 발흥한 뒤 쿠르드 지역을 침공하기 시작하면서 코바니의 칸톤은 파괴됐고 난민들은 국경을 넘어 터키로 넘어왔다. 이어서 IS와 쿠르드의 전면전이 시작됐다.

2014년에 IS가 코바니를 침공했을 때 전 세계는 터키가 IS를 사주하고 지원해서 쿠르드의 자치 지역인 코바니를 침공했다는 강한 의혹을 가졌다. 코바니에서 쿠르드 민족의 사활을 건 전투로 인해 IS가 퇴각했지만 터키에 대한 의혹은 지금도 그대로 남아 있다.

터키는 시리아 전쟁이 시작된 이래로 지금까지 미국과 러시아에 '노 플라이 존(No Fly Zone)'을 세울 것을 제안하고 있다. 노 플라이 존은 쿠르드 민족이 거주하는 아프린 칸톤과 코바니 칸톤 지역의 중간쯤에 위치한다. 이곳에 난민들을 수용하면서 안전지대로 만들 것이라는 게 터키 정부의 계획이다. 터키 정부의 계획은 마치 난민들의 안전을 위하는 것처럼 그럴듯해 보인다.

하지만 안전지대인 노 플라이 존을 벗어난 지역은 마음대로 폭격을 해도 좋다는 의미가 숨어 있다. 쿠르드 민족이 거주하는 세 개의 칸톤 지역은 노 플라이 존에서 제외돼 있다. 즉, 국경선을 따라 거주

IS와 쿠르드 민족 간의 코바니 전쟁.

하고 있는 쿠르드 민족은 마음대로 폭격해도 좋다는 교활한 술책이 숨어 있는 것이다. 국경선을 따라 거주하고 있는 쿠르드 민족을 모두 난민으로 만든 뒤에 안전하다는 노 플라이 존으로 몰아넣고 칸톤을 파괴하는 게 목적이라고 추측할 수 있다.

물론 터키의 제안은 미국이 지금까지 단호하게 거절해 왔기 때문에 성사되지 못했지만 언제 미국이 터키의 제안을 수용할지는 예측할 수 없는 일이다. 미국을 비롯한 강대국들이 쿠르드 민족을 배신한 역사는 과거에도 여러 차례 있었기 때문에 쿠르드 민족으로서는 누구도 믿을 수 없는 처지에 있다.

터키와 쿠르드의 충돌은 지금도 진행형이다. 현재 IS를 상대로 벌

3. 쿠르드 민족의 국가 건설의 꿈

어지고 있는 쿠르드 민족과 터키의 충돌은 머지않은 장래에 결과를 드러낼 것이다. 터키의 힘이 약화되면서 쿠르드가 민족 국가를 수립하고 중동의 강자로 우뚝 서든지, 아니면 터키가 쿠르드를 제압하고 이전처럼 중동의 강대국으로 영향력을 행사하든지 둘 중 하나로 결판이 날 것이다.

## : : 쿠르드 교원 노조 위원장 하이레틴 알툰

2002년 8월

■ **쿠르드어 교육을 할 수 없는 상황에서 어떻게 문화적인 유산과 쿠르드인으로서의 정체성을 다음 세대에 전승해 나가고 있는가?**

지난 200년간 쿠르드 민족은 쿠르드인으로서의 정체성을 보존하기 위해서 투쟁해 왔다. 지금까지 진행돼 온 PKK 게릴라 투쟁 역시도 이 맥락에서 봐야 할 것이다. 현재 우리가 터키 정부에 요구하는 것은 최소한의 인간적인 권리인 우리말의 사용과 교육, 그리고 언론 매체를 통한 표현의 자유이다. 오잘란 체포 이후 현재 진행되고 있는 민주적 투쟁은 다른 쿠르드 지역(이란, 이라크, 시리아)에 엄청난 영향을 끼칠 것이다. 터키 정부가 쿠르드어 사용을 금지시키고 나자 다른 나라에서도 쿠르드어 사용을 금지시켰다. 만약에 터키 내에서 이 권리를 쟁취해 낸다면 다른 나라의 정책에도 커다란 반향을 불러일으킬 것이다. 이들 4개 국가의 정보부에서 1년에 한 차례씩 함께 모여 쿠르드족에 대한 정책을 조정한다는 것을 알고 있다.

■ **만약에 쿠르드어를 교육하다가 당국에 적발되면 어떤 대가를 치러야 하는가?**

어린이들에게 쿠르드어를 교육하다가 적발되면 3년에서 8년까지의 감옥행을 감수해야 한다. 어릴 때 쿠르드 말을 사용하다가 터키 선생에게 발각돼 매를 맞고 벌금을 물어야 했다. 집에 가서 아버지에게 벌금을 납부

할 돈을 요구했다가 다시 매를 맞았다. 아버지에게 매를 맞으면서 언제나 들어야 했던 말은 "왜 쿠르드 말을 했느냐."였다. 지난해 10월 5일 '교사의 날'에 학생들과 교사들이 함께하는 자리가 있었다. 이날 학생들과 교사들이 쿠르드어와 터키어로 작문을 했는데 이 자리에 있었던 대부분의 교사들이 체포됐다.

■ **쿠르드인으로서 비애를 느낀 적이 있다면?**

2차 세계 대전 뒤 터키 정부는 히틀러가 쓰던 것보다 더 가혹한 정책을 써 왔다. 나치 히틀러는 유대인들을 직접적으로 죽였지만 터키 정부는 아주 교활한 방법으로 간접적으로 쿠르드 민족을 말살시켜 오고 있다. 세계가 쿠르드 민족을 대하는 태도를 보면 너무나 비인간적이라고 생각한다. 1980년 말에 사담 후세인이 화학 무기로 많은 쿠르드인들을 학살했을 때 세계는 눈을 감고 침묵했다. 그러다 어느 환경 운동 활동가가 사담 후세인의 화학 무기 사용이 자연환경에 해가 된다는 사실을 지적했다. 마치 쿠르드인들을 다른 은하계에서 온 사람들로 취급하는 데 놀라움을 숨길 수 없었다.

# 4. 중동 문제의 키를 거머쥔 터키

2016년 7월 15일 밤, 터키군은 쿠데타를 실행했다. 앙카라의 의회 건물을 장악하기 위해 완전 무장한 군인들은 의회로 들어갔고 언론을 장악하기 위해 방송국으로 들어갔다. F16 전투기와 탱크와 헬리콥터까지 동원해 무력시위를 보여 줬다. 쿠데타를 실행했던 군인들이 가장 찾았던 인물은 대통령인 에르도안이었다. 그는 앙카라에 있지 않았고, 쿠데타가 있으리란 비밀 정보를 입수한 뒤 곧바로 피신했다. 에르도안 대통령에게 쿠데타에 관한 정보를 사전에 흘린 곳은 러시아 정보부로 알려져 있다. 쿠데타를 일으켰던 군인들은 끝내 에르도안을 찾지 못했다. 피신한 에르도안은 방송과 소셜 미디어 등을 통해 당원들과 시민들에게 쿠데타가 일어났음을 알리면서 자신을 지켜 달라는 호소를 했다. 긴급 연락을 받은 정의개발당(AKP) 당원들이 시내로 쏟아져 나오면서 상황은 역전되기 시작했다. 곧 쿠데타 군인들이 거리에서 건물에서 항복하고 나오기 시작했다.

쿠데타군의 발포로 300명이 사망하고 2000명이 부상을 입은 것으로 발표됐다. 또한 쿠데타에 가담했던 8명의 터키 군인들이 전투 헬기를 조종해 그리스로 넘어가서 현재 망명 신청을 해 놓은 상태이다. 터키 정부는 헬기와 8명의 군인들의 귀환을 요청한 바 있지만 그리스 정부는 계속 이들을 구금해 놓고 있으면서 이들의 망명 신청에 대해 결론을 내리지 못하고 있다. 그리고 아테네의 터키 대사관에 근무하고 있던 2명의 군무관들도 체포령이 떨어지자 사라졌다. 미국의 터키 대사관에 근무하던 제독도 체포령이 떨어지자 미국에 정식으로 망명 신청을 하기도 했다.

7월 15일 쿠데타가 불발로 끝난 이후로 터키는 지금까지도 평온하게 잠들지 못하고 있다. 군의 소규모 쿠데타로 인해 290명의 시민들이 숨졌고 쿠데타는 불발로 끝났다. 쿠데타의 배후로 페튤라 귤렌이 지목됐고 귤렌과 관련 있다는 의심만 되면 모두 체포되고 구금되고 해임됐다. 2016년 9월 말 현재 10만 명 이상의 교육계, 언론계, 법조계, 군부 인사들이 해임됐고 4만 3000명이 수감된 상태이며 2만 5000명이 체포돼 조사를 받고 있는 상태에 있다. 귤렌과 관련됐다고 의심되는 수많은 학교들과 100개 이상의 방송사들과 신문사들이 폐쇄됐다. 또한 수감된 3분의 2 이상이 군인들로서 군부에 대한 대대적인 숙군 작업은 지금도 진행 중이다. 군 장성급의 40퍼센트에 해당하는 1700명의 장군들이나 제독들이 쿠데타와 연루돼 해임됐다. 또한 360명의 장군들은 구속된 상태로 현재 재판을 기다리고 있는 중이다.

쿠데타 실패를 환호하며 터키 국기를 흔드는 사람들.

터키의 최대 도시인 이스탄불의 중심가인 '탁심' 광장에는 매일
밤마다 수백 명씩 모여 붉은 터키 국기를 흔들면서 집회를 벌여 왔
다. 쿠데타가 발생한 지 3주가 지났지만 여전히 잠들지 못하고 있다.
필자도 집회를 보기 위해 수차례에 걸쳐 탁심 광장에 가 본 적 있다.
붉은색 티셔츠를 입은 '정의개발당' 당원들이 곳곳에서 터키 국기를
흔들고 있었고 집회에 참가한 대부분의 여인들은 이슬람교를 강조
하기 위해 스카프로 머리를 가리고 있었다. 연단에서는 당의 지도자
들이 쿠데타에 가담한 자들과 배후 조종자라고 믿는 '페튤라 귤렌'
에 대해 성토하고 있었다. 제대로 조직된 질서 정연한 집회라기보다
는 자유분방한 축제 같은 분위기를 연출하고 있었다. 확성기에서는
애국적인 노래가 울려 퍼지고 대형 스크린에서는 연사들의 연설 모

4. 중동 문제의 키를 거머쥔 터키

습이 나오고 광장에서는 사람들이 터키 국기를 흔들면서 다니는 모습도 보였다. 잔디밭에서는 가족들이 나와서 소풍을 즐기는 모습도 보이고 한구석의 정의개발당 깃발이 보이는 데스크에서는 집회에 나온 시민들에게 물을 나눠 주는 모습도 보였다. 무엇보다도 아이스크림을 받기 위해 줄을 길게 늘어서서 기다리던 터키 사람들의 모습이 필자에게는 가장 인상적이었다.

탁심 광장의 집회가 끝나기도 전에 이미 지쳐 버린 몸을 이끌고 와서는 잠을 자기 위해 뒤척이고 있었다. 모두가 잠든 한밤중인 자정이 다 된 시각에 이스탄불의 한 지역의 주택가 골목, 네 명의 청년들이 대형 터키 국기를 받쳐 들고 행진하고 그 뒤를 수백 명의 청년들과 스카프를 쓴 여인들이 소형 터키 국기를 흔들면서 지나가고 있는 모습이 보였다. 나는 이들의 시끄러운 구호 소리로 인해 잠이 달아나 버려 불 꺼진 창 뒤에서 이들이 지나가는 모습을 지켜보고 있었다. 방 안의 불을 켜면 거리에서 공격할지도 모른다는 불안감도 있었다. 이 때문에 불을 켠다는 건 엄두도 내지 못했다. 거리의 어느 누구도 창문을 열고 조용히 하라고 외치는 사람은 없었고 경찰이 와서 제지하는 일도 일어나지 않았다. 지나가고 있는 이들은 터키 대통령인 에르도안이 소속된 여당인 '정의개발당'의 당원들이었다. 마치 히틀러의 나치 당원들이 유대인 구역을 돌면서 시위하는 장면과 유사한 일이 벌어지고 있었다. 이들이 지나가면서 외치는 구호는 탁심 광장에서 외치던 구호와 같은 내용이었다. 하지만 시내의 중심가가 아닌 자정 시각에 주택가 골목을 휩쓸고 지나가는 시위대에서는 더 큰 공포심이 느껴졌다.

매일 밤 열리는 느슨한 집회는 단지 큰 집회를 위한 예비 집회일 뿐이었다. 지난 일요일(2016년 8월 7일)에 이스탄불의 '예니페이' 광장에서 열린 집회에는 수십만 명이 참가했으며 에르도안 대통령뿐만 아니라 터키의 대부분의 지도자들이 참가했다. 터키의 언론들은 집회 참가 인원을 200만으로 보도하면서 하나같이 친정부적인 논조로 도배했으며 생중계를 하지 않은 서구 언론들을 비판하기까지 했다. 집회에서 에르도안 대통령은 유럽 연합이 원치 않는 사형제 부활을 강력하게 예고했고, 다른 지도자들은 쿠데타와 페툴라 귈렌, 그리고 귈렌을 보호하고 있는 미국도 비판했다.

정부와 여당인 정의개발당이 매일 밤 친위 시위를 벌이는 가장 큰 이유는 앞으로 예상되는 또 다른 군부 쿠데타에 대한 공포심 때문이다. 군부의 움직임에 공포를 느낀 에르도안 정부가 군에 대한 경고의 의미로 계속 시위를 벌인다고도 볼 수 있다. 7월 15일의 쿠데타로 에르도안 대통령은 자칫했으면 목숨을 잃을 수도 있는 상황까지 갔다. 당연히 군부에 대한 그의 개인적인 공포심은 가히 짐작이 되고도 남는다.

이전부터 터키에서 가장 강력한 세력은 군부였고 사실상 군부가 배후에서 정치를 주도해 왔다. 세속적 민족주의를 지향하는 터키의 건국 이념인 '케말주의'를 계승하고 수호해 왔다고 자부하는 터키 군부의 정치 개입은 전 세계적으로 잘 알려져 있다.

무스타파 케말은 터키의 초대 대통령으로, 오토만 터키 제국이 붕괴한 뒤 1923년 혁명을 통해 터키를 건국했다. 오토만 제국은 이슬람주의를 제국의 기본 이념으로 삼았으며 이슬람교의 보호자인 이슬람 제국을 자처하면서 수백 년을 이어 왔다. 오토만 제국이 붕괴한 뒤 케말이 주도한 터키가 다시 건국되면서 이슬람주의와 이슬람 제국이란 오토만 제국의 정체성을 버렸다. 터키는 종교 국가가 아니라 세속 국가임을 분명히 했고 종교와 국가를 분리시켰다. 그리고 터키는 터키 민족만을 위한 국가임을 밝혔다. 이를 '케말주의'라 한다.

케말주의를 계승하고 보호해 왔다고 자부하는 터키 군부는 선거를 통해 선출된 민간 정부를 4번이나 뒤엎은 역사가 있다. 1960년과 1980년에는 군부 쿠데타로 정부를 뒤집었고, 1971년, 1997년에는 군부의 압력으로 민간 정부가 뒤집어졌다. 터키의 군부는 민간 정부가 지나치게 종교적 편향으로 흐른다고 판단하면 정치에 개입해 왔다. 이전에 일어났던 쿠데타나 군부의 정치 개입은 사전에 철저한 계획하에서 주도되면서 성공적이었기 때문에 실패로 끝난 이번 쿠데타는 터키 국민들을 혼란에 빠뜨렸다. 당연히 에르도안 대통령의 자작극이라는 말이 여기서 나온다.

당원들과 시민들이 이스탄불 시내에서 시위를 벌이는 또 다른 한 가지 이유를 든다면, 군부의 쿠데타 시도를 에르도안을 지지하는 당원들과 시민들의 힘으로 제압했다는 자축적인 행사이기도 하다. 이와 동시에 여당인 정의개발당 당세 확장에도 그 목적이 있다. 지금까지 수많은 군사 쿠데타가 벌어진 터키에서 민간인들이 나서서 군인들을 제압한 사례는 처음이다.

"휴대 전화기가 탱크를 제압했다."라는 말이 나오는 이유도 이 때문이다. 소셜 네트워크(SNS)로 연결된 정부와 당, 당원들이 쿠데타의 소식을 듣자마자 즉각적인 반응을 보였다. 소셜 네트워크를 통해 군중들을 빠른 시각에 동원할 수 있었고 쿠데타 세력의 진주를 막는데 큰 역할을 했다는 분석이다. 에르도안 대통령이 자신의 당원들에게 군부 쿠데타를 막아 달라고 호소하는 메시지는 단 몇 분 안에 많은 당원들에게 전달될 수 있었다. 또한 수많은 당원들도 소셜 네트워크를 이용해 빠른 시간 내에 같은 장소에 모일 수 있었던 것은 인터넷과 모바일의 힘이기도 하다.

그리고 쿠데타 실패 후 쿠르드당을 제외한 대부분의 야당들은 여당인 정의개발당과의 협력 관계로 돌아서면서 여당의 친위 시위에 계속 함께해 오고 있다. 7월 20일 터키 의회는 에르도안 대통령의 3개월간의 비상사태 선포를 승인했고 터키 국민들의 기본권을 제한하는 법률도 통과시켰다. 그리고 3개월의 비상사태 기간이 끝난 10월 20일에는 터키 정부가 의회의 동의를 얻어 3개월을 더 연장한 바 있다. 어쨌든 지금부터는 의회에서 다수를 점하는 정의개발당이 무엇이든 결정하고 당수이자 대통령인 에르도안의 말 한마디가 곧 법이 되는 정국이 탄생한 것이다.

이번에 시행되는 비상사태법의 핵심 내용은 30일간 법원의 영장없이 의심될 만한 사람들은 공권력이 구금할 수 있다는 법 조항이다. 터키의 법률가들이나 정치인들은 반인권적인 비상사태법이 정치적 반대파나 야당들, 시민 활동가들을 압박하는 수단으로 사용될 소지가 다분하다면서 조심스럽게 비판하고 있다.

무엇보다도 터키는 유럽 연합과 논란이 되고 있는 사형제 부활을 추진할 것이라고 밝혔다. 사형제를 부활시킨다는 의미는 유럽 연합에 가입을 추진해 온 터키가 가입을 포기한다는 의미이기도 하다. 유럽 연합은 사형제 폐지를 유럽 연합 가입의 기본 조건으로 제시하고 있다.

터키는 2016년 3월부터 유럽 연합과 난민 문제를 공동으로 대처하는 대신에 30억 유로의 지원금과 터키 시민들에 대한 비자 면제를 유럽 연합으로부터 약속받았다. 그러나 유럽 연합 내의 많은 국가들이 터키의 인권 문제와 언론 탄압 등에 대한 개혁을 조건으로 내걸면서 비자 면제 문제도 거의 물 건너가 버렸다. 터키가 사형제 부활을 들고 나오는 이유는 더 이상 유럽 연합의 눈치를 보지 않겠다는 의미이기도 하다.

에르도안 정부가 쿠데타의 배후로 지목하는 인물은 1999년부터 미국에서 망명 생활을 해 오고 있는 '페툴라 귤렌'이다. 에르도안 대통령이 가장 두려워하는 존재로 알려진 페툴라 귤렌은 1941년 터키 동부의 에르주룸 지역의 작은 마을에서 태어났다. 그의 아버지는 무슬림 성직자인 이맘으로 정신적·종교적 영향을 가장 크게 끼친 사람이었다. 마을에서 초등학교 교육을 마쳤고 가족들은 근처의 다른 마을로 이주하면서 비정규 종교 교육을 시작했다.

귤렌은 종교 교육을 받으면서도 당시 사회적 이슈에 많은 관심을 가졌다. 이와 동시에 서구 세계의 고전들인 《파우스트》나 《레미제라블》 같은 책들도 습득하면서 지식의 폭을 확장했다. 서구의 고전 음악과 더불어 미술 세계도 접할 수 있었다. 피카소나 다빈치의 그림들은 그에게 많은 영향을 미쳤고 피카소의 형이상학적 그림들은 이슬람 예술을 이해하는 데 큰 도움을 줬다고 한다.

21세가 되면서 그에게 설교할 수 있는 자격이 주어졌고 에드리네 지역에서 설법을 시작했다. 그의 설교와 강의는 많은 대학교 학생들과 지식인들을 끌어들이기 시작했고 그의 명성은 날로 높아 갔다.

1950년대 당시 귈렌에 영향을 끼친 터키 이슬람학자는 '사이드 누르시'였다. 누르시는 무슬림 세계의 병을 정확하게 알고 있었다. 전반적인 인도주의적인 실천의 부족과 더불어 가난과 무지, 분열을 무슬림 세계의 병으로 진단했다. 무엇보다도 누르시는 인간의 가치를 부활해 낼 수만 있다면 문제는 풀린다고 보았다. 두 사람은 한 번도 만난 적 없지만 귈렌의 사상에 지대한 영향을 미쳤다.

다른 이맘(무슬림 성직자)들과는 달리 귈렌은 종교적인 이슈에서 사회, 경제, 교육, 과학 같은 문제를 건드렸다. 또한 그의 추종자들에게 사회 활동의 중요성을 강조했고 정부의 시책을 기다리지 말고 자발적으로 사회에 참여할 것을 주문했다. 믿음의 실천과 다른 사람들에 대한 인내, 같은 무슬림들을 도와주면 개인의 영혼도 진보한다고 가르쳤다.

귈렌의 명성이 높아지면서 1966년 귈렌은 '이즈미르(터키의 두 번째 대도시)'의 선임 설교자로 임명됐고 다른 지역에서도 강의할 수 있는 허락도 받았다. 이즈미르로의 이전은 그의 일생에 중요한 전환기이기도 했다. 귈렌은 이슬람 신도들에게 가난과 무지, 분열을 이길 수 있는 방법을 보여 주었다. 그의 신도들 중에서 사업하는 사람들에게서 모금을 해 '귈렌 학교'들을 설립하기도 했다. 대학교를 비롯해 기숙사들, 중·고등학교들, 초등학교들을 세워 과학과 인간의 가치를 강조하는 교육을 시작했다. 또한 귈렌은 스스로 대학에서 학생들에게 종교에 대해 강의하기도 했다. 귈렌의 운동은 터키를 비롯한 이슬람 세계에서 많은 호응을 받았고 각계에서 많은 지지자들을 획득할 수 있었다.

1971년 세력이 커지면서 당국의 감시를 받던 귈렌은 터키 헌법의 구조를 바꾸려고 시도한다는 혐의로 7개월 동안 수감된 뒤에 석방됐다. 귈렌의 학교는 터키를 넘어 이슬람 세계 전역에서 문을 열었고 교육에 많은 공을 들였다. 또한 귈렌의 신문이라 불리는 〈자만〉은 1986년에 이미 터키에서 최대 부수의 일간지로 자리 잡을 정도로 귈렌의 영향력은 확장됐다. 귈렌을 따르는 추종자들의 수는 당시 300만 명을 넘었다는 소문이 돌기도 했다.

귈렌은 "이타주의와 교육, 힘든 노동"이라는 구호를 내걸고 이슬람의 사회 참여와 현대화를 강조했다. 무엇보다도 그의 개혁적인 이슬람 노선은 서방 세계의 지지를 받으면서 귈렌은 이슬람 세계에서 가장 영향력 있는 지도자로 꼽혀 왔다. 귈렌의 이념에 따라 전 세계적으로 많은 학교들과 방송과 신문 등 언론 기관들도 세워졌다. 귈렌의 사상은 세속주의를 반대하면서도 수학이나 과학의 중요성을 강조하며 이슬람교의 가치를 중시하는 데 있다. 또한 문맹률을 낮추는 캠페인을 벌이면서 도덕성을 교육시키기도 했다. 나중에는 터키 건국의 기본 이념인 세속주의인 '케말주의'를 사회나 국가 기관에서 걷어 내고 이슬람의 가치로 대체하는 캠페인을 벌이기도 했다.

귈렌의 운동은 에르도안이 주도하는 터키의 집권당인 정의개발당과 함께 협력했던 전력이 있다. 군부의 간섭과 세속 엘리트들에 맞서 전술적 동맹을 맺기도 했다. 에르도안이 창설했던 정의개발당이 귈렌의 도움을 받아 집권했던 것은 자명한 사실이다. 2002년과 2007년, 2011년에 연이은 선거에서의 승리는 귤렌 측과의 동맹이 없었으면 사실상 불가능한 일이었다. 정의개발당이 집권하면서 많은 수의 귤렌의 사람들도 에르도안 정부에 들어갔고 경찰과 법조계에도 귤렌의 지지 세력이 형성됐다.

그러나 양측의 밀월 관계도 서서히 종말을 고하기 시작했다. 2012년부터 터져 나오기 시작한 정의개발당의 스캔들은 대부분 귤렌 측의 경찰과 법조계에서 터뜨린 것으로 간주되면서 양측의 권력 투쟁은 정점을 향해 달렸다. 2013년에 터져 나온 정치권의 부패 스캔들의 칼날은 에르도안으로 향하기도 했다. 에르도안은 귤렌의 지지자들이 법을 이용해 쿠데타를 획책하고 있다고 비난했고 곧 양측의 동맹은 파탄 났다. 2016년 7월 15일 터키에서 군사 쿠데타가 발생한 뒤 진압됐고, 에르도안 대통령은 미국에 거주하는 귤렌을 배후 조종자로 지목했다.

1999년 이래로 미국의 펜실베이니아주에 거주하는 귤렌은 2016년 7월 15일에 발생한 군사 쿠데타와 자신은 아무런 상관이 없음을 거듭 밝혀 왔다. 더욱이 9월 말, 한 독일 신문과의 인터뷰에서 그는 7월의 쿠데타는 에르도안의 자작극이라고 확신한다고 주장하기도 했다. "전에는 쿠데타가 에르도안이 일으켰을 수도 있다는 가능성을 생각했지만 지금은 그가 배후 조종했다고 확신한다."라고 말했다. "쿠데타가 일어나기 전 이미 군의 수뇌부와 정보부에서 모든 것을 사전에 알고 있었다."는 이유를 들었다. 그리고 "쿠데타를 이용해 에르도안은 수만 명이나 되는 각 분야의 반대파들을 숙청해 왔다."고 귤렌은 말했다. "쿠데타가 일어나기 전에 이미 터키 정보부에서는 소위 '귤렌의 추종자'들을 조사해 놓았다는 말도 들었다."고 귤렌은 밝혔다. 귤렌은 에르도안에 대해 자신의 친구도 아니며 그렇게 가까운 사이도 아니라고 밝혔다. 그가 정의개발당을 만들 때 도운 이유는 민주주의와 인권의 신장, 군부의 정치 개입 금지 등을 약속했기 때문이라고 밝혔다.

7월 15일에 발생한 군부 쿠데타로 인해 터키의 에르도안 정부와 미국의 관계도 눈에 띄게 악화되기 시작했다. 터키 정부는 쿠데타의 배후로 귤렌을 지목하면서 미국 정부에 공식적으로 귤렌의 인도를 요청했다. 하지만 미국 정부는 증거 부족을 들어 터키 정부의 인도 요청을 거부해 왔고 두 정부 간의 관계는 계속적으로 악화돼 왔다.

터키 정부는 지금 쿠데타의 배후로 미국이 보호하고 있는 귤렌을 꼽았지만 실제로는 터키의 군부를 움직일 수 있는 힘을 가진 미국을 쿠데타의 배후로 지목해 왔다. 에르도안 대통령은 쿠데타의 배후로 여러 차례 "서구의 한 국가"라는 표현을 써 왔다. 물론 직접적인 언급은 피했지만 당연히 미국을 지칭한다는 사실은 누구나 알 수 있다.

쿠데타가 발생하자 터키 정부는 며칠 동안 터키 동부에 위치한 '인쥐릭' 미 공군 기지의 전기 공급을 차단하고 출입을 통제하는 결정도 내렸다. 표면적으로 귤렌이라는 인물을 터키로 인도하느냐 마느냐로 미국 정부와 줄다리기를 하고 있지만 실상은 미국 정부에 화살을 보내면서 쿠데타에 대한 반대 의지를 확고히 받아 내겠다는 의도도 내포돼 있다.

비상사태법이 발효 중이고 미국이나 유럽의 눈치를 보지 않는 분위기로 급변하면서 터키 경찰이나 정보부원들의 외국 기자에 대한 태도는 감히 상상도 할 수 없을 정도로 무례해졌고 폭력적으로 변했다.

2002년도 여름, 필자는 터키 동부 지역에서 터키 정보부원들과 마주쳤던 경험이 있다. 당시에는 필자가 비록 이들에게는 적대적인 감시의 대상이었지만 비교적 예의를 지키려고 노력했음을 기억하고 있다. 하지만 며칠 전(2016년 8월 6일) 이스탄불의 중심가에서 겪었던 경찰과 정보부원들의 행동은 무법천지에서나 가능한 일이었다. 외국 기자인 필자에게 폭력을 행사할 태세였고 윽박지르고 강제로 소지품을 빼앗는 행위 등은 어느 나라에서도 당해 보지 않은 최초의 경험이었다.

매주 토요일 정오만 되면 서울의 명동에 해당하는 이스탄불의 '이스티클랄' 거리(독립거리)에서는 자식과 형제를 잃은 쿠르드인 가족들이 모여 집회를 연다. 이곳에 모인 가족들은 1995년부터 1980년대와 1990년대를 거쳐 터키의 공권력에 의해 의문사하거나 실종된 가족들의 신원을 요구하는 집회를 벌여 왔다. 당시에 공권력에 의해 연행되거나 체포된 뒤 실종된 쿠르드인들은 공식적으로는 792명으로 밝혀졌으나 사실상 이보다 훨씬 많은 1000명 이상의 쿠르드인들이 실종된 것으로 알려졌다. '토요일의 어머니들'이라는 이름으로 알려진 집회는 1995년에 시작됐다가 매주 반복되는 터키 경찰의 폭력적 공격으로 1999년 3월에 강제로 중단됐다가 2009년에 다시 시작됐다.

지난 토요일(2016년 8월 6일) 쿠르드인 변호사 두 명과 함께 '토요

'토요일의 어머니들' 집회에 참석한 가족을 잃은 어머니들과 여성.

일의 어머니들' 집회에 참석했다. 정오가 되자 100명 남짓한 쿠르드인 가족들이 실종된 가족들의 사진을 들고 모여들기 시작했다. 실종돼 목숨을 잃은 가족들을 위한 묵념이 1분간 진행됐고 곧이어 연사들이 나와서 얘기하는 순서가 있었다. 실종된 가족의 어머니가 나와서 실종된 아들의 얘기를 하면서 집회는 막을 내렸다. 집회 장소의 주위에는 소수의 전투 경찰들이 배치돼 있었고 무전기를 든 사복형사들도 눈에 띄었다. 하지만 허가된 합법 집회여서 필자는 그다지 신경 쓰지 않았다.

집회가 끝난 뒤, 필자는 실종된 아들에 대해 얘기했던 어머니를 찾아 잠시 인터뷰를 했다. "아들의 이름은 '아흐멧 시린'이며 21년

이스탄불의 중심가 탁심에서 열린 '토요일의 어머니들' 집회 모습.

전 터키 경찰이 집에 들어와서 연행해 간 뒤 지금까지 소식이 없다."
고 말했다. "아들이 뭘 했는데 터키 경찰이 와서 연행해 갔는지?"를
물었다. "아들은 단순히 양과 염소를 치던 농사꾼"이었다고 대답했
다. 필자는 "지금도 아들이 살아 있으리라고 생각하는지?"라는 조금
은 가혹한 질문을 아들을 잃은 어머니에게 던졌다. "지금도 아들이
어딘가에 살아 있으리라 믿고 있고 지금도 결코 포기하지 않고 있
다." 아들을 잃은 어머니는 눈물을 글썽이며 겨우 대답했다.

　인터뷰가 끝나자마자 필자는 두 쿠르드 변호사와 함께 점심 식사
를 위해 식당을 찾아 내려가고 있었다. 집회 장소에서 50미터쯤 내
려가고 있을 때 두 명의 사복형사들이 경찰 신분증을 내보이면서 나

와 두 변호사들의 신분증을 요구했다. 나는 이름을 보여 달라고 요구했지만 신분증을 그냥 집어넣었다. 하지만 이들이 정말로 원했던 건 나의 신분증이었다. 이들에게 나의 여권 복사본을 넘겨줬지만 원본을 요구했다. 잔뜩 겁을 먹은 쿠르드 변호사들은 내게 터키 형사들이 원하는 대로 여권 원본을 넘겨줄 것을 요구했다. 아무 문제 없을 거라는 말을 반복하면서. 할 수 없이 나는 두 변호사들이 원하는 대로 여권을 넘겨줬다. 당연히 이들은 나의 여권을 압수했다. 여권상의 신분만 확인하고 여권을 넘겨준 게 아니라 나의 가방에 있는 소지품들을 보기를 원했다. 다른 나라에서는 어림도 없을 일이 이곳에서는 중심가에서 버젓이 벌어지고 있었다. 쿠르드 변호사들은 내게 가방의 소지품도 넘겨줄 것을 원했고 이들의 말대로 가방을 넘겨줬다. 나중에 쿠르드 변호사는 경찰들이 나를 폭행할 것이 두려웠다고 했다. 가방에는 필자가 직접 쿠르드에 관해 쓴 두 권의 책들이 들어 있었다. 물론 책에는 쿠르드 지도자들의 인터뷰와 사진들이 포함돼 있었고 이들은 마치 큰 건을 잡은 듯 이리저리 연락하기 시작했다.

두 명의 경찰은 어느덧 열댓 명으로 불어났고 정보과 형사들뿐만 아니라 터키 정보부(MIT)원들까지 들이닥쳤다. 이들은 나를 연행해 가기를 원했고 나는 한국 대사관에 연락할 것을 요구했다. 그러자 나중에 경찰서에서 연락하겠다고 말했다. 마침 내가 가지고 있던 이스탄불 한국 영사관의 비상 전화번호로 계속 연락을 시도했지만 응답이 없었다. (나중에 상황이 끝난 뒤에 전화가 왔다.) 경찰들과 정보부원들은 나의 책들을 훑어보더니 나를 연행해 가겠다면서 고함을 지르고 나의 팔을 잡아끌기도 했다. 내게 고함을 지른 형사는 나에게 거의 폭력을 행사할 정도로 거칠게 나왔다. 어디로 가는지 물었지만 경찰서 같은 곳이라면서 정확한 얘기는 하지 않았다. 경찰서가 아니라 정보부였을 것이다. 물론 가지 않겠다고 완강히 저항했다. 이들은 생각을 바꿨는지 경찰서나 정보부로 연행해 가는 대신에 대기하고 있던 차량으로 연행해 갔다.

물론 쿠르드 변호사가 괜찮을 거라면서 나를 설득했다. 쿠르드인들에게 이들은 공포의 대상이다. 이들에게 잡혀가서 구속되면 쉽게 5년이나 10년을 감옥에서 보내야 한다. 연행된 차량은 특수하게 제작된 차량으로, 안에 들어가서 차 문을 닫으니 당장 휴대폰의 시그널이 사라졌다. 외부와의 소통이 차단된 것이다. (한국 영사관에서는 아마 이때 통화 시도를 한 것 같았다. 영사관 관계자는 전화를 하니 계속 통화 중이었다는 말을 했다.) 이들은 내가 휴대 전화로 외부와 연락하는 것을 두려워했고 나중엔 아예 전화기를 강제로 빼앗아 꺼 버리기까지 했다.

나는 이들에게서 거의 현행범으로 취급받았다. 차량 안에 구금됐으며, 휴대 전화기를 사용할 수 없어 외부와의 연락도 통제 당했고 차량 밖으로 마음대로 나갈 수도 없었고 마음대로 화장실을 가기도 어려웠다. 화장실에 가기를 원하자 다섯 명의 정보부원들이 따라붙었고 화장실 앞에서 대기하고 있었다. 나를 체포해서 구속할 수 있다고 확신하는 것 같았다. 내가 약을 먹기 위해 음식을 요구하자 나의 돈으로 지불해야 한다고 말했다. 이에 덧붙여 "경찰서 가서는 우리가 음식값을 지불할 것"이라는 말까지 했다. 몇 사람들은 차량 밖의 길거리에서 나의 여권과 신분증, 책들을 계속 조사를 하면서 어딘가와 계속 연락을 주고받는 모습을 보였다. 조사를 하는 중 윗선의 명령을 계속 기다리는 것 같았다.

그리고 내게 카메라를 넘겨 달라고 했다. 카메라 속의 사진들을 보기 원하는 것 같았다. 내가 거부하자 60대로 보이는 늙은 정보부원이 험상궂은 표정을 지으면서 내게 욕을 하면서 고함을 질러 댔다. 또 다른 한 정보부원은 강제로 나의 가방을 낚아챌 기세였다. 쿠르드 변호사가 카메라를 넘겨주라고 나를 설득했다. 카메라도 넘겨줬다. 하지만 운 좋게도 카메라는 배터리가 고갈됐는지 작동하지 않았다. 이들은 내게 카메라를 열 것을 주문했지만 나도 어쩔 수 없었다.

구금당한 지 벌써 두 시간 반이 지나가고 있었다. 지루하게 윗선의 결정을 기다리던 정보부원들은 내게 농담을 건네기 시작했다. 표정도 바뀌었고 분위기도 한결 가벼워졌다. 윗선에서 풀어 줄 것을 명령한 것 같았다. 앞 좌석에서 터키어로 뭔가를 작성하던 한 정보부원이 나의 서명을 원했고 쿠르드 변호사의 조언을 얻어 서명하고 차에서 풀려났다. 쿠르드 변호사들에게서 나중에 들은 얘기로는 필자를 "귈렌의 추종자나 미국의 스파이, 테러 단체의 조직원"이라고 했다는 것이다.


2006년 터키 출신의 문필가인 오르한 파묵이 노벨 문학상 수상자로 발표됐다. 터키에서는 유일한 노벨상 수상자인 셈이다. 오르한 파묵의 수상은 터키 정부로 봐서는 큰 불행이지만 터키 국민들로서는 큰 행운을 얻은 것과 마찬가지다. 터키인으로서 터키 정부를 향해 거침없는 직설을 쏟아 낼 수 있는 목소리는 오르한 파묵 외에는 존재하지 않는 게 현실이다. 노벨 문학상 수상자이니 터키 정부도 함부로 건드리지 못하는 세계적인 명사의 반열에 오른 인물이다.

에르도안 정부의 군부 쿠데타를 빌미로 한 숙정 작업이 한창이던 2016년 9월에 오르한 파묵은 이탈리아 신문과의 인터뷰에서 에르도안 정부에 포문을 열었다. "더 이상 터키에 사상의 자유는 존재하지 않는다."라는 말을 내뱉었다. 에르도안 정부를 비판해 온 수많은 언론인들과 문인들이 쿠데타와 관련이 있다는 이유로 구속돼 온 현실을 비판한 말이다. 에르도안 정부에 대한 그의 비판은 세계 여론에 많은 반향을 불러일으켰다.

오르한 파묵은 노벨 문학상을 수상하기 1년 전인 2005년에도 터키에서는 금기시되는 예민한 문제를 건드려 재판까지 간 일이 있었다. 터키의 금기시되는 문제란 쿠르드 문제와 아르메니아 대학살 문제를 의미한다. 이미 터키의 언론이나 문학계, 지식인 사회에서는 누구도 이 두 문제에 대해 발언하기를 꺼려 한다. 두 문제를 말하는 순간 바로 감방으로 직행한다는 사실을 너무도 잘 알기 때문이다.

2005년 2월 6일, 스위스의 일간지 〈타게스 안차이거〉와의 인터뷰에서 오르한 파묵은 "3만 명의 쿠르드인과 100만 명의 아르메니아인이 터키에서 죽임을 당했다."고 언급했다. 인터뷰 기사가 나오자마자 터키 정부는 즉각 그를 기소했다. 담당 검사 '펙메지'는 "파묵은 터키의 정체성과 터키 군대, 나아가 터키 전체를 적대시하는 근거 없는 주장을 퍼뜨렸다."고 기소 사유를 밝혔다. 터키의 전신인 오토만 제국이 1915~1923년에 저지른 아르메니아 대학살과 지금도 지속되고 있는 쿠르드 민족에 대한 박해를 비판하는 건 터키 사회에서 금기시된 사항이다.

어쨌든 당시 유럽의 압력으로 오르한 파묵의 재판은 연기됐다. 필자는 당시 그리스 최대의 문학 조직인 '그리스 문인 협회'의 '발티모스' 회장과 전화 인터뷰를 한 바 있다. 그는 먼저 "터키가 유럽 연합에 가입하기를 희망하는 사람 중 하나"라고 밝히면서 오르한 파묵 사건에 대한 의견을 밝혔다. 차분하게 얘기를 시작했지만 나중에는 치가 떨리는 듯한 강경한 목소리가 전화상으로도 느껴질 정도로 그는 흥분해 있었다.

"세상에, 유럽 연합에 가입하기를 원하는 나라에서 어떻게 표현의 자유를 억압할 수 있는지 도저히 상상도 할 수 없다. 유럽은 오래 전부터 사상이나 감정을 자유롭게 표현하는 문화를 자랑스러워했다. 특히 작가의 표현에 대한 자유는 더욱 존중돼 왔다. 작가가 글을 쓰기 위해 필요한 가장 중요한 조건은 절대적인 자유이다. 이런 일이 21세기에도 일어나고 있다는 사실이 도저히 믿어지지 않는다."면서 분노했다.

당시 전 세계의 문인들도 오르한 파묵의 기소에 분노했다. 특히 노벨 문학상 수상자들인 주제 사라마구, 가브리엘 마르케스, 귄터 그라스는 오르한 파묵을 지지하는 서한을 터키 정부에 보낸 것으로 알려졌다. 그 밖에 움베르토 에코, 카를로스 푸엔테스, 후안 고이티솔로, 존 업다이크, 마리오 리오사 등도 오르한 파묵의 기소를 철회하기를 요구하는 편지를 터키 정부에 전달했다. 재판이 연기된 직후 국제 펜클럽은 즉각 성명을 내어 재판 연기가 오르한 파묵이나 다른 작가들에게 또 다른 억압으로 작용한다고 밝히고 기소를 즉각 철회할 것을 촉구했다.

재판 연기 결정은 파묵의 사건과 같은 유형에 자주 등장한다. 보통 몇 달에서 몇 년까지 재판을 연기하면서 시간을 끌다가 작가가 패소하면 감옥에 가고 승소하더라도 유야무야 끝나게 된다. 재판이 진행되는 동안 작가는 심리적 압박으로 인해 집필 활동에 상당한 위축을 받을 수밖에 없고 다른 작가들에게도 심리적인 위협이 된다.

오르한 파묵의 《침묵의 집》은 프랑스에서 유럽 문학상을 받았고 《하얀 성》은 영어로 번역된 뒤 국제적으로 유명해지는 계기가 됐다. 1994년에 출판된 소설 《새로운 인생》이 베스트셀러가 되면서 터키에서는 독보적인 인기 작가로 자리를 굳히게 됐다. 그리고 《눈》과 《내 이름은 빨강》 두 소설은 터키어로 쓰인 작품으로는 처음으로 전세계 40개국의 언어로 번역돼 출판되면서 세계적인 작가로서 자리를 굳혔다.

사실상 2005년에 유명한 작가인 오르한 파묵이 기소되고 나서야 표현의 자유가 억압받는 터키의 상황이 전 세계에 알려지기 시작했다. 터키의 유럽 연합 가입이라는 정치 일정은 가장 기본적인 인권인 표현의 자유라는 문제와 부딪히면서 그만 표류하고 말았다. 유럽 연합 가입을 위해 그동안 협상을 벌여 온 터키 정부는 각 부문에서 유럽 연합이 요구하는 기준에 맞추기 위한 개혁을 추진해 왔다. 특히 인권 문제의 개선에서 유럽 연합의 끈질긴 압력을 받아 온 터키 정부는 표현의 자유를 규정한 법률을 개혁했다. 하지만 유럽의 인권 단체들은 터키 정부가 유럽 연합 가입을 위해 이전의 법률을 전시용으로 형식적인 개정만 했을 뿐, 다른 독소 조항을 추가하면서 전혀 달라진 것이 없다고 비판의 목소리를 높여 왔다.

오르한 파묵을 전격적으로 재판에 회부시킨 법률은 개정된 형법 301조로, 인권 단체에 의해 독소 조항이라는 강력한 비판과 더불어 폐지의 압력을 받아 왔다. 301조는 터키의 정체성과 터키 의회에 대한 공공연한 모욕은 6개월 내지 3년의 징역형에 처하고, 터키 정부와 사법부, 군부와 보안 조직에 대한 공공연한 모욕 행위는 6개월 내지 2년, 이 밖에도 터키 국민이 외국에서 이를 행했을 때는 1년이 추가된다고 규정하고 있다. 그러나 사상의 표현이 비판을 위한 목적이라면 범죄에 해당되지 않는다는 모호한 규정을 마지막에 넣어 두었다. 이 규정을 해석하는 주체는 검사나 판사가 될 수밖에 없는 것이 비극이다. 당시 터키 형법 301조에 의해 기소된 오르한 파묵은 재판을 거쳐 4년의 징역형을 선고받고 투옥될 처지에 있었다.

오르한 파묵만이 아니라 저명한 언론인 '흐란트 딘크'도 암살당하기 전까지 터키 정부로부터 수많은 박해를 당했다. 2005년 10월 7일에 흐란트 딘크는 형법 301조를 어겼다는 이유로 6개월 집행 유예를 선고받았다. 흐란트 딘크는 아르메니아어 주간지인 《아고스》의 편집장이자 기자로, 아르메니아 대학살에 관한 기사를 게재해 터키의 국가 정체성을 모욕했다는 이유로 기소 당했다. 결국에 딘크 편집장은 2007년 1월 19일 이스탄불의 그의 사무실 앞에서 대낮에 총격을 당해 암살당했다. 그를 암살한 범인은 10대의 극우주의자로 알려졌지만 사실상 배후는 미궁에 빠졌고 추측만 무성할 뿐이었다. 딘크 편집장에 대한 암살 사건은 터키뿐만 아니라 전 세계에 충격을 안겨주면서 대중적인 분노를 일으켰다. 장례식에는 수십만 명의 터키 시민들이 모여 그의 죽음을 애도했고 언론에 대한 테러를 규탄했다.

2005년 3월에는 터키의 한 대규모 일간 신문의 시사만화가인 '무사 카트'가 에르도안 터키 총리를 실로 만든 공 안에 갇힌 고양이로 비유한 만화를 그렸다는 이유로 총리에게 고소를 당해 350만 원 상당의 벌금을 문 사건이 일어났다. 2004년에도 한 시사만화가가 에르도안 총리를 자문 위원들에 의해 끌려다니는 말로 그렸다가 고소를 당한 유사한 사건이 있었다. 이런 필화 사건이 일어날 때마다 언론사들은 이를 정부의 경고장으로 받아들여 알아서 자체 검열을 강화하는 것으로 알려졌다.

오르한 파묵의 인터뷰 사건은 터키 언론의 표현의 자유에 대한 의지를 가늠할 수 있는 중요한 기회였다. 오르한 파묵 사건이 터지자마자 이미 정권에 길들여진 터키의 대언론사들은 오르한 파묵을 연일 강도 높게 비난하면서 극우 민족주의자들의 비이성적 테러 행위를 부추겼다. 극우 민족주의자들은 세계의 이목이 집중된 오르한 파묵의 재판정에 몰려와서는 폭력적인 추태를 보이는 사태를 연출했다.

터키 정부가 표현의 자유를 억압하는 이유는 과거사를 부정하고 덮어 두려는 의도 때문이다. 그렇다고 과거사가 터키의 의도대로 덮이거나 부정될 수는 없다. 오르한 파묵을 구속해 그의 입을 막는다 해도 과거사가 부정되는 것은 아니다. 프랑스를 비롯한 유럽의 많은 나라에서는 이미 아르메니아 대학살을 의회에서 통과시켜 승인한 바 있다. 이 국가들은 아르메니아 대학살의 인정을 터키의 유럽 연합 가입의 전제 조건으로 삼고 있다.

표현의 자유에 대한 터키 정부의 탄압은 그동안 터키와의 군사적·경제적 이해관계를 고려한 미국과 영국의 의도적인 외면으로 세계에 잘 알려지지 않은 사안이었다. 특히 언론인들에 대한 터키 정부의 검열과 탄압은 잔인하게 자행돼 왔다. 국제 펜클럽은 터키에서 2005년 당시에만도 50여 명의 언론인과 작가, 출판인들이 기소 당했고 오르한 파묵 외에도 13명의 작가들이 재판 중에 있다고 밝혔다. 그동안 터키에서는 수많은 언론인과 작가들이 장기수로 투옥되거나 암살당하는 사건들이 무수히 일어났다. 터키는 역사적으로 예술가들에게 가장 위험한 국가로 악명을 떨쳐 왔다. 지금까지 헤아릴 수 없이 많은 언론인과 작가들이 터키 정부의 공격 목표가 돼 왔다.

터키가 낳은 가장 위대한 시인으로 추앙받는 '나짐 히크메트'는 공산당의 비밀 당원으로 구속돼 15년의 징역형을 선고받고 복역했다. 그의 출판물 또한 금서로 지정됐는데 그가 죽고 난 2년 뒤인 1965년까지 금서로 묶여 있었다.

그리고 터키의 저명한 작가 '오르한 케말'도 1939년에 그의 정치적 의견 때문에 5년을 감옥에서 보내야 했다. 나짐 히크메트를 감옥에서 만나 그를 사사했다는 일화는 유명하다. 또 1993년 7월 1일에 일어난 사건은 터키 국민들과 세계를 경악시켰다. 당시 터키의 이슬람 원리주의자들로 조직된 한 무리는 좌파적 성향을 지닌 콩트 작가인 '아지즈 네신'을 공격하기 위해 그가 참가한 축제 장소를 공격했다. 이로 인해 36명의 예술가가 죽고 24명이 중상을 입었다. 아지즈 네신은 탈출하지 못하고 경찰관과 소방관들에게 붙잡혀 구타를 당했다.

어릴 때부터 장님으로서 극작가이자 시인, 변호사로 명성을 떨친

'에스베르 약무르데렐리'의 사례는 터키의 표현의 자유 억압을 잘 드러내 준다. 그는 터키 정부의 쿠르드 민족 탄압에 항의했다는 이유로 1978년부터 1991년까지 13년 동안 감옥 생활을 했다. 석방된 뒤 반정부적 저작 활동을 했다는 이유로 1998년에 다시 투옥됐지만 국제 사면 위원회의 지속적인 항의로 2001년에 석방됐다. 그가 감옥에서 보낸 햇수를 모두 합하면 17년이 된다.

2005년에는 출판인인 '파티 타스'가 1990년대 쿠르드 활동가들을 겨냥한 터키 정보부원들의 불법적인 살인 행각이 포함된 책을 발행했다는 이유로 6개월의 징역형을 선고받았다. 또 '라집 자라쿨루'는 2005년에 아르메니아 대학살을 다룬 '도라 사카얀'의 《아르메니아 의사의 경험》을 터키어로 번역한 책을 발행했다는 이유로 기소됐으며 6년 징역형에 처해질 운명에 처해 있다. 작가이자 출판인인 자라쿨루는 이미 1971년에 반정부적인 저작 활동으로 3년 징역형을 겪었던 전력이 있고, 1995년에는 그의 출판사 건물이 이슬람 극우주의자들에 의해 완전히 불에 타 잿더미가 되는 공격을 당했다.

터키의 언론에 대한 탄압은 세계에서 몇 손가락 안에 들 정도로 잔인하기로 알려졌다. 언론인들을 고문하고 투옥하는 일은 일상적으로 벌어지고 있고 특히 쿠르드 출신의 언론인들에 대한 탄압은 더욱 가혹하다. 체포와 구타, 고문은 보통이며 투옥되면 보통 몇 년은 갇혀 있어야 한다.

심지어는 외국인 기자들조차도 터키에서 투옥되거나 추방당한 사례는 심심찮게 찾아볼 수 있다. 특히 긴장이 고조됐을 때는 외국인 기자들이 터키의 폭력적인 억압에 짓눌리기 일쑤다. 2014년에 코바니에서 IS에 대한 전투가 벌어졌을 때는 그곳을 취재하던 외국인 기자들 몇 명이 체포돼 추방당하기도 했고 이란 TV 소속의 미국인 여기자는 의혹의 교통사고로 죽음을 당한 일도 벌어졌다. 특히 디알바키르에 남아 있던 네덜란드 출신의 여기자가 마지막 외국인 기자였지만 2015년에 추방당했다. 미국인 여기자의 죽음은 언론이 국가라는 거대한 폭력 앞에 얼마나 나약한지 보여 주는 사례이다. 필자가 당시 정리했던 메모를 그대로 인용한다.

2014년 10월 필자가 코바니에서 벌어진 쿠르드 민병대와 IS 사이에서 전쟁을 취재하기 위해 코바니와 가까운 수르츠에 머물 때 벌어졌다. 당시 터키 측에서 국경을 봉쇄하면서 기자들은 코바니로 들어갈 수 없어서 국경 너머로 훤히 보이는 코바니의 상황을 수르츠의 높은 언덕에 가서 취재 활동을 벌이는 중이었다. 2014년 10월 19일, 코바니에 머물던 기자들에게 경고를 하는 듯한 불길한 사고 소식이 날아들었다. IS를 지원하는 터키 정보부의 활동을 취재하던 이란의 '프레스 TV'의 여기자 '세레나 쉼'이 교통사고로 숨졌다는 소식이었다. 여기자는 레바논 출신이지만 미국 시민권자로, 당시 대도시인 '우르파'의 호텔에서 취재를 위해 렌터카로 수르츠로 이동 중 레미콘 트럭과 충돌해 사망했다는 소식이었다. 물론 여기자는 터키 정보부로부터 며칠 전부터 주의하라는 협박을 받았다는 것이다. 그녀가 프레스 TV에 내보낸 취재물은 IS 대원들로 보이는 턱수염을 길게 기른 젊은이들이 '유엔 식량 농업 기구'의 마크를 단 엔지오(NGO) 트럭에 탑승해서 국경을 넘는 내용의 영상물이었다. 당시 철통같이 봉쇄된 터키 국경을 넘어 전투가 한창인 시리아의 코바니로 간다는 건 터키 정부의 허락이 없이는 불가능한 일이었다. 더구나 큰 트럭에 턱수염을 기른 수많은 젊은 이들이 국경을 넘었다는 것은 IS 대원들이 터키 정부의 지원 아래 있다는 의미이기도 했다. 이 기사를 송고한 다음 세레나 셤은 교통사고로 숨졌다. 물론 누구도 그녀가 교통사고로 숨졌다고 믿지 않았고 사고를 낸 트럭이나 트럭 운전사도 사라진 사건이었다.

지금까지도 터키의 언론에서는 사전 검열이 시행되고 있으며 기자들에 대한 불법 체포와 고문, 폭행, 구속이 끊이지 않고 발생하고 있다. 더욱이 2016년 7월 15일에 쿠데타가 실패하면서 에르도안 정부는 쿠데타가 마치 반정부 세력 전체에 의해서 일어난 것처럼 과장하면서 정당이나 언론사, 학교 등에 관계된 인사들을 파면하거나 체포해 왔다. 쿠데타가 실패로 돌아간 이후 수백 개의 신문사들과 방송국들이 강제로 폐쇄됐고 수천 명의 기자들과 언론 종사자들이 체포돼 구속됐다.

터키에서 최근 들어 언론사에 대한 탄압 사례 중 최고의 절정을 이룬 사건은 2016년 10월 31일 터키의 주요 일간지 중 하나이자 정부에 대한 비판지로 유명한 〈줌후레예트(공화국)〉 신문사에 대한 대대적인 습격이다. 터키 정부는 편집국장을 포함한 13명의 기자들을 체포해 구속시켰다. 그리고 11월 11일에는 외국에서 귀국하던 〈줌후레예트〉 신문사의 회장을 공항에서 긴급 체포해 구속시켰다. 미국과 유럽에서도 터키 정부의 언론 탄압을 더 이상 방관하지 못해 터키 정부를 비판하고 나설 정도였다.

〈줌후레예트〉 신문사를 뒤집어엎은 이유는 쿠르드 민족을 지지하는 글들을 출판해 왔고, 특히 쿠데타의 배후 인물인 귤렌과 연관됐다는 이유였다. 정부는 신문사가 "테러리스트 조직과 연관"된 혐의가 있어서 기자들을 구속했다고 발표했다. 대부분의 국민들은 〈줌후레예트〉 신문이 에르도안 정부와 에르도안 대통령을 비판하는 논조의 글들을 발행해 왔기 때문에 박해받고 있다고 생각하고 있다.

사실상 터키 정부가 의미하는 테러리스트 조직은 정부에 비판적인 조직이며, 반정부적인 논조로 글을 쓰는 신문사의 기자들은 모두 테러리스트들로 낙인찍히는 게 현실이다. 책을 출간하는 출판업자나 작가들도 대부분은 테러리스트라는 낙안을 감내해야 한다. 그동안 수많은 언론인들과 작가들, 출판사의 편집인들과 사장들이 체포와 고문, 구속을 당하면서 감방을 들락거려 왔고, 심지어는 암살당하는 경우도 있었다.

터키가 실패한 쿠데타의 후유증에서 벗어나지 못하는 이유는 여전히 다른 쿠데타가 일어날 수도 있다는 가능성 때문이다. 쿠데타 가능성에 대한 소문은 이미 여러 해 전부터 떠돌았다. 에르도안 정부가 지금까지 실행해 온 탈세속화 정책과 IS에 대한 의심스런 우호적인 정책은 쿠데타의 소문을 계속 증폭시켜 왔다.

터키 군부는 지금까지 터키의 건국 이념인 '케말주의'의 핵심인 세속 정권을 지원한다는 빌미로 수차례 쿠데타를 일으켜 온 전력이 있다. 반면에 에르도안 정부는 케말의 건국 이념인 세속주의에 반하

쿠데타 실패 후 이스탄불의 중심가 탁심의 모습. 터키 국기로 뒤덮여 있다.

는 이슬람주의로 경도된 정책을 펴 왔다.

현재 정권을 잡고 있는 대통령 에르도안 집권당인 정의개발당(AKP)은 이슬람주의자들이 대거 모여서 만든 정당으로, 이슬람주의를 표방하는 무슬림 형제단과 밀접한 관계를 가지고 있다. 표면적으로는 보수적인 우익이라 자칭하지만 사실상 이슬람주의적인 정당이다.

2008년에는 공공장소에서 여성들이 스카프로 머리를 가리는 걸 금지하는 세속주의 헌법을 개정하려는 시도를 하다가 큰 저항에 부딪히기도 했다. 이슬람 세계에서 여성들의 머리를 스카프로 가리는 행위는 이슬람의 정치적인 상징으로 간주된다.

그리고 대통령인 에르도안은 과거에 대중 연설에서 이슬람주의적인 시를 낭송해 세속주의적 헌법을 위반한 혐의로 10개월 징역을 선고받고 4개월을 복역한 적도 있는 이슬람주의자이기도 하다. "모스크들은 우리들의 요새이며, 돔은 우리들의 헬멧이고, 미나렛(모스크의 솟은 탑)은 우리들의 검이자 신뢰하는 우리들의 병사들……"이라는 시를 대중 연설에서 낭송했다.

터키와 미국과의 갈등은 2003년 이라크 전쟁 때부터 보이지 않게 계속 확대돼 왔다.

터키는 쿠르드 민족과의 문제로 인해 이라크 전쟁을 단호하게 반대했다. 이라크 전쟁으로 인해 자칫 쿠르드 민족이 북부 이라크에 국가를 건설할지도 모른다는 두려움 때문이었다.

또한 이라크 전쟁이 개시되면서 미국에 육로 개방을 거절했다. 이로 인해 미국은 가까운 터키를 통한 군수 물자나 병력의 이동 대신에 수천 킬로미터를 우회한 걸프 국가들을 통해 이동해야 하는 고역을 감수할 수밖에 없었다. 이때부터 미국은 터키에 감정적인 응어리가 쌓이기 시작했고 점차 외교적으로도 대립적인 관계로 치달아 왔다. 당시 여론 조사 결과에 의하면 터키가 세계에서 가장 강한 반미 국가로 드러났다. 터키 국민의 94퍼센트가 미국을 혐오하고 있는 것으로 드러나 미국과 터키의 대립 정도가 어느 정도로 심각한지 잘 보여 주고 있다.

그리고 터키는 IS의 격퇴에는 소극적이면서도 IS와 전투를 벌이고 있던 쿠르드 무장 단체에 대한 공격에 더 초점을 둬 왔다. 2016년 10월 20일, 터키의 전투기들이 쿠르드 민병대(YPG)를 폭격해 수백 명의 대원들이 목숨을 잃은 사건이 발생했다. 이 때문에 터키가 IS를 지원하고 있다는 의혹은 거의 사실로 드러났다.

반면에 미국 정부는 IS 격퇴를 위해 터키 정부가 테러리스트 단체로 낙인찍은 쿠르드 민병대를 지원해 왔다. 터키 정부는 계속적으로 미국에 쿠르드에 대한 지원을 중단할 것을 요구해 왔다. 하지만 미국으로서는 IS와의 전투에서 쿠르드 민족을 지원할 수밖에 없는 상황이었다. 미국 정부가 미군을 파견하지 않고 가장 효과적으로 IS와 싸울 수 있는 세력을 쿠르드 민병대로 보았다는 의미이다.

어쨌든 지금까지 계속 미국과 터키는 표면적으로는 나토(NATO: 북대서양 조약 기구)라는 틀 안에서 협력 관계를 유지해 왔지만 물밑으로는 계속 충돌해 왔고 이번의 쿠데타를 계기로 갈등이 폭발했다고도 볼 수 있다. 터키와 미국의 갈등으로 인해 미국은 현재 터키 내에 건설돼 있는 '인쥐릭' 미 공군 기지의 이전까지도 검토해야 하는 상황까지 왔다. 이미 인쥐릭 공군 기지에 배치해 놓았던 핵무기까지 루마니아로 전격적으로 옮긴 상황이다. 사실상 IS에 대한 폭격을 발진하는 공군 기지의 이전 문제까지 거론된다는 건 IS와의 전쟁에서 중대한 전략적 변화가 발생했다는 의미로 볼 수밖에 없다.

터키에서 실패한 쿠데타의 후유증은 터키 국내뿐만 아니라 중동 일대, 나아가 전 세계적으로 파장을 일으키고 있다. 우선 터키가 서구에 등을 지면서 러시아로 방향을 틀고 있다는 점이다. 2016년 8월 9일의 에르도안 대통령과 푸틴 대통령의 전격적인 만남은 중요한 의미를 담고 있다. 2015년 말 러시아 공군기가 터키에 의해 격추되면서 두 나라는 전쟁 일보 직전까지 갈 정도로 적대적이었다. 그리고 중동 정책에서도 지금까지 터키는 시리아의 아사드 정권의 제거를 요구해 왔고 실제로 아사드에 대항하는 반군들을 조직해 사우디와 함께 물질적으로 지원해 왔다. 반면에 러시아는 시리아 반군에 적대적이었고 지금까지도 아사드 정권을 보호해 왔다.

IS에 대한 전쟁에서도 러시아는 적극적인 공격을 해 왔던 반면, 터키는 말로만 공격했지 아예 공격을 하지 않았다. 한편에서는 터키가 IS를 지원하고 있다는 의혹의 시선을 보내 왔다. 터키의 러시아로의 밀착은 사실상 중동 전체의 정세가 변화할 만한 중대한 이슈이다. 물론 한 번의 방문으로 지금까지 사실상 적국이었던 러시아와의 관계가 갑자기 우호적으로 돌아설 수 있다고는 볼 수 없다. 시간을 두고 지켜볼 일이다.

2003년 미국의 이라크 침공 이후 계속 갈등을 겪어 온 미국과 터키의 동상이몽의 관계도 이제는 재정립할 수밖에 없는 시점에 도달했다. 미국과 터키 관계에서 가장 크게 걸리는 문제가 바로 쿠르드의 국가 수립 문제이다. 미국은 지금까지 쿠르드 민족을 지원해 온 반면 터키는 사력을 다해 쿠르드 민족의 세력 확대를 억눌러 왔다. 쿠르드 민족과 IS의 싸움에서 IS를 응원하면서 그저 지켜보기만 했던 터키는 사실상 쿠르드 민족을 적으로 대해 왔고 미국에는 계속적으로 쿠르드 민족에 대한 지원을 중단할 것을 요구해 왔다. 반면에 미국은 IS에 대한 전투에서 쿠르드 민병대를 계속 지원해 왔고 앞으로도 그럴 전망이다.

그러나 미국이 중동에서 지리적으로나 정치적으로나 가장 중요한 위치에 있는 터키를 놓칠 수는 없다. 사실상 터키를 통하지 않고서는 중동에서 헤게모니를 잡기 어려운 실정이기에 미국도 터키 정부와 적당히 타협하는 방법을 찾을 것이다.

터키도 미국이 없는 앞날은 결코 순탄치만은 않다. 러시아가 비록 군사적으로는 대국이지만 사실상 러시아에 의존해서는 경제적으로는 도저히 생존할 수 없는 것도 현실이다. 냉각기를 거치면서 조금 시일이 지나면 미국과 터키도 다른 차원에서 다시 관계가 재조정될 수밖에 없다.

어쨌든 터키의 러시아로 향한 변화는 중동 일대의 정치 지형에 큰 변화를 예고하고 있다. 지금까지 터키는 시리아의 아사드 정권의 제거를 강력하게 요구해 왔지만 러시아와의 관계가 개선되면서 러시아의 보호를 받아 온 아사드 정권에 대한 태도에 변화가 생길 것이다. 아사드 정권의 제거보다는 아사드 정권을 인정하는 선에서 시리아 전쟁의 종전 회담이 힘을 받을 것이다.

또한 IS 제거에 소극적 태도를 보여 온 터키가 러시아로 선회하면서 IS 제거가 보다 신속해질 전망도 보인다. 지금까지도 세계는 터키가 IS를 지원하고 있다는 의혹의 시선을 보내 왔다. 터키가 IS를 지원할 충분한 이유는 바로 쿠르드 문제 때문이다. 터키의 사활이 달려 있는 쿠르드 민족의 국가 건설 문제가 쿠르드와 싸우고 있는 IS에 대한 지원으로 이어져 왔다는 의혹이다. 러시아를 방문한 에르도안이 푸틴에 주문한 가장 큰 이슈도 쿠르드족의 민족 국가 수립을 막아 달라는 것이었다는 소식이다.

지금까지는 터키 정부가 아사드 정권의 제거를 목표로 하면서 시리아 반군들을 지원해 왔지만 터키 내의 쿠데타를 계기로 지원이 중단되거나 약화될 수도 있다. 즉 시리아의 아사드 정권의 입지가 강해진다는 의미이며 시리아 반군이나 IS의 입지가 축소된다는 의미이기도 하다. 비록 실패한 쿠데타이지만 터키의 쿠데타로 인한 후유증은 중동 정세에 큰 변화를 가져올 전망이다.

　무엇보다도 유럽이 처한 난민 문제는 터키와도 밀접히 연관된 문제여서 터키의 정치적 변화에 따라 유럽도 상당한 영향을 받을 수밖에 없다. 2015년 유럽에서 벌어진 난민 사태는 유럽 연합을 거의 붕괴 상태로 몰고 갔으며 여전히 제대로 된 해결책이 없는 상태로 시간만 보내 왔다. 현재 시리아 인구의 절반 이상인 1000만 명이 난민으로 전락해 주변 국가들인 터키나 요르단, 레바논으로 피난해 있고 수백만 명이 더 나은 삶을 찾아 유럽을 향해 나서고 있다. 시리아 난민들이 유럽으로 가기 위해 반드시 밟아야 하는 통로가 터키인 까닭에 해법은 더 복잡해진다.

　난민들의 유럽 유입을 막기 위해 터키와의 공조 정책을 수립해 온 유럽 연합은 지난 7월 15일에 발생한 에르도안 정권의 전복을 노린 군사 쿠데타의 실패로 공조가 사실상 중단된 상태에 있다. 쿠데타뿐만 아니라 터키가 난민 유입을 막는 대가로 제공한 유럽 연합의 비자 면제도 대부분 유럽 국가들의 반대에 부딪혀 실행될 가능성이 없는 실정이다.

　그러나 터키의 협력이 없이는 유럽으로의 난민 유입을 막을 길이 없는 유럽으로서는 별다른 뾰족한 수가 없는 실정이다. 유럽 연합도 난민 유입의 정도에 따라 기본적인 정책 자체가 변할 수밖에 없다.

난민이 계속적으로 대거 유럽으로 몰려온다면 유럽을 하나로 묶어 주던 단일 국경 통제와 자유 왕래 문제가 보다 쉽게 깨질 수 있다. 이미 부분적으로 시작된 국경 통제가 앞으로는 전면적으로 재개될 가능성이 있다. 그리고 영국의 유럽 연합으로부터의 탈출인 '브렉시트'로 인해 유럽 연합은 이전과 같은 위상을 회복하기는 힘들게 돼버렸다. 더욱이 난민들의 분산 배치 안건을 둘러싼 유럽 연합과 동유럽 국가들과의 갈등은 유럽 연합의 앞날에 짙은 안개를 드리우고 있다. 이는 캐스팅 보드를 거머쥔 터키가 난민 문제를 통해 유럽 연합의 미래를 좌지우지할 수도 있다는 의미이다.

2016년 7월 15일에 발생한 쿠데타는 터키뿐만 아니라 사실상 중동 전체의 정치 지형을 변화시키는 결정적 계기가 됐다. 이미 터키와 미국, 터키와 러시아와의 관계 재정립이 시작됐다. 터키의 변화는 중동 전체에도 엄청난 영향을 미칠 것이다. 현재 모술을 탈환하기 위해 IS와의 전투가 한창 진행 중인 상태이다. 곧 IS로부터 모술은 탈환될 것이 분명하지만 모술이 탈환된 후에 벌어질 터키를 둘러싼 제 민족 간의 충돌은 이전과는 다른 양상으로 전개될 것이다.

쿠르드 민족의 민족 국가 수립을 위한 투쟁과 이를 결사적으로 저지하려는 터키 간의 충돌은 모술의 탈환과 IS의 수도 '라카'를 탈환한 이후에는 한층 격렬해질 것이다.

## 5. 중국의 탄압에도
## 독립 국가를 꿈꾸는 티베트

**독수리도 안 먹는 시체가 될 자들**

티베트 난민 얘기로 들어가기 전에 티베트의 독특한 문화를 먼저 소개하는 게 티베트를 이해하는 데 도움이 될 것 같다. 티베트의 가장 유일하면서도 독특한 문화로 '조장(鳥葬)'이라는 장례식이다.

사람이 죽으면 대부분의 나라에서는 시신을 땅속에 파묻지만 티베트에서는 시신을 독수리 떼가 서식하는 산으로 옮겨 간다. 그곳에서 '톰데'라는 장례식을 주관하는 성직자가 시신을 칼로 토막을 내서 독수리들에 내준다.

장례식을 마친 뒤 사람들은 독수리들이 와서 시신을 먹는 것을 지켜보기도 하고 어떤 참석자들은 내려가기도 한다. 독수리들은 시신의 고기를 먹고서 사라지고 뼈만 남겨 놓는다. 이렇게 한 떼의 독수리들이 고기를 먹은 뒤 사라지면 다시 다른 독수리 떼가 남겨진 시신의 뼈만 먹기 위해 날아든다.

이들은 '고아'라고 불리는 독수리들로서 남겨진 시신의 뼈만 먹는 것으로 알려져 있다. 어쨌든 티베트의 장례식은 이런 식으로 보통 끝나게 된다. 하지만 문제는 독수리 떼가 시신을 먹지 않는 경우가 발생한다.

독수리 떼가 먹지 않는 시체는 원인이 있다. 그 사람이 살았을 때 너무 많은 죄악을 저질렀기 때문에 독수리들까지도 시체를 거부한다는 것이 티베트 사람들의 믿음이다. 이럴 때, 톰데가 나서서 시체를 처리해 줄 것을 독수리들에게 사정한다는 것이다. 살았을 때 그 사람이 지은 죄를 용서하고 시체를 먹을 것을 간곡하게 독수리의 언어로 빈다는 것이다. 이 대목에서 '톰데'라는 직업은 아무나 할 수 있는 직업이 아니라는 것이 드러난다. 물론 죄가 많은 사람의 시체를 독수리들이 먹게 하기 위해서는 톰데와 가족들의 많은 시간의 기도 의식이 필요하다. 독수리들이 거부하는 시체의 가족들은 결국에는 부끄러움으로 인해 그 마을을 떠나는 경우가 발생하기도 한다.

위의 장례식 얘기는 지금도 티베트에서 그대로 행해지고 있는 것이다. 물론 비과학적이라고 단정해 버리고 무시해 버리면 그만이다. 그렇지만 티베트인들은 장례 의식을 통해 한 인간의 삶과 독수리들의 시체에 대한 반응을 수천 년 동안 지켜봤을 것이고, 이 과정에서 믿음이 생성됐다고 봐야 할 것이다. 티베트 사람들은 한 인간의 삶에 대해서 같은 인간들은 잘 모를 수 있지만 독수리들은 알 것이라는 믿음을 가지고 있다.

물론 티베트의 장례 의식과는 다르지만 이와 비슷한 사례는 동서

양을 막론하고 찾아볼 수 있다. 우리나라만 해도 스님들 중에서 수련을 통해 해탈의 경지에 도달한 스님들은 죽은 뒤에 시신에서 '사리'가 나오는 경우를 들 수 있다. 유사한 일은 서양에서도 일어나고 있다. 서양의 천주교나 정교회의 수도승들 중에서는 죽은 뒤 시신에서 향기가 나는 사례를 들 수 있다.

인간들에게 출생과 성장은 모두 불평등하게 주어지지만 죽음은 인간 모두에게 평등하게 주어진다. 독수리의 밥이 되든 땅속에서 썩어 가든, 장례식이 화려했든 초라했든 모두 세상에서 사라질 뿐이다. 누구도 죽음을 피해 갈 수는 없다.

### 다람살라의 티베트 난민들

다람살라 중심가 '매클레오드 간즈'에서 내리막길을 내려가다 보면, 우체국 바로 아래 티베트 사람이 운영하는 작은 가게가 나온다. 이곳이 나왕 상치(29세)의 일터다. 목구멍이 포도청인지라 티베트에서 망명한 정치범들은 일을 가릴 처지가 아니다. 그의 사촌 동생도 함께 가게 돌보는 일을 하고 있다. 그와 사촌 동생은 모두 티베트에서 3년 동안 감옥살이를 한 정치범들이다. 티베트에서 이들은 승려였다. 출옥한 뒤 승려의 신분에서 벗어나 속인으로 살아왔다.

그가 중국 공안 당국에 체포된 것은 1996년 8월이다. 당시 그는 티베트 캄 지역의 수도원 승려였다. 중국 정부의 종교 탄압을 견디다 못한 그는 마침내 사촌 동생과 함께 수도원 정문에 대자보를 붙이고 유인물을 수도원 곳곳에 몰래 뿌렸다.

그와 사촌 동생은 곧 중국 공안에 체포됐다. 교도소에서 일상화된

자유 티베트를 외치며 시위하는 네팔의 수도 카트만두의 티베트 난민들.

잔인한 고문과 구타로 그는 건강이 극도로 나빠졌다. 그는 만 3년의 형기를 채운 1999년 출옥한 뒤 고향으로 돌아왔다. 하지만 그것으로 끝난 게 아니었다. 공안의 방문은 매일처럼 계속됐고, 수도원으로 되돌아갈 수도 없었다. 중국 공안은 그가 머물던 수도원과 다른 수도원들에 그의 이름과 사진을 돌리고, 그를 받아들이면 수도원을 폐쇄하겠다고 위협했다. 어느 수도원도 그를 받아들일 수 없었다. 결국 그는 함께 출감한 사촌 동생과 인도로 망명하는 수밖에 없었다.

"티베트의 중국 감옥은 승려와 비구니들로 가득 차 있다."는 말은 소문으로 그치지 않는다. 티베트의 중국 교도소에 정치적 이유로 수감된 재소자 가운데 70퍼센트가량이 승려 출신이다. 승려들 사이에서 반중국 저항이 거센 이유도 있겠지만, 무엇보다 티베트 불교에 대한 중국 당국의 집중적인 탄압이 주원인이다. 중국 당국의 티베트 불교에 대한 부당한 간섭은 티베트 불교를 말살하려 한다는 의구심까지 자아낼 정도로 극심하다. 중국 정부는 티베트를 침공한 1959년부터 불경만 읽던 승려들을 대상으로 마오주의와 마르크스주의 이론을 강제로 학습시켜 엄청난 반발을 불러일으켰다. 1960년대 문화 대혁명 때는 수많은 유서 깊은 수도원들을 아예 불살라 파괴하고 승려들을 무차별 학살하기도 했다.

최근 들어 티베트 불교에 대한 가장 심각한 탄압 사례로 꼽을 수 있는 것이 '애국을 위한 재교육 프로그램'이다. 중국 정부가 발행한 4권의 책을 티베트 승려들에게 나눠 주고선 몇 차례에 걸쳐 세미나를 진행하고, 세미나가 끝나는 시점이 되면 시험을 치른다. 물론 4권의 책은 모두 중국 정부의 관점에서 티베트의 역사를 서술한 것으로, 티베트인이라면 받아들일 수 없는 내용들로 채워져 있다. 가령《티베트의 역사》라는 책에는 "수천 년 전부터 티베트는 항상 중국의 한 부분이었다."는 내용이 적혀 있다. 교육 과정에서 가장 승려들의 반발을 자아내는 것은 달라이 라마를 '분리주의자'로 비판하고 이를 받아들이도록 강요하는 대목이다. 교육 시간 중 반발하는 승려들은 강제로 수도원에서 퇴출시키는 조치를 하기도 하며, 심지어 구속시킨 사례도 있다.

중국 정부에서 최고의 범죄로 규정하는 것은 승려들이 달라이 라마의 사진을 품속에 넣고 다니는 행위다. 달라이 라마의 사진을 소지했다가 적발될 때는 5년 정도 감옥행은 물론, 승려가 거주하는 수도

원이 경찰의 수색으로 쑥대밭이 되기는 예사다. 티베트 승려들이 최고의 스승으로 존경하는 달라이 라마의 사진을 품에 넣고 다니는 것은 수백 년간 이어져 온 티베트의 전통이었다.

다람살라에서 만난 전 비구니승인 담최 돌마(30세)는 대표적인 '애국을 위한 재교육 프로그램' 희생자다. 담최 돌마는 17세가 되던 해 비구니 사찰로 들어갔다. 그곳에는 약 60명의 비구니승이 있었는데 나이 많은 비구니의 시중을 드는 일부터 시작했다. 그녀의 사찰은 중국의 문화 대혁명 당시에 모두 파괴돼 버렸다. 그녀가 비구니로 사찰에 들어갔을 때 모두 사찰을 새로 지을 계획을 세우면서 모금을 하기 시작했다. 인근의 마을로 다니면서 사찰 재건축 계획을 알리며 모금을 시작하면서 어느 정도 재정이 확보되자 젊은 비구니들이 손수 팔을 걷어붙이고 힘든 작업에 나섰다. 어느 정도 사찰이 완공돼 갈 무렵, 중국 당국에서 기관원들이 사찰로 왔다. 이들은 사찰 재건축 활동이나 이를 위한 모금 활동은 금지하고 사찰을 건축하는 대신 '애국을 위한 재교육 프로그램'을 받아야 한다고 통보했다. 또 하나는 당시 91명의 비구니들이 머물고 있었는데 사찰의 정원을 85명으로 제한한다고 말하고서는 가 버렸다. 이로 인해 사찰의 모든 비구니들은 심한 울분에 휩싸였다.

이 일이 있은 뒤부터 그녀의 사찰은 반중국 저항 운동의 기운이 무르익어 갔다. 1994년에 이미 5명의 비구니들이 라싸에 가서 반중국 시위를 벌이다 체포되면서 사찰은 반중국 운동의 근거지로 낙인찍혀 버렸다. 중국 공안에서는 비구니들의 가족들을 불러 사찰로 모이게 한 뒤 반중국 시위가 다시 있을 경우엔 가족까지 모두 체포하겠다고 협박하기도 했다. 그리고 '애국을 위한 재교육 프로그램'을 위해 30명의 중국인 관료들을 사찰로 파견하여 비구니들을 교육하기 시작했다. 이런 가운데서도 그녀를 비롯한 8명의 비구니들은 다시 라싸에서의 시위를 계획하게 된다. 1994년 12월 말, 8명의 비구니들은 평상복으로 갈아입고 라싸로 향했다. 중국 경찰들로 인해 아침에는 시위를 벌이지 못하고 저녁이 가까워 오자 시장 거리로 가서는 시위를 벌였다. "자유 티베트 만세!", "달라이 라마 만세!" 등을 외치면서 시위를 벌이자 시장에 있던 상인들이나 장을 보던 티베트 사람들은 모두 달아나기 시작했다. 15분 정도 시위를 벌이던 비구니들은 곧 중국 경찰에 체포돼 유치장에 갇혔고, 그날부터 취조와 고문이 잇달았다. 비구니들을 체포한 중국 경찰은 가족들에게 아예 통고하지 않았고, 결국에는 가족들이 나서서 중국 경찰들을 매수해 비구니들이 있는 곳을 알아냈다. 유치장에 갇힌 지 6개월 뒤 그들을 변호해 줄 변호사도 없는 상태에서 재판은 진행됐고, 15분의 시위로 인해 분리주의자란 죄목을 달고 6년이라는 형이 선고됐다.

재판 뒤 곧 비구니들은 드랍치 교도소로 이송됐고 이곳에서도 고문과 구타는 끊이지 않았다. 1998년 7월 교도소에서는 수감자들에게 중국어와 중국 국가를 배울 것을 강요했지만 진전이 없었다. 담최의 경우 중국 국가를 배우지 않자 교도관에게 끌려가 전기 봉으로 고문을 당한 뒤 정신을 잃자 징벌방에 던져졌고 그곳에서 6개월을 보내야 했다. 특히 그녀의 아버지는 라싸 근처에 있는 교도소에 그녀를 면회하기 위해 아예 고향을 떠나 라싸에 머물면서 의복을 수리하는 일을 하며 그녀를 돌봐 주었다. 나중에 그녀가 출감하여 고향에

티베트에서 감옥살이를 마치고 인도로 탈출한 정치범 담최 돌마.

가자 곧 아버지는 병으로 인해 돌아가셨다고 한다. 출감한 뒤 이전에
지내던 비구니 사찰로도 갈 수 없는 형편이었다. 그녀가 선택할 수
있는 길은 오직 인도로 망명해 오는 수밖에 없었다.

　티베트 인권 상황 감시 활동을 벌이고 있는 '인권과 민주주의를
위한 티베트 센터' 활동가 타쉬 푼촉(29세)은 "티베트의 인권 상황은
악화 일로로 치닫고 있다."며 "2005년에만 정치적 이유로 25명이 구
속됐고, 132명의 티베트인들이 정치적 이유로 구속돼 재판도 거치
지 않은 상태로 구금돼 있다."고 밝혔다. 중국 공안에 의한 고문과 구
타는 정치범 출신 티베트인들에게 공통적으로 들을 수 있었다. 천장
에 두 손을 매달고 끓는 물을 뿌리거나, 알몸에 불을 가까이 대는 등

의 고문 방식에 대한 증언도 나왔다. 이 밖에 전기 봉이나 쇠 파이프로 때리거나, 겨울철 살을 에는 추위 속에 담요나 매트리스조차 주지 않고 시멘트 바닥에서 재우는 등의 고문도 일상적으로 이뤄졌다.

티베트 인권 현실에서 또 다른 문제점으로 꼽히는 건 중국 공안 당국의 직권 남용이다. 티베트의 중국 공안 당국은 조금의 의심만 있어도 티베트인들을 거리에서 영장 없이 체포해 구금한 뒤 가택 수색을 벌인다. 달라이 라마의 사진이나 의심을 살 만한 인쇄물만 있어도 이를 구실로 여러 해 가둘 수 있는 게 티베트의 현실이다. 당연히 티베트인들은 공안의 눈에 나지 않기 위해 굽실거려야 하고, 특히 인도에서 공부하고 돌아온 티베트인은 대부분 반혁명 분자로 낙인찍혀 지속적인 감시를 받으며 언제든지 중국 공안에 체포될 수 있다.

루카 삼(35세)은 1994년 7월 인도로 건너가 학교에서 1년을 공부하고 티베트로 돌아왔다가 그를 감시하던 중국 공안에 어느 날 체포됐다. 그가 소지하고 있던 책자 때문에 스파이 혐의와 반혁명 그룹을 이끈 혐의로 8년 형을 선고받고 수감됐다. 가혹한 구타와 고문으로 나중에는 몸무게가 30킬로그램으로 줄 정도였다. 두 달간 매일 병원으로 통원 치료를 다녔으나, 별 차도가 없어 거의 숨질 정도로 쇠약해졌다. 중국 당국은 어쩔 수 없이 그를 석방했다. 몸을 회복한 그는 1997년에 인도의 다람살라로 망명해 왔다.

빠른 경제 발전으로 새롭게 발돋움하고 있는 중국의 이면에 가려 1959년 이래 압제에 신음해 온 티베트의 현실은 거의 묻혀 왔다. 그럼에도 인도의 다람살라로 죽음을 무릅쓰고 망명해 온 수십 명의 정치범들은 티베트가 처한 현실을 그대로 보여 주는 산증인들이다.

**네팔에서 인도까지 목숨 걸고 달라이 라마에게로!**

마오주의자들의 총파업인 '반다'가 곧 시작된다는 소식을 접하고
서는 서둘러 네팔을 빠져나오기 위해 동분서주했다. '반다'가 시작
되면 카트만두 시내를 제외한 모든 시 외곽의 교통이 두절되면서 인
도로 가는 차편도 끊기게 된다. 무엇보다 총파업이 언제 끝날지 모르
기 때문에 자칫 네팔에서 머뭇거리다가 불법 체류자로 곤욕을 치를
수도 있다는 불안감이 컸다.

인도 델리로 향하는 버스를 타기 위해 티베트 난민들이 모여 사는
'보다나트'로 갔다. 총파업 소식으로 버스표는 거의 남아 있지 않았
다. 한 티베트 승려의 도움으로 가까스로 마지막 남은 버스표 한 장
을 구할 수 있었다. 버스는 티베트 사람들로 만원이었다. 남루한 옷
차림에다 오랫동안 제대로 씻지 않았는지 때가 잔뜩 낀 얼굴을 한 어
린이와 승려들이 대부분이었다. 한눈으로도 티베트에서 넘어온 난
민들임을 알아챌 수 있었다. 이들은 인도의 델리를 거쳐 다람살라로
가는 중이었다. 버스에 오른 승객들 중에서 외국인은 내가 유일했다.

열악한 도로 사정으로 버스는 심하게 흔들렸다. 승객 대부분이 차
멀미에 시달렸고, 특히 어린이들의 증세는 심각했다. 하루 종일 내달
린 버스는 네팔과 인도 국경 지대인 '소놀리'에 도착했다. 네팔 검문
소를 간단히 통과해 인도 국경 검문소로 이동했다. 버스가 인도 땅에
들어서자 하늘은 먹구름으로 뒤덮이더니, 이내 굵은 빗방울이 떨어
졌다.

인도 세관 직원들은 버스 지붕에 쌓아 둔 짐을 하나씩 풀어 검사
하기 시작했고, 결국 모든 짐이 비에 젖었다. 차장은 사진이 붙은 흰

종이 서류와 인도 국경 검문소에 낼 돈을 티베트인들로부터 모으고 있었다. 여행 서류와 돈을 모으던 차장은 나에게 밖에 나가서 여권에 입국 도장을 받아 오라고 부탁했다. 정식 여권을 가진 사람은 나 혼자밖에 없었다. 그때서야 승객들이 모두 티베트 난민이라는 사실이 분명해졌다.

국경을 통과한 버스는 한밤중에 갑자기 허허벌판 한가운데서 멈췄다. 전날 오후 출발했던 버스가 고장이 나 멈춰 서 있었다. 승객들은 아무것도 없는 벌판에서 거의 12시간을 버틴 뒤였다. 물과 음식이 모두 동이 난 뒤 우리가 탄 버스가 오기만 기다리고 있었다. 고장난 버스에 탄 승객들도 모두 티베트 난민들이었다. 버스를 수리하는 사이 그들과 대화를 나눴다. 목마르고 허기진 상태에서도 그들은 들뜬 표정이었다. "이제 달라이 라마를 볼 수 있다."고 누군가 신이 나서 외쳤다. 달라이 라마라는 존재는 이들에게 험한 여행길을 견디게 해 준 힘이며 희망이었다. 그들의 흥분이 내게까지 전해졌다.

버스 수리를 마친 뒤 다시 델리를 향한 여정이 시작됐다. 카트만두에서 꼬박 마흔 시간을 달려 델리에 도착했다. 역시 티베트 난민을 위한 버스라는 걸 증명이라도 하듯 곧바로 난민들이 머물 티베트 난민 센터에 멈춰 섰다. 그곳에서 몇 명의 승려를 제외한 난민들은 모두 내렸다. 다람살라로 이동하기 전 이곳에서 하루나 이틀 정도 휴식을 취할 예정이었다.

다음 날 저녁 다람살라를 향해 떠났다. 밤새도록 달린 버스는 이른 아침 다람살라에 도착했다. 달라이 라마의 공개강좌가 있어서인지 다람살라는 승려들과 인도 전역에서 온 티베트인들, 외국인들로

달라이 라마를 보기 위해 모인 인도 다람살라의 티베트 난민들.

북새통을 이루고 있었다. 다람살라에 있는 난민 센터를 찾아가니 나와 함께 네팔에서 여행했던 난민들이 이미 도착해 있었다. 큰 방에 50개 정도의 침대가 즐비하게 놓여 있고, 이들이 가져온 짐이 여기저기 흩어져 있었다. 다람살라에 도착한 이들은 네팔에서 여행할 때의 모습과는 달리 한 점의 두려움도 찾아볼 수 없었다.

대화를 통해 그들이 티베트에서 네팔로 넘어온 경로를 대략 알 수 있었다. 대부분 가이드에게 돈을 지불하고 수십 명씩 함께 산을 넘어 네팔로 향했다. 티베트에서 중국 국경 수비대의 눈을 피해 네팔로 길을 안내하는 가이드들은 대부분 티베트와 네팔 국경 지대에 사는 셰르파였다. 티베트 난민들이 이들에게 지불하는 돈은 일정하지 않다. 경로나 시일에 따라, 또는 티베트인들의 호주머니 사정에 따라 금액이 달라졌다. 어린이의 경우 부모가 5000위안(약 60만 원)을 가이드에게 준 일도 있었지만, 1000~2000위안을 준 게 대부분이었다. 히말라야산맥을 넘어 네팔까지 건너오는 데는 보통 20~25일이 걸렸다.

탐바(20세)는 지난 2월 다람살라로 왔다. 그는 지난해 7월 21일 20여 명과 함께 라싸를 떠났다. 라싸에서 국경 지역까지 트럭을 타고 가서 그곳에서 산행을 시작해 25일 만에 네팔 산악 지역으로 넘어올 수 있었다. 네팔에서 몇 달 동안 인도로 넘어올 준비를 하면서 지냈다. 인도에 와서 달라이 라마를 만나는 것 외에도 학교에 가서 제대로 교육을 받고 싶었다고 그는 말했다.

수도승인 짐바 롭상(27세)은 상상을 초월하는 모험을 겪으며 다람살라로 왔다. 그는 동료 2명과 함께 평생의 소원인 달라이 라마를 만나 보기 위해 티베트를 떠날 결심을 했다. 인도에서 불교를 제대로 공부해 보자는 의욕도 강했다. 우선 라싸로 간 뒤 가이드에게 줄 돈을 마련하기 위해 공사판을 전전하며 닥치는 대로 일을 했다. 티베트를 떠나던 날, 라싸에서 출발하는 트럭 짐칸에 45명이 함께 탔다. 수도승만 15명, 수녀 5명, 어린이·노인·청년 등 다양한 '승객'들이 콩나물시루처럼 꼭 끼어 앉을 수밖에 없었다.

먼저 중국 군대가 경비를 서는 티베트 국경의 산악 지대를 걷기 시작했다. 얼마나 걸릴지 모를 산행에서 음식은 가장 중요한 짐이었다. 20킬로그램이나 되는 삼바(보릿가루)와 버터를 지고 가야 했다. 낮에는 자고 밤에는 걸었다. 꼬박 11일을 걷고 나서야 티베트와 네팔을 가르는 '얄룽상부'라는 강이 나타났다. 수심이 1.5미

티베트에서 감옥살이를 마치고 인도로 탈출한 정치범 짐바 롭상.

터 이상이어서 어린이들은 건널 수 없었다. 강을 건너기 위한 묘
책을 짜내야 했다. 청년 2명이 강을 먼저 건너가 타이어를 사 오겠
다고 나섰다. 우리는 뒤에 남아 그들의 무사 귀환을 위해 기도했
다. 이들은 강을 헤엄쳐 건넜고, 티베트인들이 사는 마을에서 타
이어 4개를 구해 왔다. 타이어들을 하나로 묶어 배처럼 만들어 45
명이 모두 건널 수 있었다. 강을 건너는 데만 6일이 걸렸다. 강을
건너자 네팔 국경 지대였지만 버스가 있는 곳까지는 다시 열흘을
더 걸어야 했다.

강가 찬다(53세) 난민 센터 소장은 매년 3000여 명의 난민들이 티
베트에서 인도로 오고 있다고 말했다. "티베트의 정치적 상황이나

난민 센터 앞에 늘어선 티베트 난민들.

인권 상황, 교육 환경이 열악하다 보니 인도로 오는 발걸음이 끊이지 않는다."고 말했다. 난민들 중 75퍼센트가 교육을 제대로 받기 위해 다람살라로 향하고 있는데, 이는 중국 정부가 티베트에서 시행하는 교육의 문제점이 심각하다는 것을 뜻한다.

늘어나는 티베트 난민은 중국 정부의 골칫거리가 아닐 수 없다. 체텐 규르매(52세) 티베트 망명 정부 내무장관은 "중국에선 티베트인들이 인도로 가는 것을 막기 위해 가혹한 정책을 시행하고 있다."며 "네팔 정부에 압력을 가해 티베트인들을 체포해 추방할 것을 요구하고 있지만, 국제 사회의 반대로 제대로 시행하지 못하고 있다."고 말했다. 중국 정부는 자녀를 인도로 보내는 티베트인들에게 벌금을 부과하기도 하고, 인도에서 교육을 마치고 돌아오는 티베트 청년

달라이 라마와 티베트 난민들.

들에게 일자리를 제공하지 않는다는 원칙도 만들었다고 한다. 또 인
도를 다녀온 이들은 반체제 분자로 분류돼 지속적인 미행과 감시에
시달린다고 규르매 장관은 덧붙였다.

　다람살라에 도착한 다음 날 이른 아침 달라이 라마의 공개강좌가
열리는 남곌 수도원에 전 세계에서 온 수천 명의 인파가 모여들었다.
붉은 승복을 걸치고 바닥에 앉아 기도하는 수천의 수도승들이 분위
기를 압도하고 있었다. 달라이 라마가 걸어올 길 양편으론 남루한 차
림의 난민들이 앉아 있었다. 일부는 목숨을 건 탈출 행렬을 되새기는
지 눈물을 훔치고 있었다. 이윽고 달라이 라마가 수행원들에 휩싸인
채 환한 미소를 머금고 걸어 들어왔다. 그는 허리를 굽혀 길 양편에
늘어앉은 난민들을 향해 합장했다. 중국 공안의 눈길을 피해 몰래 감

달라이 라마의 공개강좌를 듣고 있는 티베트 난민들.

쳐 둔 채 숨죽이며 봐 왔던 달라이 라마를 지근거리에서 마주한 난민들의 쌓였던 설움이 녹아내리고 있었다.

### 부충

부충(28세)은 현재 티베트 전통의학대학에서 4학년의 과정을 이수하고 있는 의학도이다. 그가 티베트를 떠나 인도의 다람살라로 온 것은 1994년 8월, 12년 전이었다. 고등학교에 다니던 그는 같은 반친구 5명과 함께 티베트를 탈출해 인도에 왔다. 그가 살았던 곳은 수도인 라싸에서 두 시간 떨어진, 1만 명의 인구가 농사에 종사하면서 흩어져 사는 마을이었다. 위로 2명의 형, 1명의 누나가 있고 아버지는 공무원으로 일하여 생활에는 큰 어려움이 없이 지냈다. 이 마을은 언제나 티베트 유목민들과 물물 교환을 통해 깊은 유대 관계를 맺어 왔다. 유목민들은 가축에서 생산되는 버터나 고기를 공급하였고 마을 사람들은 농사지은 보리를 비롯한 곡식들을 이들에게 공급하면서 큰 어려움 없이 살아왔다.

내가 티베트를 탈출하기로 작정한 이유는 두 가지에서였다. 가장 큰 이유로 달라이 라마를 만나는 것이었고, 두 번째 이유는 교육에 대한 욕구였다. 티베트인이라면 누구나 살아서 한 번은 꼭 달라이 라마를 직접 만나 뵙는 게 평생의 소원이다. 당시 내가 티베트를 탈출하기를 원했던 다른 이유는 학교 교육의 문제였다. 학년이 높아질수록 티베트인 교사는 사라지고 중국인들이 교사 자리를 채웠는데 이들은 주로 퇴역한 군인들이었다. 당연히 이들은 교사로서의 자질이나 학식이 턱없이 부족한데도 교사로서 수업을 맡았기 때문에 이들에게서는 아무것도 배울 게 없었다. 내가 16세 되던 해, 한 반의 친구들 5명이 티베트를 탈출하기로 의견을 모으기 시작했다. 결심을 하고 실행하는 데 걸린 시간은 일주일이었다. 우리는 결정하자마자 행동에 옮겼다. 모두 집에서 귀중품이나 돈을 몰래 빼내 와 여비로 쓸 작정을 했다. 여비로 중국 돈 500원(한화 6만 2000원)을 가져 나왔고 다른 친구들은 대부분 집 안에서 은그릇 같은 귀중품과 조금의 돈을 가져 나왔다. 먼저 라싸에서 남으로 버스를 타고 티베트에서 제2의 도시인 시가츠로 가서는 그곳에서 트럭을 잡아타고 사케야 수도원까지 갔다. 그곳에서 우리는 운 좋게도 티베트에서 네팔로 가는 길을 잘 아는 노인 7명과 어린이 3명의 한 무리를 만나 동행하게 됐다. 이들은 여러 차례에 걸쳐 티베트에서 네팔로 비밀스럽게 왕래를 했는지 길을 훤하게 잘 알고 있었다. 사케야 수도원에서 7일 정도를 걸어 티베트와 네팔의 국경 지대에 도착했다. 그곳은 히말라야산맥 지역으로 에베레스트산이 바로 지척에 보였다. 우리가 넘는 산도 완전히 눈으로 덮인 곳인 데다 살을 에는 찬 바람이 강하게 부는 곳이어서 우리들 모두가 바람에 떠밀려 갈 정도였다. 당연히 중국군이나 네팔군에서도 경비를 서지 않는 곳이었다. 산 이름은 '쿰부칼랑글라산'으로 히말라야산맥의 한 자락인데 그곳을 통과하면 네팔이었다. 하지만 그곳을 통과하기는 매우 어려웠다. '좁은 길'이라 불리는 정확한 길을 통과해야만 하는데, 하루가 꼬박 걸리는 길로 눈이 쌓인 얼음길을 걸어야 했다. 자칫하면 크레바스(얼음 사이의 틈)에 빠져 죽을 수도 있는 위험한 행로였지만 노인들은 몇 번이나 이곳을 통과했는지 아주 능숙하게 이 길을 통과했다. 이 길을 통과하는 동안 눈 위에서 잠을 자야 했다. 잠을 청했지만 너무 추워 잠을 잘 수 없었다. 나중에 한 노인이 자신이 가져온 양가죽을 모두를 위해 내놓았다. 이것을 눈 위에 깔고서야 겨우 잠을 청할 수 있었다. 이렇게 해서 겨우 '좁은 길'을 통과했다. 네팔로 넘어가서 또한 차례의 위기가 왔다. 네팔 국경을 넘어서 이틀을 걸은 뒤 네팔 경찰의 검문소가 있었다. 우리는 두 그룹으로 나눠 검문소를 몰래 통과하기로 했고, 자정 무렵에 우리 그룹은 몰래 검문소를 통과했다. 하지만 노인들과 어린이들의 그룹은 어린이들이 큰 소리로 얘기하는 바람에 네팔 경찰에 모두 체포됐다. 우리는 한참 이들을 기다렸지만 오지 않아 계속 길을 재촉했고 세르파들의 마을에서 여독을 풀고 있었다. 한참이 지난 뒤 한 무리의 티베트인들이 가는 모습을 보니 동행했던 노인들과 어린이들이었다. 이들은 모두 네팔 경찰에 뇌물을 주고 풀려났다고 들었다. 노인들은 우리가 모두 도피하자 화가 났는지 우리에게 말도 걸지 않았다. 오는 도중 산악 지역에 티베트 승려들이 기거하는 수도원이 있었는데 그 수도원의 원장이 우리를 너무 극진히 대접해 준 기억이 지금도 생생하다. 먹여 주고 재워 주고 거기다가 여비까지 손에 쥐여 줬다. 어쨌든 이렇게 열흘을 걸어 카트만두에 도착했다. 티베트에서 카트만두까지 오는 데 꼭 한 달이 걸린 것 같다. 카트만두에는 이미 티베트에서 온 망명자들을 위한 난민 센터가 운영되고 있어 이곳의 도움을 받아 카트만두에서 인도의 델리로 왔고, 또 다람살라에서도 난민 센터에 머물렀다. 카트만두에 온 뒤, 그러니까 한 달 뒤에야 티베트의 부모님께 편지로 소식을 전할 수 있었다.

처음 이곳에 와서 2년 동안은 고향의 가족들이 보고 싶어 너무 힘들었지만 어느덧 12년의 세월이 흘렀다. 그나마 함께 티베트를 탈출해 온 5명의 한 반 친구가 힘이 돼 줘서 지금까지 버텨 왔다. 현재 2명은 승려가 됐고 나는 현재 의학을 공부하고 있고 다른 1명은 건축을 공부하여 건축사로 훈련 중이며 또 다른 한 친구는 이미 의학 공부를 마치고 의사로서 일을 하고 있는 상태이다.

그동안 쭉 편지로만 가족들과 연락해 오다 2년 전부터는 전화 통화가 가능하게 돼 전화로 소식을 교환하고 있다. 이미 티베트를 떠난 지 12년이 지났지만 한 번도 티베트의 가족을 만나 보지 못

티베트에서 네팔을 거쳐 인도의 다람살라에 도착한 티베트 어린이 난민들.

했다. 가족을 보기 위해 티베트를 방문하는 게 지금의 가장 큰 소원이다.

### 푼촉 왕척

'전 티베트 정치범 연합회'에서 일하고 있는 푼촉 왕척(33세)을 어렵게 만날 수 있었다. 티베트의 교도소에서 가혹하게 당한 구타와 고문의 후유증으로 인해 지팡이를 짚어야 겨우·걸음을 옮길 수 있으며, 지금도 계속 병원을 오가면서 치료를 받아야 하는 형편이다. 더욱이 고문의 후유증은 밤마다 그를 악몽에 시달리게 만들고 있다. "중국의 통치하의 티베트에서 벌어지고 있는 가혹한 인권 상황을 세계에 호소하기 위해 인도로 올 결심을 했다."고 망명 동기를 밝힌 그는 이미 한 권의 책(《눈물의 자유》)을 출간했다. 감옥에서 당한 일들을 기록한 책으로, 앞으로도 계속적인 집필 활동을 통해 티베트의 해방을 위해 투쟁할 것이란 포부를 밝혔다.

> 나는 농촌 마을에서 자라나 부모들의 교육열로 인해 학업을 계속할 수 있었다. 고등학교에 입학하여 그곳에서 티베트 교사들을 만나 다른 학생들과 함께 몰래 티베트의 역사와 문화를 공부하면서 중국의 점령으로부터 티베트의 독립을 꿈꾸었다. 17세가 되던 해부터 학교에 티베트 전통 의상을 입고 다녔고 달라이 라마의 사진을 품고 다녔다. 학교에서는 나를 아주 미심쩍은 눈으로 주시했고 한 번씩 나의 소지품을 검사하기도 했다. 처음으로 내가 했던 일은 학교 벽보에 반중국적인 글을 적는 일이었다. 또 다른 일은 학교에서 허가를 받고서 잡지를 발행하는 일이었다. 초판은 그럭저럭 발행돼 나갔지만 두 번째 잡지는 학교에서 발행을 금지했다. 잡지 발행이 금지되면서 학생과 교사들 몇 명은 그룹을 만들어 비밀스러운 모임을 가지기 시작했다. 우리는 체인 레터를 구상해 내어 학생들 사이에 유포시켰고 나중에는 티베트 전역으로 퍼져 나가기도 했다.

그의 활동은 결국 드러나게 되고 1994년 6월 15일, 이른 아침에 그가 머물던 한 교사의 집에 찾아온 중국 경찰에 의해 체포된다. 그가 체포된 이래 15일 동안 누구도 그의 행방을 아는 사람은 없었다. 나중에 그의 부모들이 중국 경찰에 뇌물을 준 다음에야 그가 유치장

티베트에서 감옥살이를 마치고 인도로 탈출한 정치범 푼촉 왕척.

에 갇혀 있다는 사실을 알아냈다. 6개월 동안 30차례의 취조가 잇달
았고 구타가 행해졌다. 그 뒤 그는 '반혁명 분자'라는 죄목으로 5년
형을 선고받았다. 곧 그는 악명 높은 드랍치 교도소로 이송됐다.

　드랍치 교도소에서는 항상 구타와 고문이 따랐고 종종 징벌방으
로 던져지기가 일쑤였다. 무엇보다도 그의 눈앞에서 수 명의 정치범
들이 가혹한 고문과 구타로 인해 숨져 갔고, 그도 고문과 구타로 인
해 자살까지 기도하기도 했다. 그는 교도소 생활을 "고문이 있을 때
나 친구들이 구타를 당해 죽어 갈 때는 다음 날을 생각할 수 없는 날
들의 연속"이었다고 회상했다. 1995년 3월 5일, 그의 눈앞에서 정치
범이었던 상계 텐펠이 교도관의 구타로 갈비뼈가 폐를 찌르는 바람
에 숨져 갔다. 1996년 7월 4일에는 켈상 투톱이 두 교도관 팔조와 펜

파의 구타를 당한 뒤 숨져 갔다. 다음 해 겨울에는 단독 시위로 5년을 선고받은 어린 수도승인 파상 다와가 고문과 구타로 인해 병을 얻어 숨져 갔다.

하지만 더 혹독한 탄압은 1998년에 일어났다. 대부분의 수감자들이 티베트인들인 교도소에서 5월 1일 노동절 날 모든 수감자들을 모이게 한 다음 중국기를 게양하는 식을 거행하고 있었다. 물론 중국기가 올라가고 중국 국가가 연주되자 티베트인 수감자들은 "자유 티베트 만세!", "달라이 라마 만세!"라는 구호를 외치면서 시위를 벌였다. 곧 중국 교도관들의 위협사격이 개시되고 구타가 진행됐다. 이를 참다못한 최펠 롭상이 2시 무렵에 자신의 방에서 목을 매달고 자살하는 일이 벌어졌다. 사흘이 지난 5월 4일 다시 같은 행사가 벌어졌다. 이날도 수감자들의 강력한 시위가 있었고 중국 교도관들은 쇠 파이프와 전기 봉으로 수감자들을 구타하고 고문을 가했다. 다음 날 쇠 파이프로 구타당한 수도승 가왕 텐경이 숨져 갔다. 푼촉 왕척도 교도관에 끌려가서 쇠 파이프로 구타당하고 징벌방에 던져졌다. 한겨울 아무것도 없는 곳에서 얇은 옷만 걸친 그는 "인생의 가장 힘든 순간"을 보냈다고 회고했다. 그 뒤 그는 4개의 바늘과 유리 조각 2개를 삼키고 자살을 시도하기도 했다. 자살 기도 뒤 그의 몸은 약해지면서 계속 아팠다. 결국 다음 해 형기를 채운 뒤 출소해 집에 돌아갔다. 집에 머물면서 치료차 병원에 다니는 동안에도 중국 공안의 감시의 눈길은 그치지 않았다. 결국에는 아픈 몸을 이끌고 티베트를 탈출할 결심을 했고, 네팔을 거쳐 인도의 다람살라로 망명해 왔다.

1959년 3월 10일, 중국의 지배에 대한 티베트 민중들의 전 민족적인 항쟁이 실패로 돌아간 뒤 달라이 라마는 히말라야를 넘어 인도로 망명길에 올랐다. 곧이어 흐루시초프와 마오쩌둥이 만났다. 이들의 대화에서 가장 중요한 주제는 역시 티베트 문제였다.

티베트 사태가 잘 해결됐느냐고 흐루시초프가 묻자, 잘 해결됐다고 마오쩌둥이 대답했다. 곧 흐루시초프는 달라이 라마의 행방이 궁금했다. "그럼, 달라이 라마는 잡았습니까?" 당연히 달라이 라마는 인도로 탈출한 뒤였다. 마오쩌둥의 대답은 "놓쳤습니다."였다. 그러자 흐루시초프는 마오쩌둥에게 한마디 덧붙였다.

"그럼, 중국은 이 싸움에서 졌습니다."

중국이 티베트를 침공한 것은 중국 혁명이 성공한 직후인 1949년이었다. 불교 국가로서 군사력이 전무하던 티베트에 1949년 중국 혁명이 성공하자마자 중화 인민 공화국은 곧바로 인민 해방군이라는 군대를 보내 티베트를 손쉽게 접수했다.

한반도에서 전쟁이 치열하던 1950년부터 1953년까지는 중국도 티베트에 대한 군사적 개입을 중단할 수밖에 없었지만 전쟁이 끝나자 다시 티베트에 대한 군사적 통치와 압력을 강화했다. 이에 반발한 티베트 민족은 중국과의 일전만 고대하고 있었다.

1959년 3월 10일에 티베트 민족은 중국에 맞서 티베트의 독립을 외치는 전 민족적 봉기를 단행했다. 티베트 민족의 봉기를 무력으로 진압한 중국은 이때부터 티베트 민족에 대한 전면적인 통치를 시작했다.

티베트를 정복한 중국은 티베트를 중국의 자치구로 만들어 '서장 (西藏) 지구'라 부르기 시작했고, 티베트를 중국에 동화시키기 위해 엄청난 노력을 기울였다. 600만 명의 티베트 인구의 2배 반이나 많은 1500만 명의 중국인을 지속적으로 티베트로 이주시켰다.

이와 더불어 티베트의 문화적 고유성을 훼손하기 위해 중국식의 교육 방식을 도입해 어린 세대들을 강제로 동화시키는 정책을 수행해 왔다. 뿐만 아니라 티베트의 사찰과 승려들의 일거수일투족을 감시하면서 저항하는 승려들에게는 투옥과 고문을 일삼았다.

수많은 승려들을 석방된 뒤에도 사찰로 돌아가지 못하게 만든 결과, 그들은 다른 승려들과 분리되는 삶을 견딜 수 없어 티베트를 탈출해 네팔과 인도로 넘어가고 있다. 그리고 티베트 어린이들이나 청소년들은 민족적 정체성을 지키기 위한 교육을 받기 위해 매년 수천 명씩 히말라야를 걸어서 넘어 네팔로 넘어가서는 그곳에서 인도의 다람살라로 넘어가고 있다.

중국이 티베트를 정복한 이유는 대략 3가지로 요약된다. 먼저, 티베트가 미국이나 서방 세계와 가까웠던 인도와 가까워지면서 중국의 서쪽 국경 지역에서 침공을 받게 될 가능성 때문이었다. 다른 하나는 강력한 불교 국가인 티베트의 존재로 중국 인민들의 사상성을 약화시킬 가능성 때문이었다. 세 번째로는 티베트가 몇백 년 전에 중국의 지배하에 있었다는 역사적 사실을 들고 있다.

첫 번째 이유는 냉전 구조에서 나온 산물이었는데, 냉전 구조가 해소된 지금 중국이 내세울 명분은 없어졌다. 두 번째 이유로 티베트의 불교가 중국의 공산주의 체제를 약화시킬 것이라는 사실이다. 다른 민족이 다른 종교와 사상을 갖는 것은 지극히 당연한 일이며 이를 존중해 줘야만 한다.

다른 사상이나 종교를 지닌 민족이 국경을 접하고 있다고 침략하고 정복한다면 전 세계는 전쟁만이 지배할 것이다. 더하여 지금은 중국인들 누구도 공산주의자로 생각하지 않고 중국도 스스로 변화를 꾀하고 있는 상황에서 중국의 주장은 아무런 근거가 없다. 그리고 과거 수백 년 전에 티베트가 중국의 침공을 받아 지배를 받은 적 있었기 때문에 언제나 중국의 지배하에 있어야 한다는 논리는 아예 상식 이하의 논리다.

그러면 과거에 한민족이 만주나 산둥반도를 지배한 역사가 있으니 만주를 점령해도 중국은 아무런 주장도 할 수 없다는 논리도 성립한다. 티베트의 망명 정부가 중국에 원하는 것은 티베트의 독립이 아니라 문화적 자치를 허용해 달라는 정도의 요구다. 티베트 망명 정부 측은 중국이 이룩한 괄목할 만한 경제 성장을 인정했고, 중국에서 독립할 뜻이 없음을 여러 차례 밝혀 왔다.

그럼에도 중국 정부는 지금까지 티베트의 요구를 철저히 무시해 왔고 달라이 라마와의 만남을 거부해 왔다. 이 때문에 티베트 측에서는 중국 정부가 고령의 달라이 라마가 죽기만 기다린다는 의혹을 제기해 왔다. 중국 정부는 달라이 라마만 죽고 나면 티베트라는 민족은 자연스럽게 사라진다고 믿고 있는 듯하다.

티베트 문제로 들어가면 중국은 미국이나 서유럽, 러시아처럼 제국주의적인 범죄 국가의 범주에 든다는 사실을 알 수 있다. 중국이나 러시아, 미국 등 지금도 국제 무대에서 강대국으로 행세하는 국가들의 역사를 면밀히 살펴본다면 지금까지 수백 년 동안 소수 민족들을 정복하면서 세운 국가임을 알 수 있다.

강대국들의 정치 체제가 무엇이든지 간에 여전히 팽창주의적 근성을 버리지 못하고 소수 민족들을 정복하고 통제하기를 원하고 있다. 올림픽이 몇 달 남지 않은 지금, 중국은 티베트 문제로 인해 치부를 남김없이 드러내고 있다. 외부 세계와의 교신을 끊어 현지 소식을 봉쇄하면서 군대를 동원해 폭력적인 방식으로 티베트인들의 시위를 진압하고 있다.

과거 우리나라의 광주 학살 당시 군에서 광주를 고립시켜 진압했던 방식을 그대로 사용하고 있다. 그럼에도 국제 사회는 별다른 대응을 하지 못하고 있고 중국 정부의 눈치만 보고 있다. 사실상 도덕성이 존재하지 않는 국제 사회에서 중국이 무슨 짓을 한다 해도 막을 수 없는 것이 현실이다.

티베트 민족이나 달라이 라마가 외교적으로 가장 의존하고 있는 미국도 이라크와 다른 나라에 대한 침공 문제, 중국과의 경제적 관계로 인해 제대로 항의조차 하지 못하고 있다. 유럽 연합도 마찬가지로 단지 중국의 눈치를 보면서 폭력적인 대응 자제만 요청하고 있는 실정이다.

당연히 한국 정부야 입도 벙긋하지 못하고 침묵하고 있는 상황이다. 더욱이 한국 정부는 달라이 라마 측에 비자조차 발급하지 못할 정도로 중국에 저자세로 일관하고 있다.

제국주의 국가들의 식민 통치에 맞서 싸우는 식민지 민중들의 투쟁을 지원하는 것이 국제 사회주의의 원칙이며 사회주의의 기본적인 원칙이다. 〈아리랑〉의 김산을 비롯한 전 세계의 혁명가들이 중국 혁명을 지원하기 위해 중국으로 모여들었던 것도 바로 이 원칙의 정당성 때문이었다.

외세의 압박 아래 신음하던 중국의 민중들이나 전 세계 민중들이 당시 중국 공산당이 주도하는 혁명을 지원하고 목숨을 걸었던 중요한 이유가 있다. 정권을 잡은 뒤 중국 공산당은 절대로 다른 민족을 침략하거나 억압하지 않을 것이라는 암묵적인 동의와 약속 때문이었다.

그러나 중국 공산당은 티베트를 침공하면서 중국 민중들과 전 세계 민중들과의 약속을 깨뜨리기 시작했다. 티베트 민중들에 대한 압박과 폭력적인 진압을 보면서 중국이 소수 민족의 저항을 무력으로 진압하는 군대를 '인민 해방군'이라 부르고 소수 민족을 침공한 국가를 '인민 공화국'이라 부른다는 사실이 수치스러울 정도다.

중국 공산당의 티베트 침공은 실책이며, 티베트에 대한 통치를 유지하는 것 자체가 실책이다. 티베트는 중국의 일부분이 절대로 아니며, 티베트는 중국과는 다른 민족으로서 고유한 문화와 전통을 유지하고 있다. 티베트 민족은 자주적인 국가를 가질 권리가 있고 중국은 이를 존중해 줄 의무가 있다.

흐루시초프의 말처럼 달라이 라마를 놓치는 바람에 중국이 티베트에 진 게 아니라, 티베트를 침공한 순간에 벌써 중국은 졌다. 이제는 중국이 살기 위해서라도 티베트를 놓아주어야 한다.

## : : 33년간 옥고를 치른 팔덴 게야초

2006년 4월

팔덴 게야초(75세)는 중국이 점
령한 티베트의 감옥에서 33년
동안 옥고를 치른 장기수다.
중국의 티베트 점령이 시작된
1959년 3월 수천 명의 시민들
과 함께 거리 시위를 벌이다 체
포된 그는 감옥에서 청춘을 보
낸 뒤 1992년 61세가 돼 석방
됐다. 그 뒤 인도의 다람살라로
망명한 그는 옥중 수기 《눈 아

팔덴 게야초

래의 불꽃》을 출판해 티베트의 현실을 세상에 알렸다. 그는 지난 2월
(2006년) 이탈리아 토리노에서 열린 동계 올림픽 기간에 티베트의 독
립을 위해 12일 동안 단식 투쟁을 벌이기도 했다.

■　**투옥 기간 동안 가장 힘들었던 때는 언제인가?**

1961년 혹독한 기아가 찾아왔을 때 가장 힘들었다. 먹을 게 아무것도 없었다. 당시 수감자 가운데 70퍼센트가 굶주림으로 죽어 갔다. 매일 아침 곁에서 자던 동료들이 싸늘한 주검이 돼 있었다. 3년이 지나면서 음식 공급이 조금씩 나아졌으나 여전히 충분하지 않아 굶주림에 시달렸다. 1970년이 되면서 수감자들이 가족을 면회할 수 있었다. 내 경우 가족을 10년 동안 만날 수 없었다.

■ **고문당한 이들이 많은데.**

나도 고문에 시달렸다. 두 손을 천장에 매달고 다리를 동여맨 다음 끓는 물을 퍼붓기도 하고 불을 들이대기도 했다. 1990년이 되면서 전기 봉을 갖고 와 전기 쇼크를 주는 고문을 하기 시작했다. 장기수인 나에게도 고문을 서슴지 않았다. 여성 수감자에게는 수치심을 주기 위해 전기 봉으로 성기를 고문했다. 교도관들은 "티베트는 중국의 일부"라는 말을 할 때까지 고문을 계속했다. 고문할 때마다 "너희는 희망이 없어. 티베트 독립은 불가능해. 우리가 하는 말을 받아들여!"라는 말을 반복했다.

■ **왜 33년이나 갇혔나?**

처음 갇혔을 때 7년 형을 선고받았는데, 나중에 교도소 탈출을 시도해 성공했다가 곧 라싸에서 붙잡혔다. 그 뒤 탈옥에 대해서만 따로 8년 형이 선고되면서 15년으로 형기가 늘어났다. 15년 형을 마친 해인 1975년 다시 강제 노동 수용소로 이감됐다. 그곳으로 간 뒤 가족과 연락이 두절됐다. 노동 수용소는 벽돌을 만드는 공장이었는데, 그곳에서 부실한 음식과 힘든 노동에 시달렸다. 거기서 틈틈이 티베트의 역사를 나름대로 기록해 티베트는 중국의 일부가 아니라는 것을 밝혔다. 이런 내용을 담은 팸플릿이 발각돼 형기가 추가됐다.

■ **토리노 동계 올림픽 때 단식 투쟁을 벌였다.**

젊은이 2명과 함께 12일 동안 단식 투쟁을 했다. 단식 투쟁을 하는 동안 세계가 티베트에 대해 너무 모르는 것 같아 안타까웠다. 심지어 티베트가 어디에 있는지조차 모르는 사람들도 많았다. 2008년 중국 베이징에서 올림픽이 열린다. 그 전에 중국 정부가 티베트 인권 상황을 개선하는 걸 보고 싶다. 이른바 '애국을 위한 재교육 프로그램'을 철폐하기를 촉구한다. 그리고 옥에 갇힌 모든 승려와 정치범들을 석방하기를 바란다. 이런 요구들이 받아들여지지 않으면 다시 단식 투쟁에 나설 것이다.

## : : 티베트 국무총리 삼동 린포체
2006년 4월

삼동 린포체

티베트의 정치·종교 최고 지도 자로서 달라이 라마의 권위를 누구도 부정하지 않는다. 하지 만 달라이 라마는 5년 전 스스 로 정치권력을 이양했다. 2001 년 7월 실시된 선거에서 삼동 린포체(67세)는 유권자 85퍼센 트의 지지를 얻어 초대 국무총 리에 올랐다. 최근 실시된 총선 에서 연임에 성공한 린포체는 승려이자, 대학에서 불교 철학을 강의한 학자이기도 하다. 그를 만나 티베트 문제에 대해 물었다.

■ **티베트로 이주한 중국인이 벌써 1500만 명에 이른다.**

어려운 문제다. 티베트 인구가 600만인데, 중국 이주민 인구가 1500만 이란 건 또 다른 비극이다. 우리 땅에서 우리가 소수 민족이 되는 기현상이 벌어지고 있다. 티베트에 이미 정착한 지 30~40년 된 중국인들에게 나가라고 요구하는 건 현실성이 없고 분쟁만 키울 뿐이다. 그래서 중국 중앙 정부에 일단 대규모 이주 정책 중단을 요구하고 있다. 우리가 요구하는 건 티베트의 분리 독립이 아니다. 중국이라는 울타리 안에서 티베트를 홍콩이나 마카오처럼 특별 자치구로 만들어 전통문화와 민족성을 지켜 나갈 수 있게 해 준다면, 이를 기꺼이 받아들이겠다는 것이다.

■ **망명한 티베트인들이 고향으로 돌아갔을 때 자기 집과 땅을 중국 이주민이 차지하고 있으면 당장 현실적인 문제가 될 텐데.**

귀환했을 때 닥칠 문제는 한두 가지가 아닐 것이다. 재산권 문제 역시 그 가운데 하나다. 하지만 이런 모든 문제도 대규모 이주 정책보다 심각할 순 없다. 고향에 돌아갔을 때 과거 재산을 모두 되찾을 수 없다 하더라도, 다시 정착할 수 있는 여건이 주어지고 적절한 보상책이 마련된다면 큰 문제는 없을 것이다.

■ **인도로 망명한 지 벌써 47년이 흐르면서, 젊은 세대는 '티베트의 독립'을 주장하고 있는데.**

젊은이들의 주장은 영향력이 크지 않다고 생각한다. 구세대나 신세대 모두 달라이 라마가 주창한 '중도 정책'을 절대적으로 지지하고 있다. 이는 중국 정부도 받아들일 수 있는 가장 현실적인 대안이다.

■ **그동안 '중도 정책'이 얼마나 효과적이었는지 궁금하다.**

국제 사회의 전폭적 지지에서 그 효과를 잘 알 수 있다. 세계 어떤 나라도 우리 정책을 비판하지 않으며, 중국 내에서도 많은 지지자를 확보하고 있다. 과거 중국 정부는 우리를 분리주의자로 매도했지만, 중도 정책을 통해 이런 주장의 근거를 제거할 수 있었다.

■ **중국 정부에선 노령의 달라이 라마가 숨을 거두면 티베트 문제가 완전히 사라질 것으로 보고, 협상하는 척하면서 시간만 끌고 있다는 지적도 있다.**

중국 쪽에서 그런 생각을 한 것도 사실이다. 하지만 달라이 라마는 지금도 왕성하게 활동 중이며, 이미 전 세계에 흩어져 있는 15만 티베트인들이 끊임없이 문제 제기를 하는 상황에서 설령 달라이 라마가 숨을 거둔다고 해도 티베트 문제가 사라질 것이라고 보는 것은 어불성설이다.

# 6. 아프가니스탄 난민들의 험난한 여정

아프간에서 대소비에트 전쟁(1979~1989년)이 끝난 지 25년 이상이 지났다. 그리고 미국의 아프간 침공이 시작된 지도 벌써 15년 이상이 흘렀다. 그렇다고 아프간에서 전쟁이 끝난 것도 아니다. 여전히 아프간에서는 전쟁이 계속되고 있고 언제 전쟁이 끝날지는 누구도 알 수 없다. 아프간은 전쟁으로 모든 것이 파괴됐고 가장 참혹한 결과 중 하나가 바로 파도와 같이 밀려드는 아프간 난민들이다. 이것은 아프간 내의 주요 도시들과 지방들 사이에서 일어나는 현상이고 또한 이웃 국가들과 전 세계, 특히 유럽에서 일어나는 현상이다.

아프간에서는 파키스탄 대사관이나 이란 대사관에서만 아프간 국민들에게 비자를 발급하고 있지만 파키스탄이나 이란에 있는 모든 국가의 대사관들은 이미 아프간 난민들에게 비자 발급을 중단한 지오래다. 따라서 '인간 밀수'가 가장 빈번히 사용되고 있다. 이들 아프간 난민들은 자유롭고 부유한 나라들에서 정치적인 망명과 일자리를 원하지만 비자가 없기 때문에 '인간 밀수꾼'들에게 완전히 저당 잡힌 신세가 된다. 이들 난민들의 오직 한 가지 선택이 있다면 각 나라 사이에 복잡하게 짜여 있는 망을 통하여 일하는 인간 밀수업자들에게 의지하는 것밖에는 다른 방법이 없다.

### 이란과 파키스탄의 아프간 난민들

아프간 난민들의 주 목적지는 파키스탄과 이란이다. 현재 이들 두 나라에는 약 500만 명의 아프간 난민들이 살고 있다. 아프간인으로서 파키스탄으로 여행하는 건 쉽게 이뤄진다. 특히 '파슈툰'이라는 민족의 경우는 더 쉽다. 5000만 명의 인구를 가진 파슈툰 민족은 대부분 이란과 파키스탄 두 나라의 국경 근처에 모여 살고 있다.

이들의 주요 수입원을 살펴보면 바로 트럭이나 자동차 운전을 통한 여행객들과 물건들, 마약을 실어 나르는 일이다. 사실상 아프간과 파키스탄 두 나라를 가르는 수백 킬로미터에 달하는 광활한 국경선을 경찰력으로 통제한다는 것은 완전히 불가능하다. 이들 밀수업자들은 아프가니스탄과 이란, 파키스탄과 이란 사이의 밀수를 통하여 엄청난 수익을 올리고 있다. 보통 밀수업자들이 아프간에서 파키스탄 혹은 아프간에서 이란으로 안전하게 안내하는 데 부과하는 '요금'은 보통 1인당 200달러 정도다. 많은 가족들은 이런 엄청난 돈을 지불할 수 없기 때문에 가족 중 한 명은 돈이 완전히 지불될 때까지 인질로 밀수업자들에 의해 잡혀 있게 된다. 그리고 많은 밀수업자들은 도중에 난민들을 다른 밀수업자들에게 팔아넘기기도 하는데 이런 일들은 빈번하게 일어난다. 파슈툰족이 아닌 대부분의 아프간 난민들은 일자리를 구하거나 유럽으로 넘어가기 위해서 이란으로 넘어가려고 애쓴다. 왜냐하면 충분한 투자 없이 파키스탄에서 돈을 번다는 것은 거의 불가능하기 때문이기도 하다.

파키스탄으로 넘어간 아프간 난민들은 자유롭게 살아가고 있다. 다른 도시로 여행하거나 집이나 차를 구입하는 것도 자유롭다. 그러나 이란에서는 다른 지방이나 도시로 여행하기 위해서는 경찰로부터 발급받은 특별 여행 허가증을 소지해야만 한다. 그런데 이 여행 허가증은 난민들에게 발급되는 난민 카드가 없는 사람들에게는 발급되지 않는다. 난민 카드는 1990년부터 발급이 중단됐다. 그리고 이란의 노동부에서 이란인 고용주들이 외국인들을 고용하는 것을 금지시킨 후 아프간 난민들의 어려움은 가중됐다.

이란의 하층민들은 아프간 난민들을 배척해 오고 있는데 바로 실업 문제가 가장 큰 이유이다. 공식 통계에 따르면 약 250만의 아프간 난민들이 이란에 살고 있는데 3분의 1에 달하는 난민들이 신분증 없이 지내고 있다. 대부분이 1990년 이후에 이란으로 왔기 때문에 난민 카드를 받을 기회조차 없었다. 그리고 아프간 난민들을 고용하는 이란인 고용주들에 대한 처벌도 엄중하다. 최소한 3개월 징역 혹은 고용한 날수에 따라서 하루에 20달러를 부과하는 벌금형에 처한다. 이 법률은 아프간 난민들의 고용을 금지시키기 위한 상징적인 것이다. 이러한 상황을 견디기 어려워하는 젊은 아프간 난민들은 터키를 통하여 유럽이나 동아시아 또는 호주로 가기 위해 애쓴다. 최근에 수십만의 아프간 난민들이 이란을 떠나고 있다.

## 터키를 향하여

서유럽으로 가기를 원하는 난민들의 첫 번째 목적지는 이스탄불, 터키다. 이들 두 나라 사이를 오고 가는 밀수업자들을 살펴보면 아프간인, 이란인, 쿠르드인, 터키인 등 다양한 출신들이 얽혀 있다. 이들은 서로 간에 협력하면서 각자의 몫을 챙기고 있다. 다시 말하자면 밀입국자들은 각각의 정해진 지점에서 다른 사람들에게 인도된다. 밀수업자들은 최소한 1인당 500달러를 부과하는데 밀입국자가 추방당할 경우 돈을 되돌려 주기도 한다.

먼저 이란에서 터키로 넘어가는 것이 가장 큰 골칫거리다. 터키 정부의 국경 경비는 철통같이 견고하여 앙카라와 이스탄불로 가는 모든 길목은 터키 경찰에 의해 삼엄하게 통제되고 있다. 따라서 어떤 밀입국자들은 최소한 24시간을 걷거나 어떤 사람들은 며칠을 걷는 경우도 있다. 이들은 비밀 아지트에 며칠씩 머물거나, 아니면 산이나 숲, 혹은 사막에서 머물기도 한다. 이들은 터키 경찰력이 미치지 않는 PKK의 영향력 아래 있는 지역이나 지뢰밭을 통과하기도 한다. 매번 최소한 2명의 쿠르드인 혹은 터키인 밀수업자들이 보통 30~40명의 밀입국자들을 안내한다. 이들은 종종 낮에는 자고 밤새도록 걷기 때문에 테헤란에서 이스탄불까지 20일에서 한 달 정도 걸리기가 일쑤다.

따라서 대부분의 밀입국자들은 자신들의 결정을 후회하게 된다. 밀입국자들은 굶주림과 목마름, 따가운 햇볕, 육체적 고난을 참아 내야 한다. 만약에 국경 경비대에 발각되기라도 한다면 추방뿐만 아니라 온갖 고초를 감수해야 한다. 이들은 며칠씩 터키 감옥에 던져진

후 터키 경찰에게 죽도록 얻어맞고서는 돈은 물론 옷가지와 가진 모든 것을 빼앗긴다.

한 아프간 밀입국자의 경우, 터키 경찰이 그에게 벌거벗기를 명령한 후 돈을 찾으려 했지만 그가 돈을 입 안에 감추었기 때문에 찾지 못했다고 한다. 그의 옷을 모두 벗긴 후 몸수색을 한 터키 경찰은 "아예 다시는 터키로 올 생각을 하지 못하게 만들겠다."는 '협박'을 늘어놓았다고 한다. 이들이 이란으로 강제 추방되는 경우 이란 측 경찰은 터키 경찰보다는 훨씬 신사적인 것으로 알려져 있다. 이란 경찰이 이들 밀입국자들의 돈을 빼앗는 경우는 아주 드물다고 한다. 그러나 이들 많은 아프간 밀입국자들은 이란으로 돌려보내지는 대신에 아프가니스탄으로 돌려보내진다.

한 추방된 아프간 밀입국자는 도중에 안내원에게 "만약에 이런 어려움을 미리 알았다면 밀입국할 결심을 하지 않았을 것"이라며 안내원에게 되돌아가게 해 줄 것을 요구했다고 한다. 그러자 그 안내원은 "만약에 그렇게 한다면 나는 더 이상 신뢰를 받지 못하여 일거리를 잃을 것"이라는 말을 되풀이했다고 한다. 보통 밀입국자들이 경찰에 검거되더라도 이들 밀수업자들은 검거되지 않는다. 밀수업자들은 이스탄불에 비밀 아지트를 가지고 있어서 난민들이 다음 여행지까지 갈 준비를 하는 동안, 거기서 기다리게 된다.

어떤 밀입국자들은 다음 목적지까지 여행할 돈을 벌려고 일을 하기도 하고 어떤 사람들은 가족이나 친구들로부터 돈을 기다리기도 한다. 터키 정부에서는 보통 아프간 난민들에게 아무런 체류증이나 신분증을 발급하지 않기 때문에 언제든지 경찰이 난민들을 데려가서 강제로 추방할 수 있다. 이런 이유로 대부분의 밀입국자들은 터키 정부에 난민 신청을 하기보다는 마치 감옥과 같은 밀수업자들의 집에서 숨어 지내게 되는데 다른 지역으로 출발할 때까지 가능하면 집 밖으로 나오지 않는다. 터키의 경제 위기는 아무런 신분증도 없는 아프간인들이 일자리를 구하는 것 자체를 아예 불가능하게 만들었다. 물가는 비싸고 수입은 없다 보니 오직 살길이라고는 유럽으로 가는 길밖에 없는 것이다.

### 그리스를 향하여

유럽의 관문이라 일컬어지는 그리스로 들어오는 경로는 다양하다. 먼저 육로인데 5명 이하로 한 조를 만들어서는 국경을 통과하게 되는데 보통 산악 지역을 통하여 강을 건너고 숲을 통과한다. 보통 낮에는 자고 밤에는 밤새도록 걷게 된다. 국경에서 가장 가까운 도시에 이르는 데 보통 15일 이상 걸리게 된다. 만약에 그리스 농부에게 발각되기라도 하면 즉각 지역 경찰에 신고가 들어간다. 대부분의 안내원(밀수업자)은 이 지역을 훤하게 꿰뚫고 있다. 다시 말하면 이 안내원은 몇 번인가 추방된 경험이 있는 경우가 대부분이다. 시내로 무사히 들어가서 기차표나 버스표를 사기만 하면 아테네에 당도하게 된다. 그러나 이 경로를 통해서 밀입국하는 사람들은 겨우 10퍼센트 미만이다.

대부분의 난민들은 해상로를 통한다. 대부분의 난민들은 해상로를 통해서 안내하는 밀수업자들을 신뢰한다. 밀입국자들이 1000달러 이상을 지불하는 대신에 밀수업자들은 이들의 밀입국을 '보장'한다. 만약에 밀입국자들이 추방될 경우 재차, 삼차 시도하기도 한다. 따라서 이 방법을 '보증 수표'라고 부른다. 때로는 밀수업자들이 이들 밀입국자들을 이탈리아로 바로 데려다주면서 2500달러 이상을 받기도 한다.

밀수업자들은 보통 작고 낡은 구식 배를 이용하는데 이유는 경찰과 맞닥뜨릴 경우에 배를 잃어버릴 수도 있다는 가정이 밑바닥에 깔려 있다. 한 아프간 난민은 자신이 그리스로 넘어올 때 밀수업자들을 통해서 해상로로 넘어왔는데 문제는 5인승 배에 80명이나 되는 사람을 실었다는 것이다. 작은 배에 엄청나게 많은 사람들이 몰려 있었던 관계로 파도가 일 때마다 배가 갈라지는 소리가 나서 배가 침수할지도 모른다는 공포에 내내 떨었다는 것이다. 이 배가 그리스의 한 섬에 도착했을 때 이들 밀수업자들은 100킬로그램 이상의 마약을 다른 배에 싣고는 사라졌고 난민들은 그리스 경찰이 올 때까지 기다려야만 했다는 것이다.

다른 제3의 방법은 위험천만한 방법으로 약 10퍼센트 정도의 밀입국자들이 택하고 있다. 이들은 작은 고무보트 같은 배를 이용하여 터키에서 가까운 그리스의 섬으로 넘어온다. 보통 3~4명이 함께 시도하는데, 이들은 돈이 없거나 아예 돈을 기대할 수 없는 절박한 상황에서 이 방법을 시도한다. 이들은 3~4명이 함께 작은 고무보트와 구명조끼 등 장비를 구입한다. 이를 위해서 드는 돈은 약 100달러 정도이다. 이들은 터키 연안에서 가까운 그리스의 섬인 키오스, 코스 등의 섬으로 밤에 출발하여 아침에 도착하게 된다. 이들이 도달하는 가장 가까운 섬까지는 10시간 정도 걸린다.

그러나 바다에서의 상황은 예측 불능이다. 만약에 바다에서 폭풍이라도 만나게 되는 날이면 이들은 심각한 문제에 빠지게 되고 거의 죽음의 상황에 도달할 수도 있다. 한 아프간 젊은이는 "바다에서 길을 잃어 3일간 표류했는데 음식과 물이 떨어져 거의 죽음의 상태까지 갔다."고 증언하기도 했다. 그리스 경찰은 이런 불법 밀입국자들을 발견한 후에는 경찰서로 데리고 간다. 대부분의 시리아인, 이라크인, 아프간인 들은 받아들여지지만 그 외의 사람들은 돌려보내진다. 아프간 난민들은 그들을 대하는 그리스 경찰의 태도에 큰 불만이 없다. 이유는 터키 경찰들의 가혹한 처우와 비교해서는 훨씬 신사적이기 때문이다.

### 그리스에서의 아프간 난민들

현재 그리스에는 약 1만 5000명 이상의 아프간 난민들이 있는데 모두가 다른 조건에서 생활하고 있다. 대부분은 여기를 벗어나서 서유럽으로 가려고 하지만 9·11 테러 공격 후에는 그리스와 이탈리아 경찰의 강화된 경비로 밀수업자들을 통해 이탈리아로 밀입국하는 것이 훨씬 어려워졌다. 이로 인해 그리스의 아프간 난민들의 숫자는 계속 증가하고 있다. 이는 보통 때의 6~7배에 달한다. 그리스는 대부분 아프간인들의 주 목적지가 아니라 소수만이 이곳에 머무르기를 원한다.

현재 수백 명이 난민촌에 수용돼 있다. 이들은 무료 급식과 무료 숙소를 제공받지만 도서관이나 체육 시설 등 여가를 이용할 수 있는 시설은 전혀 제공받지 못하고 있다. 이것도 단지 망명 신청을 한 사람들에게 그리스 정부에서 나눠 주는 '핑크 카드(분홍색의 카드인데 그리스 정부에서 발급하는 임시 신분증)'를 가진 사람들밖에는 난민촌에 머물 수 없다. 많은 난민들은 망명 신청 결과를 기다리지 않고 불법적으로 그리스를 떠날 방법만 찾고 있다.

수백 명의 아프간 난민들은 그리스 남쪽의 도시 파트라의 서쪽에서 지내고 있다. 이들은 바다를 건너서 이탈리아로 갈 날만 손꼽아 기다리고 있다. 이들의 조건은 아테네에서 지내는 난민들보다 더 열악한데 이유는 도와줄 단체도 없을 뿐 아니라 지낼 만한 적당한 공원조차도 없기 때문이다. 몇 사람들은 해변의 낡은 배 아래나 옆에다가 비닐로 천막을 만들어 지내지만 비가 올 경우에는 물이 들어와서 도저히 잠을 잘 수 없는 상황이다. 매일 두세 명씩 이탈리아로 몰래 밀입국하는데 주로 트럭의 짐칸에 숨거나 트럭 아래에 숨어서 가는 경우가 대부분이지만 그리스 경찰이나 이탈리아 경찰에 발각되는 경우가 허다하다.

그리스에 오는 난민들을 위하여 그리스 정부에서는 아무런 프로그램이나 정책도 갖고 있지 않다. 그리스 경찰들은 많은 난민들이 그리스를 단지 통과하리란 것을 알고 있다. 난민들은 단지 경찰서에서 주는 서류에만 기입하고 나서는 남쪽의 항구 도시 파트라로 가서 이탈리아나 서유럽으로 불법적으로 가기 위해 노력한다.

대부분 아테네에 머무는 난민들은 '푸른 공원'에 하루에 한 번쯤은 들르게 된다. 이곳에서 밀수업자들과 난민들의 거래가 이뤄지기 때문이다. 한 자선 단체에서 100여 명의 난민들을 난민 수용소로 이주시켰지만 아테네와 너무 멀리 떨어져 있어서 며칠 후에 대부분 되돌아왔다. 많은 아프간 난민들은 아테네에서 파트라로 한 주에 한 번씩 다녀오는데 밀수업자들을 만나서 이탈리아로 가는 경로를 알아보러 가는 경우다. 현재 300명의 아프간 난민들이 트럭에 숨어서 이탈리아로 가려고 줄을 서서 기다리고 있으나 매주 10명 정도밖에 기회를 잡지 못하는 것으로 알려지고 있다. 이들이 밀수업자들에게 지불하는 돈은 100달러에서 1500달러로 차이가 많은데 차량의 종류에 따라서 가격이 달라지게 된다. 또한 어떤 사람들은 트럭 밑에 숨어서 가기도 하는데 물론 무료지만 상당한 위험을 감수해야 한다.

이렇게 많은 아프간 난민들이 아프가니스탄을 떠나서 유럽을 향하여 목숨을 건 방황을 하는 이유는 아프간에 안정과 평화가 없기 때문이다. 미국이 아프간을 침공한 이후 아프간을 떠나는 난민들의 숫자는 기하급수적으로 늘고 있지만 사실 이들을 위한 대책은 전무한 상황이다.

필자는 아테네 중심가에 위치한, 아프간 난민들이 '푸른 공원'이라 부르면서 머무는 '페디오아레오' 공원을 방문했다. 그리스는 올해 유난히 추운 겨울을 맞고 있다. 상대적으로 포근했던 다른 해의 겨울과는 달리 차가운 겨울비가 끊임없이 내리는 한파가 들이닥쳤다.

그러나 이곳에 머물고 있는 아프간 난민들은 겨울비를 막아 줄 지붕조차도 없는 공원의 천막에서 지내고 있는 상황이다. 필자가 공원의 숲에 들어서자마자 다가간 곳은 다름 아닌 모닥불 자리였다. 군데군데에 마련된 모닥불 주위에는 아프간 사람들이 삼삼오오 모여서 옹기종기 모닥불에 손을 쬐고 있었다. 이 공원은 나무들이 울창하게 우거졌기 때문에 도롯가에서는 전혀 알아볼 수 없을 정도다. 이 공원에 아프간 난민들이 천막을 치고 살고 있다는 사실을 아는 그리스인들은 거의 없다. 정부나 언론에서도 이 사실이 공개되는 것을 꺼려 해 왔다. 갑작스러운 외부인의 방문에 아프간 청년들이 모여들기 시작하면서 분위기가 다소 험상궂게 변해 갔지만 도와주러 왔다는 말에 적대적인 태도가 누그러졌다. 나중에 그럴 만한 이유를 한 아프간 청년이 설명해 주었다.

난민들이 지내는 공원에서는 많은 일들이 벌어지기도 한다. 그리스 경찰들이 이곳에 와서는 아프간 난민들을 연행해 가는 일도 있고 지역의 불량배들이 갑자기 천막을 습격하는 일이 벌어지기 때문에 언제나 경계를 게을리하지 않는다는 것이었다. 경찰에 연행되는 경우에는 간단한 신원 조사 정도에서 그치고 몇 시간 후에 되돌아오든지, 아니면 밤을 새운 후 풀려나는 경우가 대부분이다. 하지만 불량배가 습격하는 경우에는 천막을 사용할 수 없게 만들기 때문에 천막을 구해 와서 다시 쳐야 하는 어려운 일을 해야 하는 경우가 가끔씩 벌어진다고 했다.

공원의 한 천막에서 한 아프간 가족을 만났는데 이 가족은 공원에서 석 달째 생활해 왔다고 밝혔다. 자신을 '마리암 무사'라고 밝힌 이 아프간 여인은 세 명의 자녀와 남편, 남동생과 함께 이곳으로 왔다. 공원에서 생활하면서 어려운 점이 무엇이냐는 질문에 마리암은 "목욕을 할 수 없으며 비가 자주 오기 때문에 천막에 물이 스며드는 경우에는 잠을 잘 수가 없다."는 어려움을 호소했다. 이와 더불어 많은 사람들이 감기로 고생하고 있다는 호소도 했다. 식사 문제는 어떻게 해결하느냐는 질문에 하루에 한 번씩 그리스 교회에서 점심때 무료로 나눠 주는 음식으로 연명하고 있다고 했다. 공원의 천막 주위에는 수도 시설이 없기 때문에 음식을 해 먹기도 불가능한 상황이었다. 어쨌든 공원에서 생활하는 아프간 난민들은 그리스 정부가 자신들의 어려운 생활 상태를 알면서도 방관만 하고 있다면서 거센 불만을 드러냈다.

아테네 중심가에 위치한 '세계의 의사들'이란 NGO에서 운영하는 임시 난민 수용소인데 이곳에는 약 100명의 아프간 난민들이 머무르고 있다. 난민들은 이곳에서 한 달 이상 머물지 못하기 때문에 한 달이 지나면 공원이나 다른 숙소로 옮겨 가야만 하는 실정이다. 현재 그리스 정부에서 두 개의 호텔을 빌려서 임시로 150명 난민들에게 겨울 추위를 피할 지붕은 제공했다. 하지만 수천 명이나 되는 난민들의 수요에는 턱없이 모자라는 형편이다. 이곳 임시 난민 수용소의 경우에 보통 한 방에 세 개의 침대가 놓여 있는데 침대가 비게 되면 공원에 거주하는 난민들이 다시 돌아오는 경우도 있고, 아니면 새로 온 난민들이 빈 침대를 채우게 된다. 한 달 동안 이곳에 머물면서 아무런 대책을 마련할 수 없는 경우에는 공원으로 다시 돌아갈 수밖에 없다.

아프간 전쟁의 여파로 난민들의 숫자가 벌써 5~6배나 불었기 때문에 다시 이곳으로 돌아온다는 건 거의 하늘의 별 따기처럼 힘들어졌다. 공원에 거주하는 난민들은 이곳에 머무는 친구들을 만나기 위해 수시로 이곳을 드나드는 모양이었다. 조금 전에 공원에서 만났던 아프간 난민들을 이곳에서도 다시 만날 수 있었다. 공원에 머무는 난민들의 단순한 활동 반경을 보여 주는 것이었다.

물론 그리스에도 정식으로 지어진 난민 수용소가 있다. 아테네에서 약 100킬로미터 떨어진 작은 도시인 '라브리오'에 있는 난민 수용소가 바로 그것이다. 그러나 많은 난민들은 들어가기에 까다로운 절차와 몇 년씩 걸리는 장기간의 난민 판정 기간 등의 문제로 난민 수용소로 가는 길을 포기하고 있다. 비록 정식 난민으로 판정되어 수용소에 거주할 수 있다 하더라도 수용소의 열악한 시설과 환경, 엄격한 통제 때문에 많은 난민들이 이곳을 뛰쳐나오고 있다. 필자도 이곳을 방문한 적이 있었는데 한 방에 약 15명 내지 20명의 사람들이 수용된 것을 보고 충격을 받았다. 독서실이나 체육 시설, 함께 모여서 여가를 보낼 수 있는 공간이 전혀 없었다. 그리고 경찰관들이 상주하면서 이들 난민들의 일거수일투족을 감시하고 있었다.

아테네 주재 유엔 난민 고등 판무관실(UNHCR)의 대표와 '보호 요원'을 만나서 현재 공원에서 살고 있는 아프간 난민들의 문제를 거론했으나 내세웠던 '논리'가 바로 '라브리오'에 난민 수용소가 있는데 아프간 난민들이 공원을 선호한다는 얘기였다. 수천 명의 난민들이 추위에 떨고 있는 상황에서 즉각적인 대책을 마련하기는커녕 그리스 정부나 유엔이나 모두 인도주의적인 차원에서 인간들을 보호한다는 원칙과는 너무나 동떨어진, 서류상의 관료주의적 인도주의를 실천하고 있었다.

아프간 난민들의 경우에는 그리스에서의 생활 상태가 너무나 열악하기 때문에 생활 조건이 상대적으로 양호하다는 유럽 대륙의 국가들로 넘어가기 위해 이탈리아로 다시 목숨을 건 밀입국을 시도하고 있다. 아테네의 공원이나 파트라시의 야외에서 지내는 많은 난민들의 유일한 낙이란 바로 인간 밀수업자를 만나서 정보를 제공받는 일이다. 따라서 매일 공원에서는 숙소에 머무르는 사람들과 공원에 머무는 사람들이 만나서 밀입국에 관한 정보를 교환하게 된다. 이것을 아는 그리스 정부나 경찰도 이들 난민들을 다른 유럽 국가로 내몰기 위해서 생활 조건을 개선하지 않고 있다는 의견을 가진 사람들도 있다.

임시 난민 수용소에서 만난 '마호멧 살립(40세)'은 원래는 아프가니스탄의 수도 카불의 한 중학교 수학 교사였다고 자신을 소개했다. 그러나 탈리반 정권은 이슬람 원리주의 정책을 내세우면서 여성의 교육권을 사실상 박탈했고 또한 학교 교육을 종교 교육 중심으로 대체하면서 종교와 상관없는 과목의 많은 교사들이 교단을 떠나야 했다. 마호멧도 교단을 떠난 지 수년 동안 아무 일이나 손에 잡히는 대로 하다가 약사인 아내와 함께 아프간을 떠났다. 그리스에 온 지는 한 달 정도 됐지만 아프간을 떠난 후 길에서 두 달을 보냈다. "공포 속에서 너무나 오랫동안 살아왔기 때문에 비록 현재 몸은 고달프지만 생명의 위협이 없기 때문에 마음만큼은 편하다."고 자신의 솔직한 심정을 밝혔다.

현재 비공식적인 통계로 1만 5000명 정도의 아프간 난민들이 그리스에 머물고 있는 것으로 알려져 있지만 그리스 정부에 의해서 정식으로 난민으로 받아들여진 아프간 난민은 800명밖에 되지 않는다. 위의 통계가 말해 주듯이 대다수는 그리스 정부에 난민 신청을 하지 않고 그냥 지내고 있다. 보통 난민 신청을 한 후 정부의 정식 결정이 내려질 때까지는 긴 기간이 걸린다. 1년은 짧은 기간이고 몇 년 걸리기가 예사라는 것은 정부에서도 인정하는 사실이다. 이것 때문에 대부분의 난민들은 난민 판정이 내려질 때까지 기다리는 것을 포기하고 다른 나라로 밀입국할 계획을 세우고 이를 실행에 옮기게 된다. 이탈리아로 가기 위해 현재 수백 명의 아프간인들이 인간 밀수업자들에게 차례를 예약해 놓고 기다리고 있는 상태다. 미국에 대한 9·11 테러 공격 이후 유럽 국가들은 난민들의 불법 이민을 더욱 철저히 통제해 왔다. 미국의 아프간 폭격은 수백만의 아프간 난민들을 양산시켰는데 최소한 수십만 명이 유럽행을 택했다면서 먼저 유럽 땅에 정착한 아프간 난민들은 한결같이 입을 모으고 있다.

아프간 난민 문제는 그리스만의 문제가 아니라 유럽과 전 세계에 걸친 국제 문제로 전화됐다. 2016년 2월, 프랑스에서는 영국으로 채널 터널을 통해 넘어가려던 아프간 난민들과 프랑스 경찰들이 충돌했다. 호주에서는 '보트피플'로 표류해 온 아프간 난민들을 받지 않고 되돌려 보낸 비인도주의적인 호주 정부의 방침으로 인해 언론의 질타를 받고 있다. 필자가 만났던 아프간 난민들은 왜 자신들이 난민이 됐는지 생각하는 것조차도 싫어했다. 그리고 현재 난민 문제로 몸살을 앓고 있는 많은 그리스 사람들은 "아프간에서 전쟁을 벌이면서 수백만의 난민을 양산한 미국이 전적인 책임을 져야 한다."라는 불만을 표시하고 있다.

# 7. 불법 이민자들의 인권 문제

불법 이민자란 자국의 경제적 어려움으로 인해 보다 임금이 높은 유럽 국가들이나 아시아의 국가들로 불법적으로 입국했거나, 합법적으로 입국했지만 체류 기간을 넘긴 사람들을 가리킨다. 불법 이민자들은 체류하는 국가에서 발급한 체류 허가증이 없기 때문에 길거리 어디에서든 경찰에 의해 불심 검문을 받을 수 있고 체포돼 구금될 수 있다. 당연히 불법적으로 체류한다는 이유로 범죄를 저지르지 않더라도 경찰이나 정부로부터는 범죄자로 취급받는다.

그리스의 이민자 구치소에는 인도, 파키스탄, 방글라데시에서 온 불법 이민자들이 처우 개선을 요구하면서 옥중 단식 투쟁을 빈번히 벌이고 있다. 그리스 정부가 구치소에서 이들을 일단 석방할 것을 약속하면 단식을 푼다. 이들은 모두 여권이나 신분증 없이 그리스에 입국했다가 바로 이민자 구치소로 송치되며 구금 상태로 지내게 된다.

그리스 이민법에 따르면 불법 입국자는 30일 동안 구금할 수 있으며 이후 본국으로 강제 추방하거나, 아니면 석방하게 돼 있다. 그러나 정부는 이들을 "사회 질서에 해가 된다."는 이유로 계속 구금하기도 한다. 인도에서 온 '몬도 오마르'는 30일이 지난 후에도 석방되지 않고 지금까지 기약 없는 구치소 생활을 견뎌야 했다.

25년 동안 외국인 노동자, 불법 이민자들의 권익을 위해 일하고 있는 변호사 '이야트로폴루'는 대부분이 오마르와 같은 처지라고 설명한다. 이들이 단식 투쟁을 선택하는 이유는 법정에서 판결을 받았지만 전혀 집행이 되지 않기 때문이라고 했다. 이야트로폴루는 "어떤 재소자들은 2~3년씩 감옥에서 생활하고 있는 상태"라면서 "감옥의 열악한 환경과 기약 없는 재소자 생활로 대부분 심한 정신 질환을 앓고 있다."고 상황의 심각성을 전하고 있다.

그가 재소자들과의 면담에서 확인한 불법 이민자들에 대한 처우는 가히 상상을 초월할 정도로 열악하다. 40명이 수용 한계인 방에 80명이 수용돼 있고 2개의 샤워기를 200명이 이용하고 있다는 것이다. 그리스 최대 일간지인 〈엘레프트로피디아〉의 '프사리스' 기자는 "단식 중인 불법 이민자들과의 면담을 수차례나 시도했지만 이 사실이 밖으로 알려지는 것을 두려워한 정부 쪽의 방해로 불가능했다."고 말하기도 했다.

그리스 정부는 아무런 신분도 없는 이들을 사회에서 생활하게 할 수 없다는 입장이다. 불법 이민자들이 여권이나 신분증을 비행기 안의 화장실 등에 아예 버리고 입국해 무신분으로 정치적 망명을 요구하기 때문에 이들의 출신 국가조차 파악하기 힘들다는 것이다.

그러나 그리스 정부는 외국인들이 합법적인 신분을 보유하고 있다 하더라도 "사회 질서에 해가 될 소지가 있다."고 추정될 경우 강제 추방해 왔다. 지난해 세르비아에서 유학 온 한 학생은 학생 신분이었음에도 그리스인 강사의 애인과 사랑에 빠지자 강사와 경찰의 담합에 의해 세르비아로 추방됐다. 또한 그리스의 한 시골 마을에서는 합법적인 신분으로 일하던 알바니아 청년이 인물이 출중해 많은 그리스 여자들이 사모했는데, "유부녀와 어울렸다."는 이유로 알바니아로 추방당했다. 정부에서 내세운 이유는 "사회 질서를 해친다."는 것이었다.

법정에서도 외국인에 대한 차별은 피부로 느낄 수 있다. 17세의 알바니아 고등학생이 시위에 참가해 화염병을 던졌다는 죄목으로 9년 형을 선고받고 집행 유예로 풀려나온 경우도 있다. 우크라이나에서 온 '나탈리아 마르티뉴(24세)'는 2년 전에 아테네에서 나이트클럽 종업원으로 취직돼 합법적으로 일하고 있었다. 그러나 지난 9월 6일 경찰에 의해 갑자기 구속돼 현재 추방될 날만 기다리며 구치소에 수감되어 있다. 그리스 경찰에서 밝힌 이유는 역시 "사회 질서에 해를 끼친다."는 것이었다.

합법적인 신분증과 노동 허가증을 갖고 있다 해도 언제든지 추방이 이뤄지는 사례는 수없이 찾아볼 수 있다. 이야트로풀루는 자신이 맡았던 한 사건을 예로 들었다. 경찰에서 한 알바니아 청년의 여권을 조사한다고 경찰서로 데려가서는 여권이 가짜라고 그를 구속시켰다. 그리스 법정은 그의 여권이 진짜이므로 석방시키라고 판결했지만 그리스 경찰은 그를 알바니아로 추방해 버렸다.

그리스 정부나 유럽 연합의 원칙은 불법 이민자들을 강제 추방하는 것이다. 유럽 연합이 창설된 이후 유럽은 '철옹성'을 구축해 왔다. 정치적으로나 경제적으로 불안정한 대부분의 아프리카 국가나 중국, 인도, 파키스탄, 방글라데시에서, 한 해에도 수십만 명씩 지리적으로 가까운 유럽으로 행로를 정하고 있다. 그러나 이들이 정치적인 망명자로 받아들여지는 것은 거의 하늘의 별 따기이다.

유엔 난민 고등 판무관실(UNHCR)에서는 현재 5000만 명 이상의 세계 인구가 정치적인 난민 상태라고 밝힌 바 있다. 유럽 연합과 유엔 난민 고등 판무관실의 통계를 비교해 보면 유럽이 얼마나 외국 이민자들에게 인색한지 알 수 있다. 따라서 정치적·경제적 이유로 유럽으로 들어오는 대다수 외국인들은 본인의 의사와는 상관없이 불법 이민자로 살아가게 된다.

현재 그리스에는 불법 이민자들이 70만여 명이나 되는 것으로 알려지고 있다. 불법 외국인 노동자들의 실태는 '현대판 노예 제도'라고 할 수 있다. 남성들은 대부분 현지인 임금의 5분의 1을 받고 공장이나 농사, 막노동에 종사하고 있고 여성들은 가정부 일이나 노인 간호 일 등에 종사한다. 또한 일부는 마피아 조직에 의해 강제로 매춘에 종사하는 경우도 있는 것으로 알려지고 있다. 그리스뿐만 아니라 유럽 모든 나라의 비숙련 육체노동 분야는 불법 이민 노동자들에 의해 지탱되고 있기 때문에 구조적으로 저임금 불법 이민자들을 양산하고 있다는 지적도 있다. 불법 이민자들이 모두 떠나 버리면 유럽이나 그리스 경제는 붕괴되고 말 것이라는 우려도 제기된다.

멀리 보이는 바다 위로 육중한 크기를 자랑하는 페리호 한 척이 바닷물을 가로지르면서 그리스 '파트라' 항구로 들어오고 있다. 페리호가 문을 열어젖히자, 안에서 거대한 컨테이너 트럭들이 귀청이 터질 듯한 굉음을 내며 서서히 빠져나왔다. 페리호 한 척에는 유럽에서 들어오는 컨테이너 차량 120대가량이 실린다. 다른 한쪽의 작은 난간으로는 승객 수백 명이 고단한 몸과 짐을 이끌고 나왔다. 여기에서는 이탈리아에서 오는 여행객들을 검문하는 경찰도 없고 화물을 검색하는 세관 경찰도 보이지 않는다.

여름철에는 파트라항을 통해 컨테이너 트럭 1000여 대와 일반 차량 수천 대, 승객 수만 명이 매일 들어온다. 겨울철에는 승객이나 차량이 다소 줄어들지만 컨테이너를 실은 12톤 트럭들의 왕래는 끊임없이 지속된다. 한국에서 인천항이 중국 대륙을 향한 관문이라면, 그리스에서 파트라항은 유럽 대륙으로 진출하는 관문인 셈이다.

이곳에서 사람과 짐을 실은 선박들이 가장 자주 왕래하는 곳은 맞은편 이탈리아의 '앙코나'항이다. 파트라항의 부둣가는 모두 쇠창살로 된 담으로 차단돼 있고 심지어 담 주위에는 부분적으로 가시철조망까지 쳐져 있다. 부두 입구에는 경찰들이 지켜 서서 일일이 출입을 통제하고 있다. 국제 부두치고는 경비가 꽤 삼엄한 편이다. 수도 아테네의 관문인 피레아항과 비교하면 금방 그 차이를 느낄 수 있다. 피레아항은 그리스에서 가장 큰 국제 항구지만 높은 담이 있다 해도 입구는 언제나 개방돼 있다. 10년 전만 해도 파트라항은 완전히 트여 있었다. 누구나 배 가까이 가서 큰 배를 구경하면서 먼 나라를 동경할 수 있었다. 그러나 지금은 철조망을 두른 폐쇄된 항구로 변하고 말았다. 가장 큰 이유는 바로 불법 이민자들 때문이다.

파트라항의 부두를 차단한 쇠창살 담 밑에 세 젊은이가 주저앉아 쇠창살 사이로 페리호를 바라다보고 있었다. 뱃고동 소리를 힘차게 울리는 페리호는 막 항구를 떠날 준비를 서두르고 있었다. 세 젊은이는 떠나려는 배를 뚫어지게 바라보며 묵묵하게 앉아 있었다. 마치 기도라도 하듯 눈도 지그시 감고 있었다. 맞은편 도롯가에서 이 모습을 쳐다보던 시민들도 한숨을 쉬면서 지나쳤다. 나를 이곳에 데려다준 한 그리스 고등학생은 "이들은 하루도 빠짐없이 이 시간만 되면 여기에 앉아 있어요."라고 말했다. 파트라시에 사는 시민들은 대부분 이들이 왜 여기서 배를 바라다보는지 알기 때문에 이들을 애틋한 마음으로 지켜본다. 도로를 가로질러 앉아 있는 이들에게 다가갔다.

어디서 왔느냐고 물어보았다.

"아프가니스탄에서 왔습니다."

연이어 여기서 뭘 하느냐고 물었다.

"배를 바라보면서 신에게 우리를 이탈리아로 보내 달라고 빌고 있습니다."

이렇게 앉아서 배만 쳐다본다고 해서 이탈리아로 갈 수 있다고 생각하는지 물었다.

"지금은 특별히 할 수 있는 일이 없어 기도만 하면서 기다릴 뿐입니다."

그렇다면 이들은 어디에서 숙식을 해결하고 있을까. 해변 도로를 끼고 걷는데 아프간인 여섯 명이 골목 어귀에 앉아 있는 모습이 보였다. 이들도 멀리 떠날 채비를 서두르는 페리호를 바라보고 있는 것 같았다. 이들이 안내해 준 곳은 돌을 쌓아 올리고 그 위에 플라스틱 천을 덮어 만든 집들이 모여 있는 곳이었다. 1970년대까지만 해도 서울에서는 빈민들이 모여 살던 '하꼬방 동네'가 있었는데 물론 그 규모는 비길 수 없어도 사는 모양은 매우 흡사하다는 인상을 받았다. 이곳에는 아프가니스탄에서 온 난민 60여 명이 살고 있는데 모두 남자들이다. 아프간 난민들이 임시로 정착한 곳인데 전에는 전기나 수도가 없었지만 지금은 집집마다 전기가 들어오고 공동 수도지만 수돗물을 사용할 수 있다.

이들은 여기에 머물면서 이탈리아로 가는 자신의 순번을 기다리고 있었다. 인간 밀수 조직에서는 불법 이민자들을 이탈리아로 데려다주는 대가로 300~1000달러를 요구하고 있다고 했다. 이들이 사는 모습을 보기 위해 문을 열어 보았다. 한 청년이 바지를 다림질하고 있었다. 한 방에서 7~10명이 함께 기거한다고 했다. 음식은 그리스의 교회에 속한 자선 단체에서 하루에 한 차례씩 제공하는 것으로 연명하고 있었다.

"왜 여기서 이렇게 살고 계십니까?" 필자가 질문을 던졌다.

"모두 이탈리아로 가기 위해 배를 기다리고 있습니다."

머리를 짧게 자른 한 청년이 대답했다.

대부분 1개월 내지 3개월 동안 이곳에 머무르고 있었지만 한 아프간 청년은 이곳에서 3년을 지냈다고 했다. "노르웨이나 스웨덴에 가서 평화롭게 살고 제대로 된 신분증을 받는 게 소원"이라고 '알리 다롭(21세)'이 말했다.

모두 아프가니스탄을 떠나기 전 영어를 열심히 공부한 덕분인지 다른 이민자 집단과 비교하면 의사소통이 훨씬 쉬웠다. 지금도 틈만 나면 노르웨이에서 살 꿈을 키우면서 영어를 열심히 공부한다고 했다.

후세인 다렉(20세)이라는 청년은 자신이 그리스로 온 경로를 말했다. 아프가니스탄에서 이란을 거쳐 터키까지, 그리고 터키에서 그리스까지 온 사연은 장황했다. 대부분 아프간 사람들이 그리스로 오는 경로는 비슷했다. 그렇지만 그가 당한 고통은 남달랐다.

"터키에서 그리스로 인간 밀수 조직을 통해 아프간 사람 54명이 배를 이용해 출발했습니다. 해변이 가까워 오자 터키인 선장은 모두에게 내릴 것을 명령했습니다. 머뭇거리는 사람들을 강제로 바다로 던져 버렸는데 그중 수영을 하지 못하던 13명은 영원히 물속에서 나오지 못했습니다."

얘기하는 도중 죽어 간 사람들이 생각났는지 그의 눈에 눈물이 고였다.

"여기서 이렇게 고생하면서 사는 게 힘들 텐데 돌아갈 생각을 한 적 없습니까?"

"아프가니스탄에서의 삶도 힘들기는 마찬가지지만 문제는 희망이 없다는 것입니다. 여기서는 그나마 갈 목적지라도 있으니 희망을 갖고 살아가고 있습니다."

다렉의 대답에는 힘이 없었다.

일행 중 한 명인 '알리 한델트'는 나와 단둘이 항구로 돌아가는 길에 자신의 속을 다 털어놓았다.

"열일곱 살의 나이에 고향을 떠나 일자리를 구해 파키스탄에 가서 공사판을 떠돌면서 돈을 모았습니다. 모은 돈은 그리스로 오면서 인간 밀수업자들에게 지불하는 바람에 다 써 버렸습니다. 지금은 이탈리아로 갈 경비를 마련하기 위해 일자리를 찾아 헤매지만 거의 매일 허탕 치고 있습니다. 무엇보다도 지난해 겨울 오렌지 밭에서 일해서 모은 돈이 점차 없어져 가고 있습니다. 이제는 더 이상 살아갈 힘도 없고 앞날에 희망도 없어 죽고만 싶습니다."

한숨짓는 20세 청년의 초상이 서글프기만 했다.

필자는 아프간 난민들이 머무는 곳을 떠나 파트라항으로 다시 발길을 돌렸다. 이번에는 나 자신이 직접 페리선으로 이들이 가고 싶어 하는 이탈리아의 앙코나항으로 가서 그곳의 상황을 보고 싶었다. 페리선을 타기 위해 표를 사서 천천히 페리선을 향해 걸어가면서 페리배의 위용에 작아지는 나 자신을 느끼고 있었다. 마치 거대한 빌딩 하나가 서 있는 것 같았다.

곧 대기하고 있던 페리 선박 속으로 많은 컨테이너를 실은 화물차들이 들어갔다. 그 많은 화물차들을 다 삼켜 버린 페리선은 상상도 할 수 없을 정도로 그 내부가 컸다. 컨테이너들은 항구에 들어오기 전 이미 출입구에서 그리스 경찰의 검사를 받기 때문에 선적 작업은 일사천리로 진행됐다. 오후 6시가 되자 거대한 페리배가 움직이기 시작했다. 수평선에 가까워지면서 서서히 가라앉기 시작하는 태양을 등진 채 배는 항진해 나갔다. 아드리아해의 거센 물살을 가로질러 맞은편에 위치한 고대 그리스 시대 당시 식민지였던 이탈리아의 앙코나로 향했다.

페리호는 정확하게 20시간이 지난 다음 날 오후 1시(이탈리아 시각)에 이탈리아의 앙코나항에 입항했다. 기대하지 않았던 경찰들과 세관 검사원들이 미리 대기하고 있었다. 이탈리아 경찰들은 날카로운 눈초리로 페리에서 나오는 한 사람 한 사람을 유심히 관찰했다. 그리스인으로 보이는 두 청년이 이탈리아 경찰관의 제지를 받고 신분증을 제시했다. 그리스 시민증을 확인하자마자 바로 통과됐다. 한쪽에서는 페리에서 빠져나오는 승용차를 일일이 검사하는 모습이 보였다. 트렁크를 열어 보기도 하고 운전석 아래를 뒤져 보기도 했다. 아무것도 발견하지 못했는지 승용차를 보냈다.

곧이어 큰 컨테이너를 실은 12톤 화물차가 나왔다. 이탈리아 경찰이 바로 제지했다. 화물차 운전사가 내려서 컨테이너를 열어젖히자마자 세관 경찰 두 명이 작업용 장갑을 끼고 컨테이너 속으로 들어갔다. 아무것도 발견하지 못했는지 세관 경찰들은 그냥 나왔다. 화물차는 통과 허락을 받고 항구의 다음 지점으로 향했다.

이 광경을 지켜보던 그리스 화물차 운전사 디미트리스는 "유럽 연합 내에서 화물차를 검색하는 것은 불법"이라고 지적했다. 다른 그리스인 화물차 운전사인 스타마티스(43세)는 파트라항과 앙코나항 사이를 왔다 갔다 하면서 10년 이상 컨테이너를 실어 나른 경력의 소유자이다. 그에 따르면 "7~10일에 한 차례씩 지금과 같은 경찰의 색출 작업이 전개된다."며 이탈리아 쪽의 검색에 불만을 표시했다. 어떤 땐 도착한 뒤 이탈리아 경찰의 검색을 받느라 몇 시간씩 기다려야 하기 때문에 컨테이너 배달에 많은 문제가 생긴다고 말했다. 유럽의 한 부분인 그리스가 마치 비유럽 연합 국가처럼 대우받기 때문에 기분이 썩 좋을 리 없다.

또 다른 컨테이너 화물차가 나왔다. 이번에는 마약 단속반에서 나왔는지 경찰견을 컨테이너로 들여보냈다. 컨테이너에는 펩시콜라 병이 가득한 상자들이 쌓여 있었다. 경찰견은 한참 컨테이너 속을 돌아다니더니 아무것도 발견하지 못하고 그냥 나왔다. 수백 명의 승객들이 나오고 있는 중이었다. 대부분 경찰의 검문을 받지 않고 통과했으나 몇 명은 신분증 제시를 요구받기도 했다. 잠시 뒤 예상했던 일이 터졌다. 한 젊은이가 경찰의 신분증 요구에 그리스에서 발급받은 임시 등록증을 보여 줬다. 그러나 이 서류를 소지하고서는 그리스를 제외한 다른 국가는 여행할 수 없다. 이 젊은이는 이라크 출신의 쿠르드인인데 곧바로 배 안으로 되돌아가야 했다. 경찰 다섯 명이 불법 이민자인 쿠르드인을 페리 안으로 데리고 들어갔다. 그리스의 페리호들은 크기가 엄청나서 컨테이너 화물차를 120대까지 실어 나를 수 있고 승객은 수백 명에서 여름에는 수천 명까지 한꺼번에 실어 나를 수 있다고 한다. 경찰이 한 컨테이너 화물을 검색하는 데 약 10분이 걸렸다. 검색을 모두 마치는 데 두 시간 남짓 걸렸다. 차량들이 다 빠져나오고 승객들도 보이지 않자 이제는 경찰 다섯 명이 다시 페리호로 들어가서 승객들을 수색하는 모양이었다. 곧이어 경찰이 밀항자 한 명을 끌고 나왔다. 그는 경찰서에서 심문을 받아야 하는지 경찰차에 실려 갔다.

앙코나와 파트라는 지금 불법 이민자 문제로 몸살을 앓고 있다. 특히 앙코나 지역의 경찰은 불법 이민자를 적발하기 위해 존재하는 것 같았다. 항구에서 경찰들의 색출 작업을 지켜본 뒤, 앙코나의 부두에서 빠져나와 시내 중심가로 걸어갔다. 다시 부두에서 일어났던 것과 똑같은 광경이 반복되고 있었다. 이탈리아 경찰들이 외국인 다섯 명을 검문하고 있었다. 이들 외국인이 내민 서류는 모두 그리스에서 발급된 것으로 그리스 알파벳이 눈에 선명하게 들어왔다. 이들은 방금 그리스에서 도착했는지 꽤 초췌한 모습이었다. 경찰 쪽에서 인원이 모자랐는지 급히 무전을 쳐서 다른 경찰들의 지원을 요청하는 모습이 보이기도 했다. 한 경찰관은 서류를 가지고 경찰차로 가서 확인하고 있었고 다른 경찰관들은 이들을 감시하고 있었다. 곧이어 검은 경찰차가 나타났다. 조금씩 시민들이 모여들면서 무슨 일이 벌어졌는지 관심을 보이기 시작했다. 경찰관에게 무슨 일이 벌어졌는지 물어봤으나 그는 신경질적인 목소리로 대답하기를 거부했다. 검문을 당하던 외국인들은 러시아에서 온 사람들이었다. 이들은 갑작스럽게 길거리에서 경찰의 검문을 당하자 몹시 불안해하는 모습이었고 한 러시아 청년은 휴대 전화로 누군가에게 열심히 전화를 하고 있었다. 곧이어 이들 러시아인 다섯 명은 모두 검은 차에 실려 연행돼 갔다. "이탈리아 경찰들이 외국인들을 검문하는 모습은 앙코나 거리에서 흔하게 볼 수 있다."고 이를 지켜보던 한 시민이 말했다.

수단과 방법을 가리지 않고 이탈리아의 앙코나에 도착만 하면 불법 이민자들로서는 사활을 건 모험에서 성공한 셈이다. 이곳에서는 육로를 통해 유럽의 어느 나라로든 갈 수 있고 육로로 국경을 넘더라도 경찰의 검문이 거의 없기 때문에 안전하게 목적지에 도달할 수 있다. 그러나 이들이 가고 싶어 하는 나라가 현실적으로 불법 이민자들을 위해 지상에 존재하는 '파라다이스'인지는 불확실하다. 지금까

7. 불법 이민자들의 인권 문제

지 만나 본 불법 이민자들은 유럽에 대해 부푼 환상을 갖고 있었다. 특히 북유럽이나 영국, 네덜란드에 대한 환상은 너무 강했다. 그곳에 도착하기만 하면 두 팔 벌려 이들을 반갑게 맞아 주면서 호텔에 재워 주고 나중에는 집도 주고 풍요롭게 살 수 있게 만들어 준다고 믿고 있었다.

그럼 누가 이들에게 이런 환상을 불어넣었을까? 바로 세계적으로 조직된 인간 밀수 조직의 교묘한 선전 때문이다. 주로 이들은 생활 수준과 교육 수준이 낮은 제3 세계의 농촌 지역을 대상으로 불법 이민자들을 모으고 있다. 물론 유럽의 현실은 냉혹하다. 어느 나라도 이들을 두 팔 벌려 반기지 않는다. 그럼에도 해마다 수십만 명의 불법 이민자들이 목숨을 걸고 유럽으로, 유럽으로 향하고 있다.

## : : 앙코나 시경 국장 피에르니콜라 실비스
### 2004년 4월

불법 이민자 처리 실태를 알아보기 위해 이탈리아의 앙코나 국경 수비 대를 찾아갔다. 앙코나 시경 국장과 인터뷰를 시작하기 전, 경찰들한 테 많은 신상 조사를 받아야 했다. 소지품 검사까지 받아야 했다. 한 여 경찰은 나의 가방을 열더니 "폭탄을 갖고 있느냐?"고 묻기도 했다.

■　**앙코나시 경찰의 주요 임무는 무엇인가?**

　　이곳으로 오는 불법 이민자들은 맞은편의 그리스 파트라에서 오고 있 다. 이들은 대부분 약속이나 한 듯 재빨리 앙코나를 빠져나간다. 이들이 이 탈리아 영토 안에 머무는 동안 이들에 대하여 처리하는 것은 모든 이탈리 아 경찰의 임무이다. 특히 이들이 앙코나의 영역에 머물고 있는 경우에는 우리가 책임져야 한다.

■　**이들이 이탈리아로 올 때 대부분 트럭 뒤의 컨테이너 속에 숨어서 들어온다고 들었 다. 이들을 적발한 뒤에는 어떻게 처리하는지?**

　　이들이 컨테이너 속에 있다 발견된 경우 대개 왔던 배로 즉각 되돌려 보내게 된다. 사실 불법 이민자 문제로 상당한 몸살을 앓는 실정이다. 어떤 때는 컨테이너에 수십 명이 숨어 있다 발견되는 경우도 있다. 보통 1년에 수천 명의 불법 이민자들이 이런 식으로 앙코나로 들어오다 발견돼 되돌아가고 있다.

■ **이들을 돌려보내지 않고 수용소나 감옥에 보내는 경우도 있나?**

우리는 절대로 이들 불법 이민자들이 그대로 이탈리아 땅에 발을 들여놓는 것을 허용하지 않는다. 이들이 왔던 배로 즉각 되돌려 보낸다. 그러나 특별한 예외가 있다. 불법 이민자들의 국적이나 사정에 따라 이민자들을 즉각 다 돌려보내지는 않는다. 어떤 이민자들은 정치적 망명자로 신청할 수 있게 기회를 주기도 한다.

■ **그리스에서는 불법 입국자를 발견하면 3개월 동안 구치소에 수용한 뒤 석방하는 정책을 취하는 것으로 알고 있다.**

이들이 부두의 컨테이너가 아니라 이탈리아 영토 내에서 경찰의 검문을 받아 적발되는 경우에는 구치소로 보낸다. 범죄인을 구속한다는 개념과는 다르다. 어쨌든 우리는 이들의 인권을 최대한 존중하려고 노력하고 있다. 이들을 수용소에 유치한 뒤에 재판 절차를 거쳐 추방하게 된다. 추방 명령이 떨어지면 5일 안에 이탈리아 영토를 떠나야 한다. 그러지 않으면 경찰에서 체포해 구속한 뒤 강제로 추방한다.

■ **그리스의 파트라 경찰과는 협조가 잘 이뤄지고 있는가?**

사실 유럽 연합 내 그리스-이탈리아 조약이나 셍겐 조약에 따르면 국경 통제나 세관 통제는 없어져야 하는 게 정상이다. 그리스에서 오는 어떤 국적의 소유자도 검색을 해서는 안 되나 현실은 그렇지 못하다. 많은 불법 이민자들이 그리스를 통해 이탈리아로 들어오기 때문이다. 그리고 그리스와 이탈리아에서는 국경을 통제하는 경찰들끼리 만나서 서로 논의하는 걸로 알고 있다. 불법 이민자 문제를 어떻게 처리할지 숙고하면서 협조 체계를 세우기 위해 노력하고 있다.

■  **앞으로 불법 이민자들이 계속 늘어날 것으로 보는가?**

더 많은 이민자들이 외국에서 이탈리아로 밀려오리라 생각한다. 이민자들이 증가하면 당연히 불법 이민자들도 증가할 것으로 예상하고 있다.

■  **불법 이민자들을 어떻게 평가하는지?**

역사적으로 이탈리아는 많은 외국인 이민자들이 정착할 수 있게 도와준 역사가 있다. 이탈리아로 오는 이민자들은 다양한 문화를 함께 가지고 들어오기 때문에 이들의 다양한 문화를 배울 수 있는 기회를 열어 준다. 그리고 이탈리아에 부족한 노동력을 제공하기도 한다. 하지만 어떤 외국인들은 불법으로 여권을 조작해 들어와 체류하면서 이탈리아에 많은 해악을 끼치기도 한다. 이들은 마약·매춘 등으로 젊은이들을 병들게 하고 있다.

## 8. 아프리카 난민들의 목숨을 건 유럽행

이탈리아는 대부분의 불법 이민자들이 오기를 꿈꾸는 곳이다. '아메리칸드림'이 있다면 이곳에는 '이탈리안드림'이 있다. 어떤 수단과 방법을 쓰더라도 기어코 이탈리아로 가겠다는 외국인들이 줄을 잇고 있다. 그렇다면 왜 이탈리아로 오기 위해 외국인들은 발버둥치는가? 물가도 높고 일자리도 구하기 힘든 나라가 왜 이들이 꿈에도 원하는 행선지가 되고 있는가? 물론 이탈리아를 다녀 보면 고풍스러운 건축물들과 단정하게 정리된 거리가 인상적이다. 그러나 가난한 이민자들은 이런 환경을 제대로 즐길 만한 여유가 도저히 생길수 없는 게 현실이다. '생존'을 위해 몸을 굴려야 하는 사람들에게 화려한 건축물과 고풍스러운 분위기는 단지 그림의 떡일 뿐이다.

앙코나시의 기차역에서 만났던 한 아프리카인의 간략한 인생 역정을 들어 보면 이탈리안드림은 비현실적이라는 것이 드러나고 있다. 10년 전에 이탈리아로 왔다는 피터 아월(41세)은 지금은 이곳에 온 것을 후회하고 있다. 그는 수단 출신으로 합법적인 절차를 거쳐 이탈리아로 들어온 뒤 정치적인 이유로 망명을 신청하여 난민으로 받아들여졌다. 그는 이탈리아로 오기 전 스페인에 머물기도 했다. 그러나 이탈리아에 대한 환상 때문에 스페인에 정착할 미련은 버리고 오직 이탈리아만 보고 달려왔다. "당시 스페인에 정착하지 않고 여기 온 것을 지금도 후회한다."면서 한숨을 내뱉기도 했다. 10년 동안 최하층민의 생활을 하면서 자신의 몸 하나도 추스르기 힘든 생활을 견뎌야 했다. 당연히 처음 이탈리아로 올 때나 별로 형편이 달라진 게 없다. 그가 이탈리아에서 자리를 잡고 부자로 떵떵거리면서 살고 있으리라 생각하는 수단의 아내와 두 아이들은 지금 이탈리아로 오기만을 손꼽아 기다리고 있다. 하지만 이들을 감당해 낼 재간이 도무지 없는 그는 가족들의 이민을 차일피일 미루고 있는 게 현실이다. 지금 그가 바라는 미래가 있다면 이탈리아 시민권을 받은 뒤, 영국이나 네덜란드로 가서 제대로 한번 정착하여 가족들을 수단에서 불러들이는 일이다. 영국이나 네덜란드가 난민들을 위한 제도가 가장 잘 돼 있고 그곳에만 가면 모든 문제가 풀리리란 희망이 자리 잡고 있었다.

아래의 글은 에리트리아 출신 10대 후반의 소녀 '나오미'가 이탈리아를 거쳐 독일로 오기까지 겪었던 체험담이다.

내가 유럽행을 택한 이유는 간단하다. 내가 태어난 나라는 학교도 언제나 갈 수 없고, 원하는 일도 할 곳이 없고, 나의 정체성을 찾을 수 없는 그런 나라였다. 그렇게 사느니 차라리 죽는 게 낫다고 생각했다. 삶의 의미는 즐기는 인생이지만 우리는 즐기는 대신에 고통이 함께했다.

여행은 에리트리아 국경에서 시작됐다. 검은 픽업트럭에 30명의 사람들과 4명의 가이드들이 탔다. 여행은 8시간에서 10시간이 걸렸다. 트럭은 수단에서 섰고 우리를 내려놓았다. 우린 많은 방이 있는 어두운 집에서 남녀가 구별된 방에 머물렀다. 며칠간 그곳에서 거의 100명이나 되는 여인들과 함께 머물렀다. 그곳에서 다음 여행까지의 여행비를 지불할 때까지 그곳에 머물러야 했다. 보통 우리는 가까운 친척에게 전화를 해서 여행 경비를 지불할 것을 부탁했다. 여행 경비가 지불되자마자 우린 여행을 다시 시작했다. 거의 일주일 정도를 사막을 가로질러 여행했다. 사하라는 낮이면 지옥보다 더 뜨겁고 밤이면 뼈까지 얼어붙는 곳이다. 하루에 한 번만 먹으면서 리비아에 도착했다. 그곳에서 다른 여자들과 소녀들과 아이들과 함께 다시 여행 경비가 지불될 때까지 한 집에 머물렀다. 우리는 기다렸다. 어떤 사람은 희망을 가졌고 어떤 사람은 기도했다. 나 같은 사람은 꿈을 꿨다. 나는 여류 시인인 플로르벨라 데스판차가 한 말을 되뇌었다. "나는 모든 것을 믿는 회의론자이며, 환상에 가득 찬 현실주의적인 여자이며, 삶에서 어떤 악도 미소로 받아들이는 반역자이다." 몇 주가 지나 경비가 도착했는지 여행이 재개됐다. 해변에 와서는 숫자가 맞으면 태우고 그렇지 않으면 다음 순서를 기다려야 했다.

한 번에 작은 배에 200명 내지 300명을 실었고 무사히 목적지에 도착하기만 빌었다. 바다가 조용하고 배의 엔진이 작동되고 뒤집히지 않기만 빌었다. 나는 절망적이지 않았다. 나의 삶에서 최초로 나 자신을 위한 일을 하고 있었기 때문이다. 10시간쯤 지났을 때 이탈리아 헬리콥터가 우리를 발견하고 접근했고 곧이어 큰 배가 우리 쪽으로 접근했다. 큰 배로 옮겨 탄 뒤 이탈리아 항구에 도착했다. 이탈리아 사람들은 우리들을 데리고 가서는 가위로 우리들의 옷을 잘라 버리고 다른 옷을 제공했다. 먹을 것을 줬고 잠자리를 제공했다.

그러나 나는 이탈리아에 머물고 싶지 않았다. 독일로 가고 싶어 기차역으로 갔지만 돈이 없어서 표를 살 수 없었다. 대신에 나는 도서관으로 가서 도서관이 문 닫을 때까지 남아서 책을 읽었다. 태어나 처음으로 마음대로 책을 볼 수 있었고 책 속에 빠져들어 그 세계를 느낄 수 있었다. 그 다음 날은 공원에 갔다가 같은 또래의 여자애와 얘기를 나눴다. 이탈리아 여자애는 참으로 친절했고 자신의 친구들을 불러 모았다. 나는 이들과 얘기하면서 내가 원하는 것을 전했다. 독일로 가고 싶지만 기차표가 없어서 갈 수 없다는 얘기를 했다. 여자애들은 나를 기차역으로 데려다주더니 모두들 조금씩 돈을 내어 독일로 가는 기차표를 사 주었다. 독일은 이렇게 해서 오게 됐다. 여기서 처음으로 인간미를 느꼈고 다른 인간에게서 감동을 받았다. 독일에는 왔지만 여전히 내가 원하는 곳은 아니다. 나는 공부도 하고 싶고 일도 하고 싶고 여행도 마음대로 다니기를 원한다. 그 꿈을 이루기 위해 목적지로 지금도 여행하는 중이다.

지금도 아프리카 대륙의 난민들은 지중해를 건너 날마다 유럽으로 넘어오고 있다. 이 숫자는 어림잡아서 한 해에 수만 명에서 수십만 명을 헤아린다. 이들이 유럽으로 오는 이유는 인간 밀수 조직들이 사업상 퍼뜨리는 막연한 유럽에 대한 환상이 큰 계기가 되고 있다. 인간 밀수를 전문적으로 하면서 엄청난 수익을 올리는 조직들은 이미 중동과 아프리카, 중앙아시아와 중국 등 일반 대중들의 생활 수준이 낮은 지역을 배경으로 튼튼한 터전을 닦아 놓았고 이미 국제적인 협력 체계를 구축해 놓은 상태이다. 이들의 검은 마수는 보통 아프리카의 시골에까지 뻗어 있다. 그리스나 이탈리아에서 만났던 많은 아프리카에서 온 불법 이민자들에게 그 출신 배경을 물어보면 보통 시골 출신들이다. 이들은 백이면 백 모두 검은 조직의 꾐에 빠져 유럽에 온 경우이다.

　　그럼에도 아프리카를 떠났다는 데 큰 후회는 없다. 이들은 한결같이 "그곳이나 유럽이나 사는 수준은 크게 다르지 않다."면서 "비록 힘든 생활을 유럽에서도 하고 있지만 안전하게 두 다리 뻗고 잘 수 있다는 데 만족한다."며 아프리카에서 겪었던 불안했던 생활과 비교하기도 한다. 소말리아나 수단같이 내전에 휩싸인 나라에서 온 아프리카인들에게는 유럽이 더없이 안전한 보금자리이다. 비록 길거리에서 잠을 자고 자선 단체에서 주는 음식을 먹으면서 연명해 가지만 공포에서 해방된 상태로 살아간다는 사실에 더없이 만족한다. 반면에 일거리를 찾아 이민해 온 아프리카인들의 경우에는 제대로 일자리를 구할 수 없는 형편 때문에 할 수 없이 대부분은 불법 노점상을 하면서 생활을 해 나가고 있다.

2014년 한 해에만도 아프리카에서 이탈리아로 배를 타고 넘어온 숫자는 17만 명에 이른다. 또한 작은 배에 수백 명이 타고 오면서 배가 가라앉거나 좌초하면서 바다에 빠져 죽은 사람들만도 4000명 이상이라는 공식 통계가 발표된 바 있다. 매년 수십만 명의 아프리카인들이 유럽으로 넘어올 수 있는 것은 다른 세력의 도움이 없이는 불가능한 일이다.

국제 인신매매 조직의 활동은 전 세계를 대상으로 한다. 각 대륙마다, 각 국가마다, 각 지역마다 네트워크가 형성돼 있고 서로 간의 관계도 돈독하며 신뢰를 바탕으로 수십 년간 협력해서 사업을 벌여왔다. 국제 인신매매 조직은 유럽에 대한 환상을 갖고 있는 가난하고 정치적·경제적으로 불안정한 국가들의 국민들을 대상으로 유럽에 대한 환상을 불어넣어 이들에게서 돈을 받고 유럽으로 끌어들인다. 유럽에서는 또 다른 목적지로 데려가는 사업이 기다리고 있다. 이뿐만 아니라 이들을 이용하고 착취해서 엄청난 이익을 벌어들이고 있다. 특히 아프리카는 국제 인신매매 조직이 가장 잘 조직돼 있고 가장 많은 수익을 남기는 대륙이다.

대부분의 이민자들은 이디오피아나 소말리아, 에리트리아, 나이제리아, 가나, 감비아 등 아프리카 전역에 걸쳐 있다. 국제 인신매매 조직의 지역 담당자들은 먼저 지역에서 유럽으로 갈 이민자들을 모집한다. 지역의 모집책들은 유럽에 사는 난민들의 사진들을 보여 주면서 유럽에 사는 난민들의 생활을 과장해서 선전한다. 유럽에 불법으로 들어가서 제대로 정착한 사람들이 집이나 자동차를 배경으로 찍은 사진들을 보여 주면서 불법 이민을 유혹한다. 또한 한 달에

1000유로 이상 아무 일도 하지 않고도 정부로부터 받으며, 아파트와 음식, 자동차까지 무료로 지급되고, 심지어는 아파트에 청소부가 와서 청소까지 무료로 해 준다고 선전한다. 어쨌든 전쟁과 폭력이 지배하는 대륙인 아프리카에 사는 대부분의 아프리카인들은 유럽이나 미국으로 탈출하기를 원한다. 또한 경제적으로도 높은 실업률과 낮은 임금에 시달리다 보니 사실상 아프리카 사람들은 미래에 대한 희망이 없을 수밖에 없다. 희망은 오로지 탈출해서 유럽이나 미국으로 가는 일이다. 그렇지만 미국은 너무 멀어서 가기가 도저히 불가능하지만 유럽은 수개월의 모험만 하고 나면 도달할 수 있는 대륙이다.

이렇게 국제 인신매매 조직과 네트워크가 맺어진 지역의 모집책들이 불법 이민자들을 모집하고 경비를 거둬들이게 되면 여기서 커미션으로 몇 퍼센트를 떼어 간다. 모집한 이민자들을 한데 모아 이탈리아까지 데려가는 일이 시작된다. 이탈리아까지 여행하기 위해서는 중간에 몇 개의 행선지를 거쳐야 한다. 먼저 수단의 수도 카르툼에 도달해서 며칠이나 몇 주를 머문 뒤 리비아나 이집트로 이동한다. 카르툼에 머물면서 다시 경비를 지불해야 여행이 시작된다. 경비가 지불되지 않으면 지불될 때까지 기다려야 한다. 몇 주가 걸릴지 몇 달이 걸릴지 누구도 알 수 없다. 가족들에게 송금을 재촉해서 경비가 지불되면 바로 리비아나 이집트로 여행이 시작된다. 송금이 안 된 경우에는 계속 머물러야 한다. 수단의 임시 숙소는 수용소처럼 적게는 수십 명이 머물지만 많을 땐 수백 명이 한데 머물기도 한다. 한 방에 수용 인원을 훨씬 넘는 숫자가 머물면서 급식도 겨우 생존할 정도의 양만 지급된다.

경비가 송금되면 곧바로 리비아나 이집트를 향해 여행이 시작된다. 아프리카인들이 이탈리아로 넘어오기 위해서는 먼저 리비아나 이집트로 가야 하는데, 그곳까지 도달하기 위해서는 사하라 사막을 통과해야 한다. 뜨거운 모래 폭풍을 헤쳐 나가야 하고 낮에는 찜통 같은 더위와 밤에는 살을 에는 추위를 모두 견뎌야 한다. 사하라 사막을 넘는 여정에서도 많은 아프리카인들이 죽어 나간다. 대부분은 육체적으로 미성숙한 어린이들이 사막의 더위를 견디지 못하고 죽어 나간다. 그리고 긴 여정을 소화해 냈어도 임시로 머무는 숙소의 열악한 조건 때문에 영양실조나 병에 걸려 죽어 나가기도 한다. 이러한 엄청난 위협을 감수하고서도 유럽으로의 행렬은 끊임없이 이어진다.

리비아의 해안가에 지어진 비밀 수용소는 각국에서 온 불법 이민자들로 북새통을 이룬다. 한꺼번에 1000명 내지 2000명씩 머물게 된다. 그곳에 머무는 동안 다시 이탈리아로 가기 위한 경비를 지불해야 한다. 경비만 지불했다고 바로 순번이 돌아오는 것도 아니다. 이탈리아로 가는 선박이 준비됐는지, 아니면 지중해의 기후가 항해하기에 좋은지, 아니면 해양 경찰들의 순찰이 느슨한지, 아니면 철통같은지, 많은 조건들이 고려되기 때문에 시간이 걸린다. 기약 없다는 표현이 옳을 것이다. 이곳에서 장장 9개월을 기다렸다는 사람들도 있다.

이곳 수용소에서 생활하는 일도 만만찮다. 음식도 형편없고 한 방에 열댓 명이 함께 생활하다 보니 온갖 범죄에 노출되기 십상이다. 이곳에서 수개월 동안 생활하면서 대부분의 여성들은 성범죄의 대상이 된다. 또한 마약 거래도 이뤄지고 성매매도 이뤄지기도 한다. 미성년 이민자들도 쉽게 폭력과 성범죄에 노출되면서 많은 어려움에 시달린다.

아프리카 국가들에서 이탈리아로 오는 데만 보통 수천 달러가 소요된다. 보통 경비는 가족, 친지들이 돈을 모아서 지불한다. 각국에서 수단의 카르툼으로 가기 위한 교통편은 트럭을 이용하며 며칠씩 걸리는 여행이기 때문에 최소한 몇백 달러는 지불해야 한다. 그리고 수단의 수도 카르툼에서 며칠 내지 몇 주, 심지어 몇 달을 머물러야 한다. 여행 경비가 지급되면 다시 여행이 시작된다. 사하라 사막을 가로질러 리비아의 지중해 연안까지 며칠 동안 트럭을 타고 여행해야 한다. 이 여행을 위해서도 수백 달러씩 지불해야 한다. 리비아에 도착한 뒤 이탈리아로 가는 배를 최소한 몇 주는 기다려야 하며 이탈리아로 가는 경비도 지불해야 한다.

이민자들을 모아서 유럽으로 데려다주는 사업을 하는 사람들끼리는 네트워크를 통해 돈을 지불하고 나누어 갖는다. 모두 국경을 넘어 이뤄지는 사업이다 보니 국제적인 관계망이 형성돼 있으며 하루아침에 사업을 위한 신뢰 관계가 구축된 게 아니라 수십 년에 걸쳐 이뤄져 왔다는 추측이 가능하다. 국제적인 규모의 인신매매 조직의 사업으로 한 해에만 수십만 명의 사람들을 데려와서 먹여 주고 재워 주는 데 들어가는 돈만도 수십억에서 수백억 달러에 이르는 방대한 사업이다. 대략적으로 아프리카 대륙에서 이뤄지는 사업만 70억 달러 규모가 오고 간다고 한다. 이 사업은 리비아나 이집트에서 배로 이탈리아에 데려다주는 데서 끝나는 게 아니다. 난민들을 움직이는 국제 인신매매 조직들은 유럽의 정부들이 난민들을 대상으로 지출하는 예산들을 착복해서 막대한 수입을 올리고 있다.

아프리카 난민들이 향하는 곳은 주로 이탈리아인데 작은 보트에 수백 명씩 타고 가다 바다에 빠져 죽기도 하고 운이 좋으면 살아남아 이탈리아 땅을 밟는다. 한 해에만 공식 통계상 15만 명에서 수십만 명이 이탈리아에 도착해서는 이탈리아를 통해 독일이나 영국으로 향한다. 아프리카 대륙 대부분의 국가들에서 유럽으로 불법으로 가고 있지만 특히 나이제리아, 수단, 소말리아, 이디오피아, 에리트리아 등의 국가들에서 유럽으로 향하는 난민들이 대다수를 이루고 있다. 이들 국가들에서 온 난민들은 대부분이 국제 인신매매 조직의 네트워크를 통해서 돈을 지불하고 이탈리아로 온다.

한 해에도 수십만 명씩 아프리카를 거쳐 이탈리아를 거쳐 유럽으로 오는 이들은 모두 국제 인신매매 조직의 선전과 유통에 의해 온다고 봐도 무방하다. 난민 문제의 실상을 알고 보면 난민들의 유럽행은 국제 인신매매 조직들의 주머니를 채워 주는 목적으로 발생하고 있다는 것이 국제 인신매매 조직을 수사하는 수사관들의 의견이다. 물론 수요가 있으니 공급이 있겠지만 공급이 수요를 창출하고 있다는 의미이다. 이탈리아 시칠리섬에서 마피아 조직의 활동을 수사하다 지금까지 11명의 검사들이 암살당한 것으로 알려지고 있다. 당연히 이탈리아 마피아의 사업에 방해되는 활동을 하게 되면 누구라도 보복이 따르게 된다. 실제로 수십억 내지 수백억 달러의 천문학적 돈이 바로 이들 난민들을 움직이는 마피아 조직들에 들어간다. 아프리카 난민들이 이탈리아 땅에 발을 내디딘다고 모든 게 끝나는 게 아니라 범죄 조직의 수익 사업은 이때부터 시작된다.

난민들을 수용하는 센터는 이탈리아 마피아들에 의해 운영되고 있다. 물론 이탈리아 전체를 마피아가 장악하고 있다는 의미는 아니지만 거의 반 이상의 경제를 마피아가 움직이고 있다는 통계가 있다. 무엇보다도 아프리카 난민들이 발을 디디게 되는 첫 이탈리아 땅은 마피아가 장악하고 있는 시칠리섬이다. 시칠리섬은 마피아의 고향으로 유명하며 지금도 마피아가 활개 치고 있으며 마피아가 모든 영역에서 지배하고 있는 특이한 섬이다. 시칠리 마피아와 연결된 아프리카의 국제 인신매매 조직은 아프리카 난민들을 리비아의 트리폴리나 이집트의 알렉산드리아에서 이탈리아의 시칠리섬으로 데려온다. 시칠리섬의 마피아들은 난민들이 섬으로 오기만 기다리다가 난민들이 오면 이들을 자신들이 운영하는 센터로 데려가게 된다.

이탈리아 마피아들은 돈이 되는 사업에는 모두 뛰어들어 수익을 독차지하고 있다. 거리의 상점들로부터 보호비 명목으로 돈을 뜯는 것은 일상적인 사업이며 매춘과 마약 거래도 모두 이들의 손에 의해 이뤄진다. 몇 년 전 나폴리에서 벌어졌던 쓰레기 수거 사업에 개입해 막대한 수익을 올렸던 마피아들이 이제는 시칠리섬에 도착한 난민들을 통해 막대한 수입을 올리는 것으로 알려지고 있다. 마피아들이 난민들을 통해서 벌어들이는 수입은 마약이나 매춘을 통해 올리는 수입보다 훨씬 더 크기 때문에 너도나도 난민 사업에 뛰어들고 있다.

사하라 사막을 건너 아프리카 해안에서 죽음의 난파선을 타고 겨우 생명을 부지해 이탈리아의 시칠리섬에 도착하면 기다리는 사람들은 난민 구조대원들과 의사들, 간호사들, 난민을 담당하는 공무원들이다. 일단 일차적인 보호의 손길들을 벗어나면 난민들은 마피아들이 운영하는 난민 센터로 이송된다. 마피아들의 사업은 난민 센터에서 시작된다. 난민 센터들은 이탈리아 정부에서 지원하는 예산으로 운영된다. '난민 한 사람당 얼마'라는 식으로 예산이 배정되기 때문에 난민들이 많을수록 예산이 많이 배정된다.

어쨌든 난민들은 숫자가 매겨져 사고파는 상품처럼 매매가 이뤄진다. 난민들에게 지급될 돈은 모두 센터를 운영하는 마피아의 수중에 떨어지며 아주 일부분만 난민들의 생활비로 지출될 뿐이다. 당연히 난민 센터와 정부 관계자들의 검은 부패의 고리를 짐작할 수 있다. 하지만 마피아가 거의 모든 영역을 장악하고 있는 시칠리섬에서는 난민 센터를 운영하는 마피아와 돈을 지급하는 관공서의 공무원들의 더러운 비리 관계를 밝히기가 거의 불가능하다. 마피아들은 합법적인 사업이자 인도주의적인 사업을 한다는 점을 내세우면서 자선 사업가를 자처하고 나서고 있기 때문에 수사는 더욱 어려워진다.

아프리카 난민들이 이탈리아에 도착한 뒤 난민 신청을 하는 절차는 간단하다. 모든 서류를 구비해서 접수하면 난민 신청을 접수하는 기관에서는 이틀 이내로 신청한 난민에게 한 달 이내로 면접 날짜를 잡아 줘야 한다. 정해진 면접 날에 난민과 면접을 한 뒤 사흘 안에 정부는 난민들에게 결정된 사안을 통보해 줘야 한다. 법적으로 난민 신청을 접수한 날로부터 35일이 소요된다고 법에 명시돼 있지만 현실은 법과는 많이 동떨어져 있다.

이탈리아 마피아들에게 난민들은 사업 수단이자 수입원이기 때문에 가능하면 이들을 오랫동안 잡아 둬야 한다. 난민들을 오랫동안 맡고 있으면 계속 돈이 지급되기 때문에 난민들을 등록시키고 합법적 난민의 지위를 부여해 난민들을 사회에 내보낼 필요도 없어지는 것이다. 반면에 난민들은 하루빨리 이탈리아 정부에 난민으로 인정받아 합법적인 난민으로 사회에서 살아가기를 소원한다. 이 때문에 죽음을 각오하고 먼 여행길을 달려왔고 어려운 형편임에도 불구하고 엄청난 경비를 지불했다. 난민 센터에 체류하게 되면 언제까지 난민 신청을 기다려야 할지도 모른다. 자연히 난민 센터를 탈출해 다른 도시나 유럽의 국가들로 이동하는 경우가 많이 발생한다.

아프리카의 여러 나라에서 온 난민들 중 부모 없이 혼자서 유럽행을 자처해 온 미성년자 난민들도 많이 있다. 10대 난민들이 혼자서 여행하는 이유는 유럽 국가들이 미성년자들을 성년들보다 더 관대하게 대우해 주기 때문이다. 가령 난민 센터에 지급하는 금액도 성년 1인당 하루에 40유로를 지급하지만 미성년자들에게는 80유로를 지급하게 된다. 숙박 시설 이용료와 식사비, 의료비와 교육비 등을 통틀어 이탈리아 정부에서 지급하는 경비다. 이탈리아 정부는 한 해 난민들을 위한 예산으로 10억 달러(약 1조 1000억 원)를 지출하고 있다. 이 돈은 직접적으로 난민 센터로 보내진다. 가령 2000명을 수용하는 난민 센터에서 한 달에 이탈리아 정부로부터 수령하는 경비는 거의 300만 달러에 이른다. 1년에 거의 4000만 달러(약 450억 원)에 해당하는 경비를 지급받게 된다. 난민 센터에서 수령받는 경비는 전적으로 마피아의 수중으로 들어가며 난민들을 위해 사용되는 비용은 아주 부분적일 뿐이다. 5퍼센트 내지 10퍼센트만 사용되고 90퍼센트 이상의 예산은 모두 난민 센터를 운영하는 마피아들의 주머니로 들어간다고 봐야 한다. 당연히 마피아들이 장악한 소위 '난민 사업'은 엄청난 수입원인 셈이다.

2015년 12월 말에 '국경 없는 의사회'라는 구호 단체에서는 이탈리아 시칠리섬의 '포잘로' 임시 난민 보호소에서의 활동을 중단하고 철수했다. 이곳에서 활동했던 의사들이 밝힌 중요한 이유는 이곳에서의 의료 활동 자체가 불가능하다는 것이었다. 밀려드는 난민들로 인해 난민들은 잠잘 공간이나 심지어 서 있을 공간조차 모자란다는 호소였다. 이 문제를 개선해 달라고 이탈리아 정부에 여러 차례 호소했지만 여전히 개선될 기미는 전혀 보이지 않는다고 밝혔다. 난민들의 정신적 고통을 치료하기 위해 온 정신과 상담 의사는 이들이 처해 있는 현재의 상황이 탈출해 온 국가들과 전혀 다를 바 없는 상태에서 이들에게 희망을 줄 수는 없다고 말했다.

다른 난민 캠프도 사정은 별로 다르지 않다. 가장 큰 문제는 수용 한계를 훨씬 넘는 인원의 난민들이 수용돼 있다는 문제다. 당연히 이곳에서는 정글의 법칙이 지배하게 된다. 힘 있는 자들을 중심으로 그룹을 만들어 약한 자들을 착취하고 지배하는 약육강식의 사회가 자연스럽게 만들어진다. 난민들 사회를 이탈리아 경찰들이 개입하는 일도 없을뿐더러 아예 무시하고 간섭도 하지 않는다. 시칠리섬에서 가장 큰 난민 센터인 미네아 난민 센터의 실상은 언론을 통해 여러 번 소개된 바 있다. 이곳의 수용 한계는 3000명이지만 보통 3500명에서 4000명의 난민들이 북적댄다. 당연히 잠자리를 차지하기조차 힘든 실정이며 힘이 약한 어린이들이나 여자들은 아주 작은 공간을 차지할 뿐이다. 음식도 마찬가지로 힘이 없으면 거의 먹기 힘든 실정이다. 음식도 부족하게 공급되고 숙박 공간도 충분하지 않고 건물 내의 위생 상태도 형편없는 실정이다.

열악한 체류 조건을 견디다 많은 미성년자 난민들은 난민 센터를 탈출해 나간다. 뚜렷이 갈 곳도 없고 돈도 없어 도시를 배회하다 범죄 단체의 먹잇감으로 전락하기 십상이다. 도시의 마피아들은 이들을 데려다가 아주 적은 임금을 지급하거나 아예 임금을 주지 않고 일을 시킨다. 설령 돈을 모은다 해도 독일이나 영국으로 데려다줄 가이드들에게 지불하고 나면 남는 돈은 사라진다. 유럽으로 오면 모든 게 해결될 것으로 기대했지만 실상은 완전히 다르다는 걸 깨닫는다. 하지만 이미 때는 너무 늦었다. 이제는 돌아가고 싶어도 돌아갈 수도 없는 처지가 된 것이다.

미네아 센터에서 머무는 난민들 중에는 난민 신청이 있는지조차 모르는 사람도 많고 난민 신청을 해 놓고도 답을 기다리기 위해 몇 달은 보통이고 심지어 1년 반을 기다리고 있는 경우도 있다고 한다. 대부분은 무작정 이곳에서 세월을 보내고 있다. 난민 프로세스에 따라 이들을 합법적으로 만들어 사회에 내보내는 게 아니라 사실상 방기하고 있는 실정이다. 이탈리아 정부에서는 난민들을 위한 프로그램을 지원하기 위해 숙박비와 의복비, 의료비, 이탈리아어 교습비 등으로 하루에 40유로를 지불하고 있지만 모두 운영진의 주머니로 들어간다. 미네아 센터에 들어가는 1년 예산만도 7000만 유로(약 900억 원)에 달한다고 한다.

또한 많은 난민들은 환경도 열악하고 희망도 없는 미네아 센터에서 하나둘씩 탈출한다고 한다. 많은 난민들은 이탈리아의 로마나 밀라노 등으로 가기 위해 가까운 이웃 마을로 가서 돈을 버는 경우도 있다. 외지로 나가기 위해서는 센터에까지 발을 뻗친 마피아 조직의 가이드들에게 경비를 지불해야 한다. 이들에게 정해진 경비를 지불하면 난민들을 독일이나 덴마크, 스웨덴 등으로 데려다주는 것으로 알려졌다.

마피아들이 운영하는 난민 센터들에서는 마피아들이 난민들을 상대로 매춘이나 마약 거래를 하면서 수입을 올리기도 하고 이들을 유럽의 다른 국가로 데려다주면서 또 다른 수입을 챙기고 있다. 마피아들은 난민 센터를 운영하면서 국가가 지급하는 운영비를 챙기고 난민들을 상대로 해서 수입을 챙기기 때문에 가장 많은 수입을 올리는 난민 사업으로 서서히 옮기고 있다.

에리트리아는 22년 동안 철권통치를 해 온 '아페워키' 정권 아래서 가난과 인권 탄압으로 국민들이 신음해 왔다. 대부분이 젊은이들로서 약 30만 명의 난민들이 에리트리아를 탈출해 유럽으로 향하고 있다.

나이지리아는 산유국이지만 부의 분배가 불평등하게 이뤄지면서 인구의 반은 굶주림에 시달리고 있다. 따라서 해마다 유럽으로 가는 행렬이 증가하고 있다. 또한 이슬람 국가(IS)에 충성을 맹세한 '보코하람'이라는 이슬람 수니파 무장 그룹의 잔인한 살상과 파괴도 나이지리아 국민들을 유럽으로 향하게 만드는 원인으로 꼽을 수 있다.

소말리아는 정부군과 반군 사이의 내전으로 수많은 사람들이 난민으로서 이웃 국가들로 떠났다. 지금도 여전히 내전은 진행되고 있으며 경제는 완전히 붕괴된 상태이다.

수단 역시 내전으로 남수단과 북수단으로 분단됐다. 내전으로 많은 국민들이 이웃 국가와 유럽으로 난민으로 떠났다. 지금도 불안정한 상태여서 경제는 바닥을 치고 있고 많은 사람들이 수단을 떠나고 있다.

세네갈은 높은 실업률과 더불어 대다수의 국민들이 가난에 시달리고 있다. 이로 인해 많은 사람들이 일자리를 찾아 이웃이나 유럽으로 발걸음을 돌리고 있는 상황이다.

현재 아프리카에서는 1700만 명이 피난민으로 살던 곳을 떠난 상태에 있다고 한다. 450만 명이 난민이고 1250만 명이 피난민(실향민)으로 살던 곳을 떠났다. 전해보다 200만 명이 늘어난 상태이며 계속 난민들의 숫자는 늘어만 가고 있다.

# 9. 우크라이나 전쟁과 난민들

2014년부터 지금까지 우크라이나에서 벌어지는 전쟁은 서방 세계와 러시아의 대리전적 성격을 띠면서 진행되고 있다. 러시아는 붕괴된 소비에트 체제의 재건을 위해 구(舊) 소비에트 국가를 중심으로 유럽 연합과 같은 경제 공동체 블록을 건설하기 위해 유라시아 경제 연합(Eurasian Economic Union)을 출범시켰다.

현재까지 유라시아 경제 연합에 가입한 나라들은 러시아와 카자흐스탄, 벨라루스, 아르메니아, 키르키즈스탄 등 5개국이다. 물론 과거의 모든 소비에트 국가들은 아니지만 대부분의 구 소비에트 국가들을 가입시키기 위해 문을 열어 놓고 있다.

그러나 구 소비에트 국가 중에서 정치적·경제적으로 가장 핵심 국가로 꼽히는 우크라이나가 빠진 상태다. 우크라이나가 러시아와 물리적 충돌을 벌이면서 적대국으로 돌아서 버렸다. 우크라이나의 내전도 사실은 유럽 연합과 유라시아 경제 연합 사이에서 한쪽을 선택해야만 하는 기로에서 벌어진 충돌이었다. 유럽 연합이냐, 아니면 유라시아 경제 연합이냐의 선택에서 키예프를 비롯한 서부 지역은 사실상 유럽 연합을 선택했고 동부 지역은 유라시아 경제 연합을 선택했다. 당연히 충돌이 일어나면서 우크라이나는 동서로 분단됐고 크림반도는 러시아가 조차해 버렸다.

사실상 푸틴이 꿈꾸는 구 소비에트의 재건은 우크라이나의 반발로 벽에 부딪혔다. 우크라이나가 없는 유라시아 경제 연합은 현실성 없는 움직임으로 끝날 가능성이 더 높아졌다. 흑해를 접한 유일한 국가인 우크라이나가 러시아에 반기를 들자 러시아는 국제적인 여론을 거스르는 모험을 하면서까지 크림반도를 재빨리 조차해 버렸다. 러시아로서는 이 방법 외에는 흑해로 진출할 다른 방도가 없기 때문이다. 이미 발틱해 연안의 세 국가들은 유럽 연합에 합류하면서 러시아와는 완전히 멀어졌고 우크라이나만이 유일한 희망이었다.

구 소비에트 국가 중 유라시아 동맹에 참여하는 국가 중에서 바다를 접한 국가는 없다. 조지아도 2008년 8월에 러시아와 물리적 충돌을 벌이면서 러시아와는 이미 적대적인 국가로 돌아서 버렸기 때문에 우크라이나가 빠져나가면 러시아로서는 흑해라는 해양 통로조차 막혀 버릴 가능성이 커져 버렸다는 것이다.

러시아의 움직임을 간파하고 있던 미국과 유럽 연합은 러시아가 붕괴된 구 소비에트를 재건할 기회나 시간을 주지 않고 러시아의 영향력을 축소 내지 차단하기 위해 소비에트가 붕괴한 시점부터 우크라이나를 지원해 왔다. 우크라이나가 러시아와 충돌하고 있는 현재는 우크라이나를 지속적으로 지원하면서 전쟁을 지원할 태세에 있다.

1989년 베를린 장벽이 붕괴된 이래로 미국과 서유럽 국가들은 동진 정책을 지속해 왔다. 곧 발칸 전쟁이 벌어졌고 발칸은 몇 개의 국가들로 찢어져 독립했다. 그 과정에서 발칸 전쟁도 몇 차례 벌어졌다. 발칸 전쟁은 팽창하는 미국과 유럽의 민낯을 스스럼없이 보여 줬고, 반면에 나약해진 러시아의 위상을 드러낸 사건이었다. 결국에는 미국과 유럽 연합이 우크라이나에까지 진출하면서 핵무장 국가인 러시아와 바로 국경을 맞대고 대치하는 위험한 상황까지 치달았다. 만약에 러시아와 국경을 사이에 두고 충돌한다면 3차 세계 대전까지도 예상할 수 있다.

물론 대륙 간 탄도 미사일과 핵폭탄을 수천 기씩 보유한 국가들끼리 충돌하게 되면 상호 멸망으로 치닫는다는 사실을 잘 알고 있다. 이 때문에 미국이나 러시아는 어느 한쪽도 세계 대전을 원치 않는다. 그럼에도 미국과 유럽 연합은 러시아의 목줄을 죄면서 계속 압박을 가하고 있다. 사실상 최대한 러시아의 목줄을 죄는 게 목적일 것이다. 어쨌든 극단적인 상황으로 치닫기 전에 타협을 통해 갈등을 마무리할 수밖에 없으며 적당한 선에서 양보하면서 우크라이나에서의 전쟁을 타결할 것이다. 적당한 선에서의 양보란 이미 조차된 크림반도는 러시아의 영토로 인정해 주고 동부 지역의 도네츠크나 루한스크 등은 우크라이나 연방 내의 영토로 인정하면서 자치권을 부여하는 식의 선에서 해결할 가능성을 의미한다.

이른 아침 러시아의 페테르부르그시를 출발한 비행기는 2시간 만에 키예프 공항에 도착했다. 키예프 공항의 여권 심사대는 '우크라이나·유럽 연합'이라고 표기된 창구와 '다른 모든 여권'이라는 창구로 나뉘어 있었다. '다른 모든 여권'이란 사인이 보이는 곳은 오직 하나의 창구만 열려 있었고 '우크라이나·유럽 연합'이라고 표시된 창구는 거의 열 개 정도가 열려 있었다. 당연히 러시아 여권을 가진 사람들은 모두 '다른 모든 여권'이라는 창구 쪽으로 가서 줄을 서야 했다. 그곳에는 이미 수십 명의 러시아 사람들이 줄줄이 늘어서 있어 여권 심사대를 통과하는 데만도 반 시간 이상은 족히 걸릴 것처럼 보였다. 반면에 우크라이나인들이 줄을 선 창구들은 한산하고 여권 심사 과정도 빨리 진행돼 모두들 재빠르게 통과하고 있었다. 나는 언제 끝날지도 모르는 러시아인들 뒤에 서기보다는 '우크라이나·유럽 연합'이라는 곳으로 가서 섰다. 내 앞에 선 러시아 여권을 가진 한 여인이 '우크라이나·유럽 연합'이라 표기된 창구에 줄을 서서 여권을 내밀었다가 검열관이 퇴짜를 놓았는지 곧바로 러시아인들이 늘어선 곳으로 옮겨 가는 일이 벌어졌다. 물론 여인은 모든 사람들이 보는 앞에서 곧 울음을 터뜨릴 것처럼 당황하고 무안한 낯빛으로 변해 있었다. 나도 러시아 여인처럼 퇴짜를 맞지나 않을까 긴장하긴 했지만 검열관 앞에 서자 검열관은 자연스럽게 나의 대한민국 여권을 받아 주었다. 혹시나 해서 유럽 연합의 체류증까지 내밀었지만 아무것도 아니란 듯 다시 되돌려 주었다. 나의 예상이 옳았다. 우크라이나는 공항에서부터 러시아를 향해 무언의 경고를 보내고 있었다.

키예프로 들어오는 버스를 통해서 본 키예프 시내는 내전 중에 있으면서도 마치 아무런 일도 벌어지지 않은 듯 평화스러움 그 자체였다. 키예프역에 도착하면서는 더욱더 그러했다. 역사에는 총을 멘 군인들이 쫙 깔려 있을 것으로 생각했지만 예상과는 달리 평상시의 모습 그대로였다. 5년 전의 키예프역이나 달라진 건 별로 없었다. 변한 게 있다면 영어로 사인이 나오는 대형 보드가 역에 크게 걸려 있다는 것밖에는. 영어로 표기된 대형 보드가 모든 걸 말해 주고 있었다. 키릴 문자만을 자랑스러워하고 고집하던 곳에서 로마 문자가 크게 자리를 잡은 것은 역사적인 변화였다. 더 이상 키예프는 과거의 키예프가 아니었다.

여독을 푼 이틀 뒤(2014년 7월 31일), 우크라이나 혁명의 역사적 산실인 '메이단 광장'을 방문했다. 메이단 광장은 키예프의 중심가에 위치한 광장으로, 정치적인 집회가 열려 왔던 곳이며 많은 상점들이 몰려 있는 거리들이 만나는 곳이다. 작년 11월 말부터 메이단 광장은 '텐트 도시'로 변하면서 혁명의 산파 역할을 한 곳으로 여전히 텐트로 뒤덮여 있었다. 저녁이 가까워 오면서 한낮의 열기는 식어 가고 시원한 바람이 불어오자 텐트들도 장막을 걷어 올리고 있었다. 영원한 혁명의 성지로 남아 있기를 원하는 듯 메이단 광장은 지난겨울의 거센 투쟁의 흔적들을 고스란히 간직하고 있었다. 메이단 광장의 상징적 구조물이 된 '요르카(지난겨울 동안 투쟁하다 숨겨 간 혁명가들의 사진을 걸어 놓은 기념탑)'가 오고 가는 시민들의 발걸음을 멈추게 만들었다. 올해(2014년) 1월 27일, 새해를 기념하기 위해 장식용 전등들을 달아 놓던 철제 구조물에 중년 남성의 시신이 매달린 채 발견되면서 이곳은 순식간에 혁명의 심벌로 변했다. 시민들은 이곳을 지나

'요르카'라 불리는 혁명의 기념탑.

면서 십자가 성호를 긋거나 기도나 묵념을 올리면서 잠시나마 숨겨 간 이들의 넋을 위로하는 모습이 보였다. 이곳에서 200명 이상의 시민과 노동자, 학생들이 지난겨울의 찬란했던 투쟁에서 숨져 갔다.

메이단 광장을 뒤덮은 텐트에서는 여전히 사람들이 생활하고 있었다. 이곳에 텐트가 들어선 시점은 작년 11월 말부터였지만 본격적으로는 올해 1월 들어서면서부터다. 어떤 텐트는 아예 펜스까지 쳐 놓아 마치 병영처럼 만들어 놓았다. 낮은 펜스여서 펜스 내에서 벌어지는 모든 일을 엿볼 수 있었다. 한 텐트의 마당에서는 군복 차림의 서너 명의 청년들이 열심히 군사 훈련을 받는 모습이 눈에 들어왔다. 실전에 대비하기 위한 군사 훈련으로 무술을 연마하는 중이었다. 바

메이단 광장의 캠프에서 군사 훈련을 받는 젊은이들.

로 건너편 텐트의 마당에서는 군복 차림의 젊은이들이 차를 마시면서 휴식을 취하고 있었다. 모두들 우크라이나 '르비프(르보프)'시 인근의 서부 지역 출신이라고 했다. 그중에서 병사 한 사람은 자신을 메이단 출신의 군인으로 지원해 가서 싸우다 며칠 전 '슬로비얀스크'에서 며칠 휴가를 나왔다고 소개했다. (메이단 출신이란 메이단 광장에서 장기간 시위를 벌였던 시위대 출신을 뜻한다.) 슬로비얀스크는 석 달 동안 반군의 치하에 있었으며 치열한 전투가 벌어졌던 도시로서, 현재 우크라이나 정부군의 치하에 들어오면서 정상적으로 돌아온 상태다. 그는 두 주 동안 휴식을 취하다 다시 전선으로 되돌아갈 것이라고 말했다. "현재 우리 지원군들은 훈련도 제대로 받지 못했고

텐트의 지원병들과 논쟁을 벌이는 지나가는 노인.

무기도 제대로 없는 형편없는 상태"라고 불만을 털어놓았다. 이 때문에 "수많은 사상자들이 지원군에서 나오고 있다."고도 했다.

나와 대화를 하는 사이에 갑자기 지나가던 노인 한 사람이 들어와서는 젊은이들을 향해 소리치기 시작했다. "왜 전쟁터에 가서 싸울 생각은 않고 여기서 놀고 있느냐?" 그러자 나와 대화를 나눴던 지원군 병사가 "며칠 전 전선에서 돌아왔습니다. 노는 게 아니라 지금 군사 훈련을 위해 대기하는 중입니다!"라고 큰 소리로 맞받아쳤다. 큰 소리를 듣자 사람들이 모여들기 시작했다. 그러자 노인은 멋쩍은 표정을 지으면서 발걸음을 돌렸다. 노인은 메이단 광장의 텐트에서 지내는 젊은이들을 모두 무위도식하는 룸펜이나 홈리스로 간주하고 있었다. 지난 5월의 대통령 선거를 통해 새로 구성된 '포로셴코' 정부에서 메이단의 텐트들을 제거하려는 강한 의지를 보였으나 텐트에 거주하는 활동가들의 거센 반발에 부딪히기도 했다.

대부분 젊은이들이지만 간혹 나이가 들어 보이는 군인들도 눈에 띄었다. 가장 나이가 들어 보이는 군인이 내게 다가왔다. 자신의 이름은 '블라디미르'이며 나이는 만 58세라고 소개했다. 필자가 그에게 "아들 같은 젊은이들과 군대 생활을 하기가 쉽지 않을 것"이라고 하자, "이들과 같이 이미 메이단에서 싸우면서 함께 생활한 경험이 있기 때문에 별문제 없다."고 자신 있게 대답했다. "메이단 혁명을 통해 변한 게 무엇인가?"라는 질문을 던지자, 그는 머리를 손으로 가리키면서 "변화의 모습은 나중에 보게 될 것이지만, 지금은 우크라이나 사람들의 정신이 변한 게 가장 큰 수확"이라고 힘주어 말했다.

메이단 광장이 유명해진 건 2004년도의 '오렌지 혁명'으로 거슬러 올라간다. 우크라이나 사람들은 '1차 메이단 혁명'이라 부른다. 이곳에서 구시대의 정권을 무너뜨리고 새로운 정권을 탄생시킨 역사가 있다. 정확하게 10년이 흐른 2014년 2월에도 역사가 반복됐다. 친러시아 정권인 '야누코비치' 정권을 무너뜨리고 '포로셴코' 정권을 탄생시켰다. 2월의 혁명을 주도했던 시위대들은 이를 '2차 메이단 혁명'이라고 명명하고 있다.

혁명에 참가했던 대부분의 젊은이들도 현실적으로는 별로 변한게 없다는 불만을 털어놓았다. 메이단의 투쟁 현장에서 팔을 잃은 한 시위자는 지금까지 제대로 치료도 받지 못하고 보상도 받지 못했다고 정부를 비난하면서 "3차 메이단이 필요하다."고 주장했다. 메이단에서 캠프를 정리하지 않고 버티는 이유도 새 정부를 비판적으로 주시하겠다는 의미도 담겨 있다. 동부 지역의 전쟁으로 인해 많은 메이단의 전사들이 지원군의 일원으로 동부 전선으로 떠났고, 남아 있는 자들은 캠프를 지키면서 혁명의 정신을 계승하겠다는 강인한 의지를 보여 주고 있었다.

(2014년 8월 9일, 우크라이나 정부는 메이단 광장의 지도자들로부터 합의를 이끌어 내 메이단의 캠프들을 모두 철거하는 역사적인 행사를 벌였다. 이 현장에도 필자가 함께했다.)

### 오렌지 혁명(1차 메이단 혁명)에 대하여

1991년 소비에트가 붕괴된 후 우크라이나는 독립 국가가 됐지만 여전히 러시아의 영향력이나 소비에트식의 전체주의적인 통치 체제를 벗어나지 못하고 있었다. 다른 동유럽 국가들보다 정치나 경제 부문에서의 개혁은 매우 느리게 진행되고 있었다.

정부에 의한 언론 통제는 물론이고 언론에 대한 탄압은 극대화된 상황이었다. 2000년에는 언론인을 납치해 살해하는 사건도 발생했다. 이 사건은 우크라이나 국민 전체를 분노하게 만들었다. 이때부터 시민들과 인권 단체들은 진상 규명을 요구하면서 쿠츠마 정부에 대항해 시위를 조직하고 스스로를 조직하기 시작한다. 또한 앞으로 정치 단체로 기능할 야당이 만들어지기 시작한다.

우크라이나의 정치 지형은 동서의 분단이라고 할 정도로 분명한 색깔을 드러내 왔다. 동쪽은 절대 다수가 친러시아 진영을 지지하고 서쪽은 절대 다수가 반러시아 진영을 지지하는 식으로 갈려 왔다. 서부 지역을 기반으로 한 반러시아적이면서 친유럽적인 정당은 대통령 선거에서 유시첸코 후보를 내세워 친러시아적인 정부의 수상이던 야누코비치와 대결하게 된다. 구지배 체제와 신체제의 대결로 우크라이나 역사를 변화시키는 선거이기도 했다.

1차 메이단 혁명은 오렌지 혁명이라고 일컫기도 한다. 오렌지 혁명은 2004년 11월 21일에 있었던 대통령 선거로 인해 일어난 혁명이다. 대통령 선거가 있던 날 500개의 투표소에서 사전 투표 조사를 한 결과 유시첸코 후보가 야누코비치 후보를 거의 10퍼센트의 큰 차이로 앞서가는 것으로 발표됐다. 하지만 막상 개표가 시작되면서 33퍼센트의 개표가 진행되던 시점인 22일 새벽에 중앙 선거 관리 위원회는 야누코비치 후보가 앞선다는 개표 결과를 발표했다. 곧 야당 후보인 유시첸코는 중앙 선거 관리 위원회를 방문해 위원장과 면담한 뒤 자신의 지지자들에게 키예프로 모이라고 호소했다. "중앙 선거 관리 위원회의 개표 결과를 더 이상 신뢰할 수 없다."라는 이유에서였다. 선거 관리 위원회는 99퍼센트의 개표가 완료된 상황에서 야누코비치가 49.4퍼센트, 유시첸코가 46.7퍼센트를 득표했다고 발표하면서 야누코비치의 당선을 발표했다. 유시첸코는 개표가 부정이라면서 지지자들에게 메이단 광장(독립광장)에 모여 텐트를 설치하고 밤을 새울 것도 호소했다. 그리고 서부 지역의 대도시 '르보프'시의 시장을 비롯해 몇 명의 시장들도 유시첸코를 지지하면서 대통령 선거의 결과를 받아들일 수 없다는 성명을 발표했다. 반면에 러시아 두마(의회) 의장과 대통령 푸틴은 야누코비치의 승리를 축하하는 전문을 보내기도 했다.

키예프 중심가의 메이단 광장에는 10만 명 이상의 유시첸코를 지지하는 시민들이 모여들어 시위를 하면서 밤을 새웠다. 이들은 정부 청사를 점거하기도 해 정부의 국정을 마비시켰다. 부정 선거에 대한 시위와 회의 등으로 우크라이나는 모든 활동이 중지되면서 오로지 앞으로 대선 문제를 어떻게 해결할 것인가에만 집중했다. 정부도 두 손 들었고 야누코비치가 불리하다는 사실을 알면서도 재선거를 하는 데 합의했다.

12월 26일 재선거 실시에 양측이 합의하면서 재선거가 치러졌다. 결과는 유시첸코가 52퍼센트를 얻고 야누코비치가 45퍼센트를 얻었다. 야누코비치는 결과를 받아들이면서 수상직에서 물러났다. 이로써 유시첸코가 대통령으로 취임하고 국정의 파트너로 '티모센코'가 수상으로 임명됐다. 이를 오렌지 혁명이라 부르며 무혈 혁명을 통해 정권을 변화시켰다.

### 2차 메이단 혁명(유로 메이단 혁명)에 대하여

오렌지 혁명 후 유시첸코를 대통령으로, 티모센코를 수상으로 하는 정부가 탄생하면서 우크라이나를 이끌었지만 경제적인 어려움을 극복하지 못했고 러시아와의 송유관 분쟁과 함께 가스 공급과 대금 지불로 인해 계속 충돌해 왔다. 경제 위기 또한 티모센코 정부를 코너로 몰아넣기 시작했고 대다수가 지지를 철회하기 시작했다.

2010년 2월에 실시된 대선에서 야누코비치가 승리를 거두고 대통령에 취임했다. 대통령이 된 야누코비치는 정치적 복수를 하기 시작했다. 그의 최대 정적이던 티모센코를 부패 혐의로 몰아서 구속시켜 버렸다. 그의 복수극은 오렌지 혁명의 지지자들을 다시 불러 모으는 계기로 작용했다. 또한 그의 친러시아적 성향은 많은 국민들의 반발을 불러일으켰다. 러시아가 시작한 유라시아 경제 연합에 야누코비치 정부도 참여하기 위해 러시아와 대화를 시작했다. 이는 유럽 연합의 일원이 되기 원하는 서부 지역의 많은 국민들의 저항을 불러일으키기 시작했다.

2차 메이단 혁명(유로 메이단 혁명)은 2013년 11월 21일 2000명의 시위자들이 키예프시의 중심지인 메이단 광장에 모여들기 시작하면서 시작됐다. 시위자들은 야당의 지도자인 '아르세니이 야트세니유크'가 트위터에 도움을 호소하면서 모여들었다. 이틀이 지나면서 광장에는 20만 명이 모여들었다. 당시 야누코비치 정부가 유럽 연합에 우크라이나가 가입하는 절차를 중단한다는 결정을 발표하자 이에 항의하면서 시작됐다. 정부에 반대하는 모든 세력이 메이단 광장에 모여들었는데 수십만 명의 시민들이 광장을 메웠다.

당시 우크라이나 국민들은 우크라이나가 유럽 연합에 가입해 유럽 연합의 회원국으로서 유럽을 자유롭게 왕래하면서 유럽처럼 높은 수준의 삶을 살기를 원했다. 무엇보다도 소비에트 시절 이웃 국가들인 폴란드나 헝가리가 유럽 연합의 회원국으로 발전하는 모습을 보면서 많은 충격을 받았다. 20년 전만 해도 우크라이나는 두 이웃 나라와는 별 차이가 없었다. 하지만 20년이 지난 후 우크라이나가 폴란드나 헝가리와는 비교도 되지 않을 정도로 낙후해 버린 데 대한 실망감이 너무 컸다. 따라서 폴란드와 헝가리 등 유럽 연합 국가들의 영향을 많이 받은, 특히 서부와 서남부 지역의 우크라이나 사람들은 러시아와의 관계를 완전히 단절하고 유럽 연합으로 가입하기를 원하고 있었다.

그 와중에 야누코비치 정부는 유럽 연합으로의 가입을 중단하겠다는 선언을 해 버리면서 많은 국민들을 실망시켰다. 또한 러시아와의 관계를 더욱 밀접하게 가지겠다는 발표를 한 것이다. 우크라이나 국민들의 과반수 이상은 러시아가 우크라이나를 착취하고 이용하기 때문에 러시아를 벗어나지 않고서는 제대로 살 수가 없다고 믿고 있다.

메이단 광장에 모인 시민들은 "우크라이나는 유럽!"이라는 구호를 외치면서 우크라이나 국기와 유럽 연합의 깃발을 들고 시내 중심가를 행진했다. 군중들의 시위에 놀란 정부는 유럽 연합의 가입 프로세스를 계속 진행할 것을 약속했지만 곧 거짓임이 드러나면서 더 많은 시민들이 반정부 시위에 참가하게 된다.

2013년 11월 30일, 폭동 진압 경찰들이 시위대를 공격하면서 70명의 학생들과 시민들이 부상당하는 사건이 발생했다. 이 사건을 기점으로 더 많은 시민들이 참가하면서 야누코비치 대통령의 하야를 요구하기 시작했다. 또한 르보프시를 중심으로 한 서부 지역의 도시들도 키예프의 시위를 지지하기 위해 총파업에 돌입하기도 했다. 매주 열린 야누코비치의 사퇴를 요구하는 시위에 거의 80만 명이 모였다. 진압 경찰들의 폭력이 도를 넘어서면서 시민들의 저항도 더욱 거세졌다. 야누코비치 정부의 반혁명 공세도 시작됐다. 일당을 받고 동원된 군중(티투시키)들이 반메이단 구호를 외치면서 등장하기 시작했다. 당시 '티투시키'들에게는 하루 일당으로 4000~5000원이 지급됐고 동원책들에게는 하루에 10만 원이 지급됐다. 이들은 메이단 광장에서 정부를 옹호하는 시위를 벌이면서 시민들과 충돌을 벌이는 활동을 주로 했다. 티투시키들은 시위 학생들이나 기자들을 납치하거나 살해까지 하면서 시민들의 공분을 사기도 했다.

2014년 1월 19일이 지나면서 티투시키들과 진압 경찰들의 폭력에 맞선 폭력 시위가 시작됐다. 시위 지도자들과 정부 측의 협상이 계속됐지만 해결책은 나오지 않았다. 경찰에 맞선 폭력 시위는 계속됐고 시위대가 머무는 텐트 도시를 철거하라는 정부의 요구에 굽히지 않았다. 협상 팀은 정부와의 협상 결과를 계속 시위 군중들에게 공개하면서 시위대의 동의 절차를 거치면서 사실상 17세기의 우크라이나 코사크 정부의 전통을 따른 민주주의를 실행했다. 2만 명이 손을 들어 동의하면 안건이 통과되는 식이었다.

2월 18일에는 의회로 행진하던 평화적인 시위대가 진압 경찰에 의해 공격당했고 빌딩 옥상에서 총격이 시작되면서 10명이 목숨을 잃었고 12명이 부상당했다. 2월 20일, 정부 측의 총탄 공세가 시작되면서 100명 이상이 숨졌고 1000명 이상이 부상을 당했다.

다음 날(2014년 2월 21일)에는 메이단 시위가 국제적인 관심사가 되면서 폴란드, 프랑스, 독일의 외무 장관들과 함께 야누코비치와 야당 지도자들 사이에 협상안이 체결됐다. 하지만 합의된 협상안(재선거와 총사면 등)은 분노한 시위대에 의해 전혀 받아들여지지 않았다. 반면에 시위대를 이끄는 대표가 나와서 "내일 오전 10시까지 야누코비치가 퇴진하지 않으면 대통령궁으로 총을 들고 진격하겠다."라는 최후통첩을 선포했다. 시위 군중들은 모두 그의 말에 지지를 보냈다. 이날 여당 의원들은 대부분 사퇴해 도주해 버렸고 야누코비치도 밤에 도주했다는 소식이 들렸다. 야누코비치는 러시아로 망명했다. 야누코비치 정부와 의회는 와해됐고 우크라이나는 2014

메이단 광장에 세워졌던 바리케이드. 진압 경찰에 맞서 세워졌던 바리케이드로, 이곳에서 많은 시민들이 숨져 갔다.

년 5월 25일에 대통령 선거를 통해 '포로셴코' 정부를 세웠다.

2014년 2월 22일, 야누코비치 대통령이 권한을 잃고 러시아로 망명하면서 우크라이나 혁명은 새로운 전기를 맞게 된다. 다음 날 우크라이나 혁명 의회는 공식 언어였던 러시아어를 강등시켜 단지 제2 공식어로 지정해 통과시킨다. 우크라이나 의회의 결정은 러시아어를 공식어로 사용하는 동부 지역의 주민들을 극도로 자극하게 된다. 며칠 지나면서 동부 지역의 도네츠크와 루한스크 지역, 크림반도의 상황은 심상치 않게 전개되기 시작한다. 2월 말에는 크림반도에서 가장 큰 도시인 심퍼로폴의 정부 청사가 무장 괴한들에 의해 점령당하는 사태가 발생한다.

3월 16일, 크림반도에서는 러시아로의 복속을 원하는지에 대한 주민 투표가 실시됐고 97퍼센트의 찬성률로 통과됐다. 이틀이 지난 뒤 러시아에서는 크림반도를 러시아의 한 영토로 인정하고 받아들인다. 물론 우크라이

마을을 분단시키기 위해 세워진 철조망.

나와 미국은 크림반도의 주민 투표를 불법으로 규정하고 크림반도의 조
차를 인정하지 않는다.

5월 11일에는 도네츠크와 루한스크 지역에서 주민 투표를 거쳐 우크라이
나에서의 독립을 선포를 하게 된다. 곧 두 지역은 우크라이나의 정부군과
전쟁을 벌이기 시작한다. 슬로비얀스크는 반군들에 의해 점령됐다가 다시
반환됐으며 무장 충돌은 계속됐다. 물리적인 충돌로 인해 동부 지역에서
많은 난민들이 키예프와 서부 지역으로 이동해 오기 시작했다. 양측에서
사상자가 속출하면서 한쪽의 승리를 장담하기 어려운 상황이 오면서 평
화 회담이 시작됐다. 9월이 되면서 평화 회담이 열렸으며 서서히 전면적
충돌보다는 국지적인 충돌로 제한되는 양상을 보이기 시작했다.

2차 메이단 혁명은 이미 정치적으로 동과 서로 분리된 우크라이나를 영토

까지 분단시키는 결과를 낳았다. 물론 시위를 시작했던 우크라이나 국민들 대부분은 이런 결과가 오리라고는 전혀 예상치 못했다. 어쨌든 정치적 격변기에서 보여 준 동부 지역 주민들의 행태는 서부 지역과는 완전히 다른 모습을 보여 주었다. 동부 지역의 주민들은 대부분 메이단 혁명에 반대했고 러시아와의 관계 단절을 반대했다. 1차 메이단 혁명에서 보여 줬던 동부 지역 주민들의 인내심은 2차 메이단 혁명을 거치면서 한계에 도달했다고 볼 수 있다. 1차 메이단 혁명에서는 야누코비치가 양보하면서 동서 간의 분리를 막을 수 있었지만 2차 메이단에서는 서로 간에 물리적 충돌이 벌어지면서 이미 분리가 시작됐다. 또한 동부 지역의 주민들도 분리가 아니면 다른 해결책이 없다는 결론에 도달했을 것이다. 우크라이나의 입장에서는 결과적으로 메이단 혁명을 통해 크림반도와 동부 지역인 도네츠크와 루한스크 지역을 잃어버렸다.

현재 크림반도와 도네츠크, 루한스크는 러시아 화폐인 루블화로 우크라이나 화폐를 대체해 사용하기 시작했고 이미 러시아 경제의 한 부분으로 편입된 상황이다. 또한 분단선을 그은 상태로 국경 통제소도 열어 놓았다. 동에서 서로, 서에서 동으로 이동하기 위해서는 다른 나라를 여행할 때 받아야 하는 여행 허가증을 받아야만 분단선의 국경 통제소를 넘을 수 있도록 만들어 놓았다.

무장한 보안요원들과 취재진을 실은 버스가 '슬로비얀스크'시의 변두리에 위치한 '세메니브카' 지역에 들어서자마자 파괴된 집들이 보이기 시작했다. 세메니브카의 사거리, 한때는 교통의 교차점으로 호황을 누리던 곳이 지금은 완전히 파괴된 흉측한 모습만 하고 있었다. 시야가 닿는 곳 어디에도 제대로 서 있거나 성한 건축물은 하나도 없었다. 심지어 도로의 방향을 가리키는 콘크리트 조각물까지도

파괴된 슬로비얀스크의 모습.

총탄에 떨어져 나간 모습으로 우리들을 맞았다. 버스가 도착하자 마
을 주민들이 속속 모여들기 시작했다.

한여름의 태양이 작열하면서 42도까지 기온이 올라간 가운데 마
을의 폐허 위에서 '도네츠크' 주지사 일행과 취재진들, 마을 주민들
간의 모임이 진행됐다. 사실 이 지역은 정부군과 반군의 교전이 격
렬하게 전개되면서 주민들이 살 수 없는 전투지로 변했다가 7월 5일
부터 우크라이나 정부군이 슬로비얀스크 지역을 장악하면서 떠났던
주민들이 속속 돌아오기 시작했다.

도네츠크주의 주지사가 온다는 소식을 들었는지 수많은 주민들이
그의 주위로 몰려들어 생활상 가장 큰 문제인 식수 문제를 간절하게
호소했다. 지난 3개월 이상 이 지역에서는 식수 파이프가 포탄에 맞

아 파괴되면서 식수 공급이 중단된 상태였다. 주민 중 한 여인은 주지사에 대들듯이 항의하기도 했다. "지금까지 식수도 없이 살아왔다. 당신들이 포탄을 쏴서 이런 상황이 온 게 아니냐?"라고 주지사를 향해 고함을 질러 댔다. 사실 이곳이 파괴된 원인은 이곳이 반군의 거점 지역으로 지목되자 우크라이나 정부군이 집중적으로 포를 발사했던 지점이다. 당연히 일대의 모든 시설물들은 파괴됐고 주민들은 가재도구를 놔두고서 몸만 빠져나와 피신해야 했다. 여인의 항의 태도가 도를 넘어서자 취재진 중 한 명이 여인에게 "물도 없이 지금까지 어떻게 살아왔나? 우물이라도 있을 것이니 그곳으로 가 보자."라고 재촉하자 여인은 항의를 멈추고 도망치듯 뒤로 빠져나갔다. 파괴된 가옥 중 한 채의 지붕 위에서는 두 명의 목수들이 지붕을 고치고 있는 모습이 보였다. 뜨거운 태양 아래서 지붕을 수리하는 일이 쉽지 않은 듯 비지땀을 흘리고 있었다.

지금도 전쟁이 치열하게 전개되는 상황에서 전후 복구 문제를 다루는 일이 쉽지 않은 듯 주지사도 한동안 할 말을 잃고 멍하니 하늘을 쳐다보기도 했다. 주지사의 보좌관인 알렉세이는 "현재 우크라이나 연방 정부의 예산이 모두 전쟁에 집중되는 바람에 지역의 전후 복구를 위해 할당된 예산 자체가 없는 상태"라면서 안타까움을 표시했다. 주민들은 주지사에게 간절하게 호소하면 무엇인가 이뤄질 것이란 희망으로 많은 요구 사항을 얘기하고 있었다. 주지사는 자신의 역할이 이들의 호소를 경청함으로써 이들에게 최소한 심적인 위로라도 해 주는 일이란 사실을 잘 숙지하고 있는 듯했다. 그래서인지는 몰라도 파괴된 한 가옥만 방문해 취재진들에게 자신의 행적을 선천하는 형식적인 발걸음을 한 게 아니라 파괴된 여러 가옥들, 심지어는 멀리 떨어진 다른 마을까지도 걸어서 방문해 주민들을 만나서 위로하는 수고를 했다.

마을 주민들은 필자를 보더니 자신들의 집을 보여 주겠다고 앞장서서 길을 안내했다. 한 여인이 자신의 파괴된 집을 뒤에 두고서 마냥 눈물을 흘리는 모습은 도저히 애처로워 보기가 민망할 따름이었다. 그녀의 집 맞은편에는 제법 규모가 큰 자동차 수리 센터이자 세차장이었던 건물이 완전히 폐허가 된 모습으로 남아 있었다. 파괴된 건물에는 앙상한 뼈대만 남아 있었고 남아 있는 벽면의 무수한 총탄 자국들은 당시의 상황을 잘 말해 주고 있었다.

지난 4월 12일(2014년), 러시아와의 합병을 주장하는 반군들이 '슬로비얀스크'시를 점령하면서 슬로비얀스크 시청 건물에는 우크라이나 기가 내려지고 러시아 기가 올라갔다. 곧 1000명의 시민들이 모여 "러시아! 러시아!"를 외치면서 세를 과시하기 시작했다. 그 뒤 선출된 시장을 체포했고 친우크라이나 분자를 추적해 잡아들이는 일이 벌어지기 시작했다. 당연히 이들의 기세에 눌린 나머지 우크라이나를 지지하는 시민들은 보이지 않는 곳으로 숨어들기 시작했다. 석 달 동안 슬로비얀스크의 시민들은 기간 시설이 파괴되면서 전기나 수도 공급이 끊긴 비정상적인 삶을 살면서 반군들의 살벌한 전횡이 판치는 세상에서 지내야 했다. 키예프나 다른 지역에 친지나 가족이 있는 사람들은 대부분 탈출을 시도했고 사정이 여의치 않거나 나이가 많은 노인들은 참고 지내야 했다.

우크라이나 정부군과 반군들의 교전이 치열해지면서 외부와 연

슬로비얀스크의 변두리 마을 곳곳이 파괴되었다. 사진은 시청 앞 광장.

결된 도로나 철로가 차단됐고 외부로 이동할 수 없는 고립무원의 지
경에서 생활해야 했다. 시민들은 공습이나 포격이 지속되면서 생명
의 위협까지 느끼면서 살아야 했다. 탈출한 인구가 늘어나면서 원래
는 13만 명이었던 시의 인구가 7만 명으로 줄어들기까지 했다. 뿐만
아니라 우크라이나 정부군이 들어온 후 네일라 시테파 전 시장은 반
군에 협력했다는 혐의로 체포돼 현재 재판을 기다리고 있고 시 의회
의장은 자택 연금 상태에 있는 것으로 알려졌다.

파괴된 시메오노프카 지역을 떠나 슬로비얀스크 시청으로 향했
다. 시청의 대회의실은 시민들의 대표들로 들어차 있었다. 대표들이

지역을 재건하기 위한 계획을 논의하는 자리여서 뜨거운 열기가 회의장 밖에서도 느껴졌다. 회의장의 출입문 앞에는 두 명의 군인들이 자동 소총을 들고서 드나드는 사람들을 감시의 눈초리로 지켜보고 있어 여전히 평화의 시대가 오지 않았음을 단적으로 표현해 주고 있었다.

도네츠크 주지사의 발표가 끝나고 시장 직무 대행이 앞으로 파괴된 시의 재건 계획을 발표할 즈음, 갑자기 뒷자리에서 60대의 노인이 일어나서는 삿대질을 해 가면서 시장을 공격했다. "나는 두 달 반이나 이 도시를 위해 싸웠고 내 아들은 죽임까지 당했다. 나는 도저히 이 정부(현 우크라이나 정부)를 믿지 못한다. 내가 죽는 한이 있어도 이 정부의 정책은 따르지 않을 것이며 이 정부를 용인하지도 않을 것이다! 당신은 내가 선출한 시장도 아니다!"

그의 시장을 향한 성토는 장내의 분위기를 완전히 얼어붙게 만들었고 회의는 곧 막을 내렸다.

반군의 치하에서의 석 달은 슬로비얀스크시의 많은 시민들을 적대적인 관계로 바꾸어 놓았다. 시를 재건하기 위한 모임까지도 흐지부지되는 모습을 보면서 이전의 공동체로 돌아가기까지에는 상당한 시일이 걸릴 것이란 느낌이 들었다.


필자가 슬로비얀스크에서 키예프로 돌아오면서 탔던 야간열차의 대다수 승객들은 도네츠크와 루한스크에서 전쟁을 피해 키예프로 가는 난민들이었다. 이 지역에서의 전쟁은 전혀 예상치 못한 천재지변처럼 갑자기 발생해 이들의 모든 것을 빼앗아 갔다.

"우리가 뭘 그렇게 잘못해서 이런 일이 생겼는지? 갑자기 전쟁이 일어나 집을 잃고 일자리를 잃어버렸다. 왜? 내가 다른 사람들에게 뭘 잘못한 게 있어서? 왜 내가 다른 사람의 잘못된 행동과 결정으로 인해 이런 고통을 겪어야 하는지?"

도네츠크에 살면서 전쟁이 일어나기 두 달 전까지만 해도 새로운 직장을 구해 미래를 꿈꾸던 32세 엘레나의 한 맺힌 하소연이다. 키예프로 가는 열차 안에서 그녀는 갑자기 뒤바뀌어 버린 자신의 인생 역정을 담담하게 얘기했다. 평화롭던 도네츠크에서 갑자기 전쟁이 터지자 어렵게 얻은 직장은 문을 닫았고 겨우 몸만 빠져나와 지금은 키예프의 친척 집으로 가는 중이다.

현재 키예프나 우크라이나의 서부 지역에는 동부 지역에서 온 많은 피난민들이 모여들고 있다. 우크라이나의 피난민들은 아프간이나 이라크의 난민들처럼 보따리를 몇 개씩 들고서 힘없이 걷는 불쌍하게 보이는 사람들이 아니다. 이들은 슈트케이스에다 여행객 차림으로 키예프역을 오고 가는 멀쩡하게 보이는 사람들이다. 우크라이나 동부 지역의 도네츠크와 루한스크 지역이나 크림반도를 떠난 난민들은 벌써 수십만 명에 달하고 있다. 유엔 난민 고등 판무관실에서 공식적으로 발표한 숫자만 해도 동부 지역에서 10만 명, 크림반도에서 1만 4000명이지만 이보다 훨씬 많은 피난민들이 삶의 터전을 떠났다.

필자는 동부 지역과 크림반도에서 피난 온 난민(실향민)들을 만나기 위해 수도 키예프시에서 40킬로미터 떨어진 '디마르카' 지역에 위치한 난민 거주지를 방문했다. 난민들이 생활하는 건물은 바깥에서 보기에는 현대식으로 지어진 단정한 건물로 누가 봐도 난민촌이라고 믿기 어려울 정도로 깨끗하게 보였다. 물론 한정된 공간이어서 한 방에 대여섯 명의 식구가 머무르고 화장실이나 부엌은 모두 공용이었다. 난민들은 두 지역에서 왔는데 크림반도에서 온 60명과 도네츠크와 루한스크에서 온 70명으로 모두 130명이 살고 있었다. 대부분은 일시적으로 이곳에서 살다가 일자리를 얻고 거주지를 구하면 이사를 해서 나간다.

난민촌에서는 도네츠크에서 변호사로 일을 하다 난민이 된 발레리아 바르시니나(32세)를 만나 상세한 얘기를 들을 수 있었다. 발레리아는 도네츠크에서 법대를 졸업한 뒤 6년째 변호사로 활동해 왔고, 남편인 드미트리(32세)는 작은 자동차 정비업소를 운영해 오면서 자동차를 정비해 주고 자동차 부품들을 판매해 왔다. 넉넉한 생활을 영위하다 갑자기 난민 신세로 전락한 발레리아는 자신과 가족들의 인생이 바뀐 날을 똑똑히 기억하고 있었다.

"4월 28일(2014년)이었는데, 그날 우크라이나의 미래를 걱정하는 많은 사람들이 모여 평화를 위한 기도회를 가질 예정이었다. 약 150명의 사람들이 모여 기도회 모임을 하던 중 400명의 친러시아 진영의 사람들이 야구 배트와 각목, 쇠 파이프, 심지어는 총기를 갖고서 모여들기 시작했다. 이들은 남편을 비롯해 남자들을 무차별 공격하기 시작했고 남편은 다리와 팔을 비롯해 온몸에 구타를 당한 뒤에 쓰러져 일어나지 못했다. 나는 이들이 남편을 구타하는 것을 말리려고 했지만 힘이 없어 아무것도 할 수 없었다. 어느 순간엔가 나까지 각목으로 머리를 맞아 한동안 정신을 잃어버렸고 깨어나니 남편은 쓰러져 있었다. 그리고 남편에 대한 구타를 말리려던 60대의 노인까지도 이들은 야구 배트로 머리를 가격해서 심한 부상을 입혔다. 그 뒤, 노인은 머리와 귀에 심한 부상을 입어 독일로 가서 치료를 받아 가까스로 귀를 회복했다는 소식을 들었다. 당시 모임 장소는 아수라장이 됐고 구타를 당한 사람들의 울부짖는 소리로 가득했다. 나는 남편을 병원으로 옮기려고 노력했지만 혼자 힘으로는 할 수 없어 주위 사람들의 도움을 받아 병원으로 옮길 수 있었다. 병원에서는 남편의 부상을 치료할 약이 없다면서 단지 간단한 치료만 해 주고 돌려보냈다.”

그것으로 모든 게 끝난 건 아니었다. “남편은 한 달 동안 움직이지 못하고 자리에 누워 있어야 했고 아파트 주위에는 늘 ‘친러시아 정치 집단(DNR)’의 단원들이 주위를 서성거리면서 감시의 눈길을 거두지 않았다. 이들의 위협으로 인해 더 이상 도네츠크에서는 살 수 없다는 판단을 했고 결국에는 가족들과 밤에 몰래 피난을 떠났다.” 는 것이다. 드미트리는 키예프의 병원에서 이미 네 번째 수술을 받았고 다섯 번째 수술을 기다리고 있는 중이다. 자신의 가족들과 친척들 모두 아홉 명이 이곳에서 살다가 여동생 가족들은 서부의 ‘르비프’시로 이주해 나갔고 자신은 가족들과 함께 키예프 시내에 위치한 아파트를 얻어 나갈 예정이라고 했다. 드미트리는 자신의 삶의 터전이던 두고 온 카센터를 그리워하면서 전쟁이 끝나 돌아갈 수 있기만 빈다고 말했다.

난민촌에서 만난 다른 가족은 크림반도에서 탈출해 온 한 학생과 어머니였다. 미하일 그레고리프(20세)는 심퍼로폴(Simferopol) 대

크림반도에서 탈출한 학생 운동가 미하일 그레고리프와 그의 어머니.

학 3학년에 재학하면서 학생 서클의 회장으로 활동하고 있었다. 그의 인생을 뒤바꾼 사건은 지난 3월 9일에 일어났다. 1000명의 학생들과 시민들이 분리 독립을 위한 주민 투표(3월 16일)를 앞두고 우크라이나를 지지하는 모임을 가졌는데 그는 학생들을 동원하는 일을 담당했다. "부모들은 러시아인이지만 자신은 우크라이나에서 태어났기 때문에 우크라이나인이며 당연히 크림반도는 우크라이나에 속해야 한다."라고 학생들에게 주장했다고 한다. 모임이 있고 다음 날(3월 17일), 대회에 참석했던 타타르 민족의 한 청년 활동가가 의문의 죽음을 당했다는 뉴스를 보고서 크림 지역을 탈출하기로 결심했다는 것이다. 필자는 "만약에 크림 지역에 남아 있었다면 어떤 일이 벌어졌을 것 같은가?"라는 질문을 미하일에게 던졌다. "만약에 그곳에 남아 있었다면 체포돼 죽임을 당했을 것"이라고 거침없이 답변했다. "크림 지역에서는 러시아나 우크라이나 두 나라 중 하나를 선택하기를 강요하는 분위기로 우크라이나를 선호하면 그곳에서는 도저히 살 수 없는 분위기"라고 전했다. 미하일은 현재 키예프대학교로 이적해 9월부터 대학에서 계속 경제학을 공부할 예정이라고 했다.

현재 우크라이나에는 휴전 협정이 발효 중이지만 여전히 긴장 기류는 계속되고 있고 언제 전쟁이 재발할지 모르는 분위기다. 그리고 휴전이 됐다고 난민들이 돌아갈 수 있는 분위기는 더더욱 아니다. 난민들이 살던 곳으로 돌아가 삶의 터전을 복구하고 일상적인 삶으로 돌아갈 날이 언제가 될지는 여전히 미지수다.


러시아와 우크라이나를 혈통적으로나 문화적으로나 명확하게 가를 수 있는 기준은 없다. 단지 있다면 지리적 국경선이다. 그 외에는 모든 게 애매모호하다. 키예프에 사는 우크라이나인들을 만나 가족들이 사는 곳을 물어보면 대부분 러시아나 백러시아에 흩어져 살고 있고, 혈통적으로도 모두 뒤섞여 있다. 거의 1000년 동안 혼재돼 왔던 러시아와 우크라이나의 혈통과 문화를 인위적으로, 물리적으로 분리해 내기란 거의 불가능하다.

우크라이나의 내전은 우크라이나인들의 삶 전체를 뒤죽박죽으로 만들어 놓기에 충분했다. 정치적 논쟁으로 인해 부모 자식 간의 정이 끊어지는 일이 예사로 벌어지고 있다. 지난 6월 말 키예프대학교를 졸업한 마리아 바실로코프(23세)는 "러시아의 벨고로드에 사는 조부모와 이미 석 달째 연락을 끊은 채 살고 있다."고 했다. 내전으로 인해 러시아와 우크라이나가 극단적으로 충돌하면서 가족들 간에도 내전이 벌어지고 있다. 러시아에 사는 조부모들은 러시아 측의 입장을 가지고 우크라이나를 비판하는 반면에 우크라이나에 사는 아들 가족들은 러시아에 비판적인 입장을 갖고 있다. 전쟁이 발생하면서 양측은 러시아와 우크라이나 사이의 문제로 대화의 주제가 바뀌었고 서로 간에는 한 치의 양보도 없이 고성이 오고 갔다고 한다. 이를 참다못한 조부모 측은 이제 아예 전화를 받지 않는다는 것이다.

우크라이나를 러시아에서 분리시키고자 끊임없이 추동해 온 지역은 바로 우크라이나 서남부 지역이다. 동부 지역에 거주하는 대부분의 사람들은 러시아 민족으로 구성돼 있기 때문에 대부분이 친러시아적 성향을 띠고 있다. 굳이 순수한 러시아 혈통이 아니어도 러시아 민족과는 떼려야 뗄 수 없는 관계로 엮어져 온 곳이기도 하다. 그리고 소비에트 시절에는 많은 수의 러시아인들이 우크라이나 동부의 공업 지대로 이주해 오면서 우크라이나보다는 러시아에 더 가까운 곳이기도 하다.

반면에 서부 지역은 폴란드 민족, 헝가리 민족, 루마니아 민족 등 소수 민족들이 모여 사는 곳이다. 소수 민족들이 우크라이나에 편입된 연유는 연합국들이 2차 세계 대전이 끝날 시점에 강대국의 정상들이 얄타에 모여 전리품들을 나누는 과정에서 발생했다. 독일의 동부 지역을 폴란드에 편입시키는 대신에 비슷한 크기만큼의 폴란드의 서부 지역을 소비에트가 가져가는 식으로 떼어 갔다. 그리고 헝가리 동부의 넓은 지역도 지금의 우크라이나인 당시의 소비에트가 가

겨갔다. 그러나 소비에트가 붕괴한 뒤에도 여전히 당시의 영토들은 변함없이 우크라이나의 영토로 남아 있다. 당연히 소수 민족들이 러시아에 대해 가지는 감정이 좋을 리가 없다. 어느 날 자고 나니 자신들의 의지와 뜻과는 상관없이 소비에트의 시민이 돼 버린 것이다.

우크라이나 서부 지역의 가장 큰 도시인 '르보프(르비프)'시는 2차 세계 대전 전만 해도 폴란드에 속한 도시였지만 전후에는 소비에트의 도시로 편입됐다. 행정 구역상 소비에트에 속했고 지금은 우크라이나에 속해 있다. 지금도 폴란드에서는 여전히 폴란드의 도시라고 말하고 있고 우크라이나 사람들도 과거에는 폴란드의 한 도시로 인식하고 있다. 지금은 많은 폴란드인들이 폴란드로 이주했거나 우크라이나에 동화되면서 폴란드 민족의 색이 많이 옅어진 게 사실이다. 그럼에도 여전히 대다수 시민들은 반러시아 의식이 팽배해 있다. 2차 메이단 혁명이 진행되던 상황에서는 르보프 시민들 대다수가 거리로 나와 반러시아 시위를 벌인 바 있다.

현재 우크라이나 사람들이 의미하는 우크라이나어라고 하는 건 우크라이나 서부 지역의 언어를 말한다. 폴란드어와 러시아어의 어중간한 혼합이기도 하다. 폴란드어와 러시아어는 같은 슬라브어 계통에 속하고 같은 슬라브 민족에 속한다. 폴란드 사람들은 러시아어를 이해하지만 러시아 사람들은 폴란드어를 이해하지 못한다는 우스갯소리를 폴란드 사람들이 많이 한다.

헝가리와 국경을 맞대고 있는 우크라이나 서남부의 끝머리에 있는 '우즈고로드'시를 중심으로 한 일대는 헝가리인들이 사는 지역이다. 우크라이나 영토임에도 우크라이나어나 러시아어보다는 헝가리

우즈고로드시에서 장을 보고 마을로 돌아가는 헝가리 주민들.

어가 더 많이 들리는 곳이기도 하다. 우크라이나 서남쪽 일대의 지역
도 2차 세계 대전이 끝나면서 소비에트가 헝가리의 영토에서 떼어
간 부분이다. 당연히 이곳에 살던 헝가리 사람들은 다른 곳으로 이주
하지 않고 그대로 거주해 왔다.

　우즈고로드시에서 15킬로미터 떨어진, 우크라이나어로 '말리셀
만치' 마을은 20세기의 역사와 함께 부침을 거듭해 온 작은 마을로
지금은 두 쪽으로 분단된 상태다. 한쪽은 슬로바키아 땅이고 다른 쪽
은 우크라이나에 속한다. 슬로바키아에 속하는 마을 이름은 슬로바
키아어로 '벨키셀멘츠'이나 헝가리어로는 '셀멘츠'이다. 놀랍게도
양쪽 마을에 사는 사람들은 우크라이나 민족도 슬로바키아 민족도

아닌 헝가리어를 사용하는 헝가리 민족이라는 사실이다.

'우즈고로드'시의 중심가에서 '셀멘츠' 마을로 가는 버스를 잡아 타려고 정류장으로 발걸음을 옮겼다. 우리네 시골 장터의 버스 정류장처럼 물건을 잔뜩 담은 쇼핑백을 든 남녀노소가 모여 마을로 돌아가려고 버스를 기다리고 있었다. 버스에 오르자 버스 안은 헝가리 말로 와자지껄해지기 시작했다. 40분 만에 도착한 곳은 여느 평범한 헝가리 마을과 다름없는 모습이었고, 마을 사람들 모두는 헝가리어를 사용하고 있었다.

버스 안에서 만난 초등학교 교사인 '이보야'는 '춥'이라는 헝가리 마을에서 목수이자 농부인 남편과 결혼하면서 '셀멘츠' 마을로 옮겨 왔다고 했다. 현재 남편의 동생이 슬로바키아 반대쪽 마을에 살고 있어 이산가족인 셈이다. 이보야와 그의 아이들과 함께 집에 들어가자 60대 중반의 시어머니가 들어왔다. 시어머니는 그곳에서 태어나 평생을 이 마을에서 살았기 때문에 마을 사정에 훤했다. 얼마 전 90세의 나이로 가장 연로한 마을 촌장이 사망했는데, 그는 평생에 다섯 번이나 국적이 바뀌는 삶을 살았다는 얘기도 했다. 마을에는 헝가리어로만 수업을 진행하는 학교가 있는데 우크라이나 학생들까지도 몰려든다면서 자랑이 대단했다.

그곳을 나와 이웃집으로 발걸음을 옮겼다. 그 집은 마을에서 두 번째로 연로한 노인이 사는 집이다. 광대한 밭으로 그녀를 찾아 나섰다. 밭에 들어서자 멀리서 꾸부정한 상태로 김을 매는 노인의 모습이 보였다. 몸은 비록 꾸부정했지만, 얼굴은 한없이 맑은 표정이었다. 에즈바 발락(87세)이 태어난 해는 1927년으로 헝가리인으로 태어났지만, 체코슬로바키아 국적으로 1938년까지 살아야 했다. 1938년부터 1946년까지는 헝가리 국적을 회복했지만 1946년부터 1992년까지는 소비에트 국민으로 살았다. 그 후로부터 지금까지 우크라이나 국민으로 살고 있다. 국적이 몇 번이나 바뀌었지만, 그녀는 다른 언어를 전혀 구사하지 못하고 단지 헝가리어만 사용해 왔다. 이 때문에 일상생활에서 많은 불편을 감수해야 했다. 주로 관공서에서 발급하는 증명서나 서류를 만들 때면 반드시 러시아어만 사용하는 사무원들과 인터뷰를 해야 했는데 이 때문에 상당한 불이익과 불편을 겪을 수밖에 없었다고 한다. 그녀의 운명처럼 마을도 같은 운명을 겪어야 했다.

마을이 동서로 분단된 해는 1946년 소비에트 세력이 들어오면서부터다. 분단선 안에 있던 집들은 모두 철거됐고 6미터 높이의 담이 세워졌다. 당시 같은 마을에 살던 에즈바의 많은 친척은 마을이 분단되면서 이산가족이 돼 버렸고 1946년부터 1955년까지 10년 동안은 교류 자체가 완전히 금지됐다. 1955년부터 조금 사정이 나아지면서 1년에 한 번씩 방문이 허용됐다. 지금은 1년에 두 차례 닷새씩, 다른 쪽의 마을을 정기적으로 방문할 수 있는 허가가 내려진 상태다. 그리고 가족들 간에 특별한 길흉사가 있을 때면 언제든지 방문 허가를 내준다는 것이다.

소비에트군이 국경을 관리하려고 주둔하면서부터는 마을 사람들의 통행이나 대화를 철저히 금지했다고 한다. 그 전에는 국경을 사이에 두고 서로 간에 고성으로 대화를 나누면서 소식을 전하기도 했지만 이마저도 금지됐다. 2003년에 슬로바키아 측의 마을 이장이 미국

에즈바 발락. 그녀는 헝가리어만 사용하면서 4번이나 국적이 바뀌는 삶을 살아왔다.

의회에 마을의 분단 문제를 호소하면서 미국 정부는 이 문제를 인권 문제로 심각하게 제기하기 시작했다. 그 결과 2005년 양편에 국경 검문소가 설치되는 결실을 보게 됐다. 그러나 슬로바키아가 유럽 연합의 셍겐 국가에 포함되면서 우크라이나 쪽의 마을에서 슬로바키아 쪽으로 넘어가는 절차는 사실상 더욱 어려워졌다.

국경 검문소로 갔다. 몇 명의 사람들이 우크라이나에서 슬로바키아로 들어가는 모습이 들어왔다. 이들에게 어디로 가는지 물으니 모두 건너편 마을에 사는 친척을 만나러 간다고 말했다. 우크라이나 쪽에서 슬로바키아의 다른 편 마을까지의 거리는 70미터밖에 되지 않는다. 슬로바키아 세관 경찰이 이들의 짐을 검사하면서 캐묻는 모습도 보였다. 그곳을 지키던 슬로바키아 이민 경찰은 "이곳을 통과할

셸멘츠 마을에 설치된 국경 검문소를 통해 슬로바키아 쪽의 마을로 넘어가는 사람들.

수 있는 사람들은 오직 우크라이나 국민이나 유럽 연합 국가와 국민뿐이다. 한국 사람은 통과할 수 없다."라면서 필자에게 돌아갈 것을 강력하게 재촉하기도 했다. 그리고 사진 촬영을 하는 모습을 본 다음에는 사진 촬영의 각도를 제시하기까지 했다. 자신들의 말이 잘 먹혀들지 않자 다른 이민국 경찰들까지 가세해 들어왔다. 한 몸집이 큰 여자 경찰의 태도는 굉장히 적대적이었다. "사진을 찍으면 체포하겠다."는 경고까지 내리면서 마치 나를 체포하려는 듯 다가왔다. 내가 발걸음을 돌리자마자 따분한 일상을 잠시나마 반전시켰던 해프닝은 싱겁게 끝나 버렸다.

마을의 분단이 조금씩 외부에 알려지고 유럽에서 우크라이나로 들어오는 절차가 간소화되면서 국경 검문소로 이어지는 도로 양쪽에는 많은 상점이 들어서고 있었다. 슬로바키아 쪽 셸멘츠 마을의 사람들뿐만 아니라 유럽의 다른 도시에서도 우크라이나로 쇼핑하러 오는 사람들을 맞이하려는 것 같았다. 무엇보다도 분단된 마을 사람들의 염원이 담긴 국경 검문소 게이트에 새겨진 문구는 지금도 가슴을 뭉클하게 만든다.

"하나의 셸멘츠가 두 개가 됐는데, 반드시 창조주에 의해 통일되어야 합니다 / 신이 우리를 평화롭게 보호하셔서 / 우리의 희망이 이뤄져 분단된 우리가 하나 되기를 빕니다! / 두 셸멘츠의 게이트들이 우리 마을을 더욱 가깝게 해 주기를 빌면서……."

## : : 도네츠크 주지사 세르게이 타루타

2014년 8월

《포브스》지가 선정한 세계에서 가장 부유한 500인에 드는 우크라이나의 '철강왕'인 '세르게이 타루타'는 지난 3월 우크라이나 혁명 정부로부터 도네츠크주의 지사로 임명됐다. 현재 도네츠크 주와 루한스크주에서는 친러시아 반군들이 우크라이나 정부군

세르게이 타루타

과 교전 중에 있다. 슬로비얀스크시의 파괴된 지역을 방문하면서 그를 만나 인터뷰했다.

■ **파괴된 슬로비얀스크 지역을 보면서 어떤 생각이 드는지?**

슬픔, 슬픔, 슬픔…… 그 말만 온통 나를 지배하고 있다. 가족들을 잃고 거처를 잃은 사람들을 보면서 무한한 슬픔을 느낀다.

■ **언제쯤 내전이 끝날 것 같나?**

내일이라도 내전이 끝나기를 바라지만 단지 희망 사항일 뿐이다. 겨울이 되기 전 9월이나 10월에 전쟁이 끝나기를 바랄 뿐이다. 반군은 주민들의 지지가 없기 때문에 (러시아의) 침공이 없는 한 가을철에는 전쟁이 끝날 것으로 생각한다. 계속되는 파괴와 인명 살상에 분노한다. 무엇을 위한 파괴와 살상인지 회의가 들 뿐이다. 오늘도 파괴된 지역에서 많은 주민들을 만나 봤지만 도움만 요구할 뿐이지 사실 우리가 해 줄 수 있는 건 한계가 있어서 마음만 아플 뿐이다.

■ **파괴된 집들과 기간 시설들은 언제쯤 복구될 것 같은지?**

내년 6월까지 파괴된 집들을 복구하고 파괴된 기간 시설들은 조금씩 재건해 나갈 계획이다. 이곳이 얼마나 파괴됐는지는 보지 않아 잘 모르겠지만 지난 7월에 처음 이곳에 왔을 때는 형편도 없었다. 전기나 수도 시설은 모두 파괴된 상태였다. 지금은 어느 정도 가동되는 상황이어서 주민들이 생존할 수 있지만 그 전에는 거의 불가능했다.

■ **세계를 향해 할 말이 있다면?**

지금 전개되는 도네츠크의 전쟁은 세계적인 전쟁이다. 러시아가 개입돼 있기 때문에 세계는 러시아가 반군을 지원하지 못하게 강력하게 개입할 것을 촉구한다. 러시아에 대한 금수 조치가 힘을 발휘하고 있는 현실을 보고 있다.

■ **전쟁이 끝나면 미래의 도네츠크는 어떻게 건설할 것인지?**

우크라이나의 중앙 정부로부터 도네츠크주의 자치를 확대하는 게 목표 중 하나다. 세계적인 투자 시장으로 도네츠크를 발전시키는 것도 중요한 목표이다. 전 세계의 기업들(특히, 한국의 기업들)이 자유롭게 투자할 수 있는 환경을 갖춘 도시로 만들어 번영과 자유가 보장된 도시로 발전시키고 싶다.

:: 유엔 난민 고등 판무관실 우크라이나 대표 올드리치 안드리세크
2014년 8월

우크라이나, 벨라루스, 몰도바 세 나라의 유엔 난민 고등 판무관실(UNHCR) 대표 '올드리치 안드리세크'와의 인터뷰이다.

올드리치 안드리세크

■ **지금 동부 지역과 크림반도 지역에서 피난민들이 몰려오고 있다. 난민들을 어떻게 할 작정인가?**

먼저 난민이라는 규정부터 잘못됐다. 난민이란 정치적·종교적 박해나 전쟁의 참화를 피해 국경을 넘은 사람들을 뜻한다. 아프간 난민들, 아프리카의 수단 난민들, 벨라루스의 북한 난민들을 난민이라고 한다. 우크라이나에는 사실 난민이 존재하지 않는다. 단지 이들을 '실향민(displaced people)'으로 규정한다.

■ **우크라이나에서 지금과 같은 전쟁의 상황이 전개될 것이라고 상상이나 했는지?**

물론 누구도 이런 일이 벌어지리라 예상하지 않았을 것이다. 언어적·

문화적 동질성을 가진 민족끼리 중무기를 동원해서 전쟁을 벌인다는 것과 분리 독립을 주장하는 자들이 탱크나 로켓탄을 동원해서 싸우며 전투기나 헬리콥터를 떨어뜨린다는 건 도저히 상상도 할 수 없는 일이다. 보통 분리 주의자들은 소총이나 권총 등으로 무장하는 게 고작이다. 그리고 분리 독립을 위한 총투표 후에 정치적으로 해결이 안 된다고 군사적인 힘으로 밀어붙이려고 나선다면 항상 희생자들은 일반 국민들이 된다.

■ **이라크나 시리아, 아프가니스탄에서 넘어온 난민들과 우크라이나에서 전쟁으로 인해 터전을 잃은 실향민들의 문제를 다루는 방법에는 많은 차이가 있을 것이다.**

현재 크림반도에서 온 실향민들은 약 1만 4000명에 이르며 동부의 도네츠크와 루한스크에서 온 실향민들은 10만 명을 넘어선다. 이들은 난민으로 등록이 되지 않으니 난민으로 혜택을 받을 길이 없다. 생존과 관련된 노인들의 연금 문제 등, 이전에 지급되던 것들이 완전히 중단된 것들은 중앙 정부가 우선적으로 처리해 줄 것을 부탁하는 길밖에 없다. 유엔에서는 현재 슬로비얀스크시처럼 전쟁이 지나간 도시에는 실향민들이 귀환해 정착할 수 있게 임시 숙소를 마련해 준다든지 집수리를 할 수 있게 물자를 지원하는 일을 하고 있다.

■ **세계의 난민 상황이 갈수록 나빠지고 있다. 해결책은 무엇이라 보는가?**

가장 큰 원인은 나쁜 권력자들로 인해 발생한다. 문제가 생기면 평화적 해결을 하기보다는 무력을 사용하기 때문이다. 그리고 전쟁이 발생하면 전쟁을 제대로 평화적으로 해결할 능력이 없다. 물론 여러 문제가 존재한다. 영토 분쟁, 물자 문제, 구조적인 부정부패, 독재 체제, 사회적 불평등 문제 등 이런 문제들이 해결되지 않는 한 계속 난민들은 양산될 것이다.

# 10. 러시아와 체첸의 끝없는 충돌

2016년 7월 중순, 벨라루스의 국경 도시 '브레스트'역에서 유럽 연합의 관문인 폴란드의 국경 도시 '테레스폴'로 향하는 기차는 언제나 만원이다. 대부분의 좌석은 러시아 여권을 가진 체체니아에서 온 난민 신청자들이다. 그 밖에도 타지키스탄에서 온 난민 신청자들이나 러시아 주변의 국가들인 우즈베키스탄이나 키르키즈스탄 등에서 온 난민 신청자들로 채워져 있다. 이들은 유럽 연합의 국가인 폴란드를 통과해 독일이나 프랑스, 영국 등 서유럽으로 가려는 이민자들이다. 폴란드 정부에서 하루에 받아들이는 난민 가족들은 겨우 세 가족 정도이다. 즉, 열 명 정도만 받아들여지고 나머지인 대부분의 난민 신청자들은 강제로 추방당해 벨라루스로 되돌아갈 수밖에 없다.

폴란드 정부가 체첸 출신의 난민 신청자들을 되돌려 보내는 이유는 체첸에서는 더 이상 전쟁이 없다는 이유 때문이다. 난민들은 전쟁을 피해서 국경을 넘은 사람들을 의미하지만 난민의 규정에 이들은 해당되지 않는다. 더구나 이들은 러시아 여권을 가지고 있고 러시아에서 정착할 수 있지만 굳이 유럽 연합으로 들어가려고 애를 쓰고 있다.

러시아 여권을 가지고 있기 때문에 체첸인들은 벨라루스에서 합법적으로 3개월은 머물 수 있다. 체체니아에서 러시아를 거쳐 벨라루스까지 기차를 타고 합법적으로 이동하기 때문에 큰 위험을 감수할 필요는 없다. 중동의 난민들이나 아프리카 난민들처럼 목숨을 걸고 터키의 연안에서 그리스의 섬으로, 리비아나 튀니지에서 이탈리아로 배를 타고 가는 일은 없다.

2차 체첸 전쟁이 시작되면서 폴란드를 거쳐 유럽 연합에 들어오기 위해 난민 신청을 한 숫자는 7만 명에 이른 것을 알려졌다. 하지만 70퍼센트 이상은 난민 신청이 거부돼 되돌아갈 수밖에 없었다. 매년 여름에는 하루에도 500명 이상이 난민 기차를 타고 폴란드로 들어가서 난민 신청을 한 뒤에 기다리는 것으로 알려졌다.

브레스트에서 테레스폴까지 기차 요금은 4유로(약 5400원)로 일가족이 한 번 갔다가 되돌아오게 되면 기차 요금만 4인 기준으로 32유로(약 4만 원)가 소요된다. 대부분은 벨라루스의 국경 도시인 브레스트에 머물면서 계속 폴란드에 들어가려는 시도를 하게 된다. 하루에 세 가족 정도가 받아들여진다는 소식에 행여나 자신에게도 행운이 돌아올지 모른다는 기대감으로 계속 난민 기차를 타게 되는 것이다. 브레스트의 기차역에서는 아예 숙식을 하면서 지내는 체첸 난민들도 많다고 한다. 대부분은 수차례 내지 수십 차례를 폴란드로 들어가서 추방당해 온 경험이 있는 것으로 알려졌다. 어떤 체첸인은 벌써

40차례나 시도했다가 폴란드에서 추방당한 경우도 있지만 여전히 포기하지 않고 그곳에서 지내고 있다고 한다. 숙식을 해결할 비용이나 폴란드로 들어갈 비용이 떨어지거나 러시아 여권에 스탬프를 더 이상 찍을 공간이 없을 경우 여권을 갱신하기 위해 벨라루스를 떠나 모스크바로 되돌아간다. 새 여권을 만들고 여비가 생기면 다시 브레스트 기차역으로 되돌아와서 폴란드 입국에 도전하기도 한다.

비록 러시아 여권을 갖고 있지만 러시아도 체첸인들에게는 외국이나 마찬가지고 러시아인들에게도 이들은 이방인이다. 더구나 러시아를 상대로 몇 차례 전쟁을 치렀던 경험도 있고 모스크바에서 큰 테러 사건을 저지른 적도 있기 때문에 러시아인들이 체첸인들을 대하는 시선은 별로 곱지 않다. 러시아인 대부분이 체첸인들을 '테러리스트'로 생각하고 있다는 사실을 체첸인들도 잘 알고 있다. 이 때문에 러시아의 대도시인 모스크바나 페테르부르그에서 정착하기도 쉬운 일이 아니다. 길거리에서 언제나 러시아 경찰에 불심 검문을 당하기 일쑤여서 운이 없으면 별 이유도 없이 경찰서에 구금되는 불상사가 발생하기도 한다.

또한 전쟁이 끝났지만 체첸니아도 체첸인들에게는 지옥이나 마찬가지다. 전쟁을 계속 치러 오면서 적과 아군이 극명하게 갈리어 왔기 때문에 이전에 현 정권에 대항한 조직에 속한 이력이 있다면 더 이상 체첸니아에서는 살 수 없다. 무엇보다도 권력을 잡고 있는 카디로프 정권은 법에 의거한 정치를 하기보다는 무법천지를 만들어 왔다. 정권에 반대하거나 조금이라도 반정부적인 기미가 보이면 암살과

265

10. 러시아와 체첸의 끝없는 충돌

납치, 고문, 투옥이 계속돼 왔다. 대표적인 사례가 체첸니아에서 벌어진 반인권적인 정부의 행태를 조사하고 폭로해 왔던 유명한 두 여기자들이 살해당했던 일이다.

2006년도에는 러시아의 유명한 여기자 안나 폴리코프스카야가 모스크바에서 총탄에 쓰러지는 사건이 발생했다. 당시 폴리코프스카야는 체첸 전쟁에서 러시아군과 체첸군에 의해 저질러진 반인권적인 행위를 취재하던 중이었다. 또한 2009년에는 체첸의 인권 문제에 관한 보도로 전 세계적으로 수많은 상을 획득한 여기자 나탈리아 에스테리로바가 체첸의 수도 그로즈니에서 납치돼 살해되는 충격적인 사건이 발생했다. 물론 범인은 체첸의 대통령인 카디로프로 지목됐고 정치적 살인으로 규정됐으나 여전히 진상은 밝혀지지 않고 있다.

체첸과 러시아의 계속돼 온 전쟁은 체첸인들의 일상적이면서 상식적인 생활상을 완전히 뒤집어 놓았다. 국가 기관에 의한 살인과 고문, 약탈, 강간 등 수많은 범죄들이 저질러졌지만 누구 하나 단죄되는 일이 없었다. 당연히 불안에 떨던 삶을 살아가던 많은 체첸인들은 고향을 떠나 다른 나라로 떠도는 삶을 선택했다. 무엇보다도 생명을 안전하게 부지할 곳을 찾아 나설 수밖에 없었다. 많은 체첸인들이 난민으로 전락한 이유는 바로 이 때문이다.

러시아의 입장도 충분히 이해되는 면이 있다. 1989년 아프간 전쟁에서 패배한 뒤 철수한 러시아는 곧 소비에트의 붕괴를 겪었다. 더욱이 아프간에서 러시아에 대항해 싸웠던 체첸 출신의 지하디스트들이 체첸으로 돌아온 뒤 체첸 공화국의 독립을 선언한 것이다. 체첸과

체첸 반군들의 모습.

의 전쟁은 러시아의 자존심에 심대한 타격을 가했으며 초강대국이
었던 러시아가 해체될 수도 있는 내전을 겪은 것이다. 러시아의 입장
에서는 크레믈린에 말 잘 듣고 고분고분한 정권이 필요했다. 민주주
의니 인권이니 하는 건 러시아로서는 별로 중요한 사안이 아니었다.
당시 옐친 이후 정권을 잡은 푸틴의 선택은 단지 체첸의 지하디스트
들을 제압하고 크레믈린에 충성할 정권이 필요했다. 부족장으로 러
시아에 대항해 싸운 체첸의 지도자였던 아흐메드 카디로프가 지목
됐지만, 얼마 지나지 않아(2004년) 체첸 민족을 러시아에 팔아넘긴
배반자로 찍히면서 암살당하게 된다. 그 뒤 그의 아들인 람잔 카디로
프가 체첸의 대통령으로 아버지의 뒤를 잇게 됐다. 살해당한 아버지
의 복수에 몰두하던 아들은 지하디스트들인 체첸 반군들과 사실상

러시아를 대리해서 전쟁을 벌이기 시작한다. 당연히 카디로프가 푸틴 러시아 대통령에 충성 서약을 한 것을 물론이며 푸틴이 그의 정권을 승인한 것도 사실이다. 카디로프 체제가 들어서면서 더 이상 체첸이 러시아에 대항해 문제를 일으키는 일은 없어졌다. 한동안 러시아의 가장 큰 암 덩어리로 여겨져 왔던 체첸 문제가 잠잠해진 것이다.

하지만 카디로프 정권의 철권통치는 이미 도를 넘어선 상태이다. 국가 기관에 의한 고문과 살해가 비일비재하게 일어나는 체첸 공화국 문제로 러시아 연방에서까지 고문 금지 기구를 만들어 체첸을 감시하는 일이 벌어졌다. 그러나 러시아 연방에서 파견된 법조인들까지도 감시되고 폭행당하는 무법천지의 상황이 연출되면서 체첸의 상황을 어렴풋이 짐작할 수 있다. 외부에서 들어간 기자들이나 변호사들은 감시의 대상이 되고 언제든지 납치나 공격을 당할 수 있다는 공포감에 누구도 체첸에 들어가기를 원하지 않는다. 공포 정치를 통해 체첸을 지배하고 있는 카디로프 정권을 교체할 수 있는 힘을 가진 곳은 크레믈린밖에 없지만 카디로프 이후에 마땅한 교체 세력이 없는 상황이다. 사실상 대체 세력으로는 체첸 반군인 지하디스트 조직 외에는 별다른 대안 세력이 존재하지 않는 상황이다. 지하드 조직의 목표는 세속 정권을 붕괴시키고 이슬람 정권을 세우는 것이기 때문에 러시아 정부와는 적대적이다. 당연히 러시아 정부도 카디로프 정권을 대체할 세력이나 인물이 나오기까지 기다릴 수밖에 없는 상황이다.

이스탄불의 변두리 지역인 움라니예의 한 이슬람 사원 마당에서

두 아이가 열심히 땅바닥에 돌로 무언가를 그리고 있었다. 낯선 이방인을 보자 금방 사원 안으로 달려 들어갔다. 아이들을 따라 들어간 곳은 사원 지하를 개조해서 만든 난민들의 거주지였다. 아이들의 목소리를 들은 난민들이 하나둘 문 밖으로 몸을 내밀었다. 곧이어 어른과 어린이 할 것 없이 무슨 구경거리라도 만난 양 모여들었다. 이들은 모두 체체니아에서 온 피난민들로 일부 사람들은 사원 지하실에서 길게는 10년 이상 지내기도 했다.

그때 돌연 휠체어를 탄 사람이 사람들을 헤집고 나타났다. "푸틴이 내 다리를 이렇게 만들었다오." 하반신을 잃고 휠체어에 몸을 의지한 채 고통스러운 삶을 살아가고 있는 알리 구니셰프(35세)의 첫마디였다. 그가 몸을 의지한 휠체어는 낡고 썩은 것이어서 곧 부서질 것 같았다. 자녀 셋과 부인이 그의 옆을 지키고 서서 그의 얘기에 귀 기울이고 있었다. 그가 두 다리를 잃은 이유는 지뢰 때문이다. 1999년 9월, 러시아군이 체체니아의 수도인 '그로즈니' 주위에 심어 놓은 50만 개의 지뢰 중 하나를 밟으면서 하반신을 완전히 절단해야 했다. 휠체어에 기댄 채 가족과 함께 피난길에 오르면서 몇 번이나 자살을 기도했다고 울먹였다.

난민촌 사람들은 "터키 정부에서 전혀 난민들을 돌보지 않는다."라고 불만을 터뜨렸다. 구니셰프 씨뿐 아니라 많은 난민들은 정신적·육체적으로 지친 상태지만 의료 혜택을 받지 못하고 있다.

'롬 알리' 난민 대표는 외부 인사들에게 난민들의 어려움을 설명하고 지원을 얻어 내는 일을 한다. 사원 사무실에는 난민 대표와 함께 여러 남자들이 비탄에 젖어 있었다.

조지아의 판키시 계곡에 자리 잡은 체첸 난민들.

북오세티야의 베슬란학교에서 벌어진 참사 소식을 접했기 때문이다. 이들은 어린이 340명을 포함해 많은 사람들이 죽고 800명 이상이 다친 희대의 학살극을 주도한 인물들이 체첸 출신의 테러리스트라는 발표에 속이 상해 있었다. 이로 인해 혹시라도 자신들에게 불똥이 튈까 여간 걱정하는 게 아니었다. 물론 이들은 러시아 특수 부대가 참사를 유도했다는 심증을 굳히고 있었다. 이 사건은 러시아 정부가 체첸 민족을 말살하기 위해 저지른 자작극이라고 말하는 사람도 있었다.

이들은 러시아의 박해를 받는 이웃 나라인 북오세티야에서 체첸 반군들이 어린이들을 인질로 잡고 협상을 벌일 이유가 없다고 강변했다. 지금까지 체첸 반군은 한 번도 북코카서스인들을 인질로 잡은 예가 없었다는 점을 이유로 든다. 그리고 러시아와 세계 언론이 진실을 조작하고 있다고 비판했다. 북오세티야를 러시아인 양 보도하고, 오세티야 민족이 마치 러시아 민족인 양 떠드는데 오세티야는 러시아가 아닌 완전히 다른 민족으로 러시아의 지배 아래 있다. 따라서 러시아가 오세티야 민족의 참사에 눈물을 흘렸다는 언론 보도는 거짓말이라며 조목조목 언론 보도 내용을 비판했다. 또 언론 보도의 철저한 통제와 러시아 정부의 공식적 거짓말을 문제 삼았다. 러시아 정부는 인질 수를 300명으로 줄여 발표했는데, 사실은 1200명 이상이 인질로 잡혀 있었다. 이는 러시아 정부가 사전에 사건을 기획했다는 의혹을 던져 주고 있다고 이들은 주장한다.

그리고 설령 체첸인들이 인질극을 주도했다손 치더라도 이는 체첸 민족의 이익을 대변하는 체첸 반군이 저지른 일이 아니라고 주장했다. 특히 체첸인으로 구성된 무장 세력들 중 소수는 러시아의 옛 비밀경찰(KGB)에 의해 조직되고 움직이면서 체첸인들을 대상으로 범죄를 저질러 왔다. 베슬란학교의 참사를 주도한 그룹이 바로 이들이라는 의혹도 제기했다. 이들은 또 푸틴 대통령은 2년 전 모스크바 극장 인질 사태 때처럼 인명을 완전히 무시하는 무자비한 진압으로 베슬란학교의 인질 참사를 불러왔다고 지적한다. 베슬란학교의 인질 참사는 터키에 살고 있는 모든 코카서스 민족 사회를 휘저어 놓은 뜨거운 이슈로 연일 코카서스 민족 대표들이 러시아 정부를 비판하는 기자 회견을 열고 있다.

체첸 난민들은 대부분 4년 전에 조지아와 아제르바이잔을 거쳐 터키로 넘어왔다. 일단 1개월 방문 비자를 끊어서는 난민 신세로 16년째 지내고 있는 사람들이 대부분이다. 1999년 9월에 시작된 2차 체첸 전쟁은 러시아 정부가 체체니아를 초토화하려고 작정한 것처럼 상상을 초월하는 공세를 벌였다고 난민들은 회고했다. 지속적인 융단 폭격, 화학탄 투여, 무차별 로켓포 발사로 수도인 그로즈니는 완전히 폐허가 돼 버렸다. 이 때문에 인구의 절반에 해당하는 체첸 국민들은 난민 신세로 전락해 체체니아를 떠났다. 대부분 러시아 연방 내의 이웃 국가에서 지내고 있지만 많은 사람들이 지금도 러시아군의 위협을 피해 터키를 비롯한 유럽으로 넘어가고 있다.

전쟁 뒤 난민들의 삶은 모두 엇비슷하다. 두 딸과 함께 터키로 피난 온 오스마 카자카리(37세)는 그로즈니에서 금속공학을 전공했다. 대학을 졸업하고 금속 공장의 기술자로 일하면서 비교적 안정된 생활을 누리고 있었다. 그러나 체체니아가 전쟁의 소용돌이에 휘말리면서 그의 삶도 돌변했다. 1994~1996년의 1차 체첸 전쟁 기간에는 가족과 함께 체체니아의 산악 지대에서 피난 생활을 했다. 그 뒤 휴전 협정이 체결되자 다시 공장에 나가기 시작했다. 물론 전쟁 뒤의 무법천지 상황을 겪었지만 러시아의 속박에서 벗어나 독립된 나라에서 산다는 희망으로 모든 어려움을 견뎠다. 그러나 1999년 여름 다시 전운이 감돌았다. 이웃은 모두 피난할 준비를 했지만 그는 책임을 맡은 공장 때문에 쉽게 움직일 수 없었다. 드디어 러시아군의 공습이 시작되면서 제일 먼저 폭격한 곳이 그의 공장이었다. 금속 물질 생산 공장이라 러시아군의 폭격 대상 1순위였다. 더는 그로즈니에 남아 있을 수 없었다. 가족과 가방 두 개만 달랑 든 채 피난을 떠

파괴된 수도 그로즈니.

났다. 국경 근처의 산악 지대로 들어가 며칠을 걸어 겨우 조지아로 넘어갔다. 산악 지대의 난민촌에서 생활하면서 체체니아로 다시 돌아갈 날만 기대했지만 체체니아의 상황은 계속 악화됐다. "이때부터 체체니아의 상황을 듣기 위해 매일 라디오에 귀 기울였는데 이제는 라디오를 듣는 게 습관이 되다시피 했다." 1년 가까이 산악 지역 난민촌에서 생활한 뒤, 14년 전에 터키로 와 가족과 함께 줄곧 모스크의 지하실에서 생활해 왔다. 그는 금속 관련 기술을 갖고 있지만 체류증이 없어 취업은 불가능하고 공사판만 떠돌고 있다.

난민들은 사원 지하실의 좁은 공간을 나눠 만든 작은 교실을 보여 주었다. 이곳에서는 여교사와 10명 남짓한 어린이들이 열심히 수업 중이었다. 바로 러시아 정부가 말하는 "테러리스트들의 아이들"이

조지아의 판키시 계곡에 자리 잡은 체첸 난민들.

었다. 비록 앞으로 어떤 미래가 펼쳐질지 모르나 아이들은 열심히 여교사의 가르침을 듣고 있었다. 교실을 나와서 뒤따라간 곳은 작은 체육관이었다. 이곳에는 역기도 놓여 있었고 샌드백도 걸려 있었다. 어린이 두 명이 자신이 배운 태권도 시범을 보여 주었다. 이렇게 체첸 난민 어린이들이 정식 학교에 다니지 못하고 임시로 만든 학교에서 공부하는 이유는 터키 정부에서 체첸 난민의 존재를 공식적으로 인정하지 않기 때문이다. 당연히 유엔 난민 고등 판무관실(UNHCR)도 터키 정부에서 아무런 협조를 얻어 낼 수 없다. 러시아의 눈치를 보는 터키 정부 때문에 난민들은 신분증 없이 수년을 지내 왔고 난민 혜택도 전혀 받지 못했다. 특히 난민의 자녀는 신분증이나 서류가 없기 때문에 학교에 입학할 수 없다. 더구나 이 문제로 불평도 할 수 없는 처지다. 한 달 전에는 체첸 난민 3명이 불법 체류자로 강제 추방 된 일이 있었기 때문에 가능하면 참고 지낸다.

현재 이스탄불 체첸 난민들은 분산돼 살고 있다. 약 500명의 난민 이 있으나 다른 도시나 이스탄불 빈민가에도 많이 거주하는 것으로 알려져 있다. 페네르바체에 있는 난민촌은 터키 철도청이 직원 사용 건물을 개조해 만들었다. 180명 정도가 생활하는 이곳은 2년 동안 수도와 전기, 가스 시설이 없는 상태로 살아오다가 지난해인 2003년 부터 전기가 들어왔다. 베이코즈 난민촌에는 허름한 3층 건물 전체 를 난민들이 사용하고 있다. 이곳은 비교적 다른 난민촌에 비해 상태 가 좋은 편이다. 가스와 수도, 전기가 제대로 공급되고 중앙난방 시 설이 갖춰져 있다. 반면 의료 혜택을 받지 못해 많은 난민들이 투병 생활을 하는 것으로 알려진다. 이 난민들은 개인이나 구호 단체의 도 움으로 근근이 생활하고 있는 형편이나 이것도 지속적이지 않기 때 문에 항상 불안하다.

체체니아는 자유를 위해 엄청난 대가를 지불해야 했다. 이미 인구 의 30퍼센트가 전쟁으로 희생됐고 2차 체첸전이 벌어진 1999년 이후 체체니아 인구의 절반인 50만 체첸인들이 다른 나라의 피난민 신세 로 전락했다. 러시아의 공습과 폭격으로 그로즈니를 비롯한 체체니 아 도시들은 모두 폐허로 변했고, 화학탄 사용으로 땅이 오염되면서 더는 인간이 살 수 없는 지옥으로 변했다. 더구나 러시아군의 공격으 로 언제 목숨을 잃을지 모르는 상황이어서 산에서 숨어 사는 경우를 빼고는 모두 체체니아를 떠났기 때문에 도시는 텅 비어 있다. 1999 년 러시아의 전면 공격이 가열되면서 체첸 난민들은 국경을 마주하

고 있는 주위의 국가들로 넘어갔다. 체체니아와 가장 가까운 잉구셰
티아로 수십만 명이 넘어갔고, 그 밖에도 조지아, 다게스탄과 북오세
티야, 우크라이나, 터키 등지로 흩어졌다. 러시아 연방 거주 난민들은
모두 러시아군의 통제를 받으면서 지내는 것으로 알려진다.

현재 체첸 난민들은 한목소리로 모국인 체체니아 귀환을 염원하
고 있으나 돌아가도 정상 생활을 하기란 거의 불가능하다. 러시아군
이 장악한 체체니아는 무법천지로 변해 안전 문제가 심각한 수위에
도달해 있다. 그동안 체체니아에서는 수천 명의 체첸인이 행방불명
상태로 목숨을 잃었고, 러시아 정규군이 아닌 용병들에게 연행되는
경우에는 몸값을 지불해야만 석방되는 일이 다반사다. 러시아 정부
는 용병들에게 월급을 지급하지 않는 대신 이런 식의 수입을 허용해
왔다. 따라서 러시아군이 철수하고, 신변 안전이 보장되지 않는 한
난민들이 돌아가기란 힘든 형편이다. 또 난민들은 대부분 가족을 잃
었고, 집과 재산을 송두리째 파괴당했기 때문에 귀향은 내키지 않는
발걸음이다. 그들이 경작하던 농지는 모두 화학탄에 오염돼서 가축
을 키우거나 농사를 지을 수 없을 뿐 아니라 식수도 오염된 상태다.
또 다른 위험은 지뢰다. 전쟁 중 러시아군은 체체니아 땅에 50만 개
의 지뢰를 매설했다고 공공연히 밝힌 바 있다. 이미 지뢰로 인해 수
천 명이 목숨을 잃거나 신체의 일부를 잃었다. 심지어 러시아군에서
체첸 어린이들을 겨냥해 특별 제작한 장난감 모양의 지뢰를 심어 놓
고 어린이들을 유인하여 많은 어린이들이 목숨을 잃거나 다치기도
했다고 인권 단체들이 격분하고 있다. 이런 일이 공공연히 일상적으
로 벌어졌기 때문에 체첸인들은 러시아가 체첸 민족을 완전히 말살

하려 한다는 공포감에 사로잡혀 있다. 당시 모스크의 지하실에서 만났던 40대의 한 체첸인은 러시아가 체체니아에 핵무기를 사용할지 모른다는 극도의 불안감까지 드러냈다.

이미 체체니아를 향한 러시아의 대응은 이성을 상실한 상태다. 공산주의 세계의 선두 주자로 20세기의 반쪽 세계를 이끌었던 소련이 붕괴하면서 그 모습을 드러낸 것은 러시아의 발목을 놓지 않고 함께 나온 체체니아였다. 이라크가 미국의 제국주의적 모습을 극명하게 드러내 준 거울이라면 체체니아는 러시아의 부끄러운 제국주의적 모습을 비춰 주는 거울이다.

체첸과 러시아의 충돌은 1722년으로 거슬러 올라간다. 러시아군과 체첸 부족이 최초로 전투를 벌였다는 기록이 남아 있다. 그 뒤 체첸은 러시아 제국의 속국이 되면서 언제나 러시아로부터 독립할 기회를 엿보면서 저항해 왔다.

1818년 현재의 체첸의 수도인 그로즈니가 러시아군의 요새로 건설됐다. 레오 톨스토이도 이곳에서 포병으로 복무했고 이곳에서의 자신의 경험을 바탕으로 한 단편 소설을 남기기도 했다.

1917년 볼쉐비키 혁명이 일어나면서 체첸은 북코카서스 민족 연합의 일원으로 독립 국가를 건설했다. 그러나 4년이 지난 1921년 러시아 적군은 체첸 정부를 몰아내고 이 지역을 다시 통제하기 시작한다. 이에 체첸 민족의 무장 투쟁은 이어진다. 나중에 러시아는 체첸을 자치 지역으로 만들었다. 1934년 체첸-잉구쉬 자치 공화국이 만들어지면서 소비에트 연방의 일원으로 편입됐다. 1944년 2월 23일,

스탈린의 명령으로 대규모의 강제 추방이 시작된다. 50만 명의 체첸 민족과 잉구쉬 민족은 강제로 기차에 태워져 카자흐스탄으로 추방된다. 그러나 이들이 귀향하기 전 이미 3분의 1이 사망했다.

1953년 스탈린이 죽은 뒤 추방된 체첸인들이 귀향하기 시작했다. 흐루시초프는 체첸 민족의 귀향을 허락하면서 체첸-잉구쉬 공화국을 설립하도록 지원한다. 1991년 소비에트의 붕괴는 체첸 민족의 독립 염원을 자극하면서 독립에 박차를 가하게 된다. 1991년 9월 6일, 퇴역한 소련의 공군 장군 출신인 조카르 두다예프가 체첸 정부의 저항 세력을 이끌었고 나중에는 선거를 통해 대통령으로 선출된다.

한 달 뒤인 10월에는 공산주의 통치자인 도쿠 자브가예프가 체첸에서 추방되고 11월 2일, 체첸은 독립을 선포하게 된다. 1992년 3월, 헌법이 제정되고 체첸은 탈종교적인 국가임을 밝히고 독립 운동을 하게 된다. 그러나 1993년 러시아는 '신민주 헌법'을 제정하고 체첸과 전쟁을 시작한다.

1994년 러시아의 대규모 공세가 전개되면서 전투기까지 그로즈니에 폭격을 가하는 전면전 상황으로 치닫게 된다. 러시아군의 대규모 공세에도 불구하고 체첸 반군의 강력한 저항으로 수많은 러시아군의 희생을 낳았다. 당시의 전면 공세는 러시아 두마(의회)의 승인 없이 불법적으로 이뤄진 것이어서 정치적 이슈가 된다.

1994년 말과 1995년 초를 전후하여 그로즈니를 둘러싼 공방이 가열되나 체첸 반군은 러시아군을 그로즈니에서 몰아내는 전과를 올린다. 1995년 1월 14일, 러시아군은 체첸의 수도 그로즈니의 중심부를 장악하게 되며 닷새 뒤엔 체첸의 대통령 궁까지 들어간다.

1995년 1월 14일, 체첸의 반군 지도자 샤밀 바사예프가 이끄는 체첸 반군들이 부덴노프스크의 러시아 병원에서 1500명의 환자들을 인질로 러시아군과 대치하는 사건이 발생했고 4일 후, 러시아 특수군은 인질들의 생사를 개의치 않고 공격을 개시하면서 약 150명의 사상자를 낳았다. 다음 날 러시아군의 공격에도 체첸 반군은 150명의 환자들을 방패막이로 삼아 버스로 체첸으로 돌아가면서 인질극은 막을 내린다.

1995년 7월 30일, 러시아와 체첸 반군은 러시아군의 점진적인 철수와 체첸 반군의 무장 해제를 주 내용으로 하는 휴전 협정을 맺는다. 1995년 12월 러시아 정부의 주도로 이뤄지는 총선거에 대한 체첸 반군의 공세로 인해 휴전 협정이 무산되고 전쟁이 재개된다.

1996년 1월 9일 체첸 반군이 다게스탄의 키즐리야의 한 병원에서 3000명의 인질을 잡고서 인질극을 연출한 후 160명의 인질을 방패막이로 이 지역을 빠져나가다 페르보마이스카야 마을에서 러시아군에 둘러싸여 5일을 버틴다. 그 뒤 러시아군은 체첸 반군의 격퇴에 초점을 맞춘 작전을 벌이면서 로켓포와 포탄을 작은 마을에 쏟아붓는다. 이 때문에 대부분의 반군과 많은 인질들이 사망했다.

1996년 1월 16일, 체첸 반군이 터키 항구 도시인 트랍존에서 165명이 승선한 페리호를 납치하여 페르보마이스카야 마을에서 러시아군의 철수를 요구했으나 상황이 끝나면서 사흘 뒤 인질들을 모두 풀어 주는 사건이 발생하기도 했다. 러시아의 폭격과 반군 사냥에도 불구하고 체첸 반군 지도자와 병사들, 인질들이 페르보마이스카야를 탈출했다.

1996년 2월 옐친 대통령은 "체첸 전쟁은 실수"라고 자인하면서 반군과 협상에 돌입했고 러시아군의 철군으로 이어졌다. 1996년 4월 25일, 체첸 지도자인 조카르 두다예프가 러시아군의 공습으로 사망하게 된다. 1996년 5월 27일, 그를 이은 체첸의 지도자 얀데르비예프와 러시아 대통령 보리스 옐친은 평화 협정을 다시 체결하게 된다. 러시아 연방의 독립 국가로서 체체니아를 정의하는 분권 계획으로서 재정과 자원에 대한 통제권을 러시아가 갖는 식의 분권 협정을 체결했다. 평화 협정에 의해 러시아군이 체체니아에서 철수한다는 데 동의했다. 그러나 러시아의 협상 대표단과 협상을 마치고 돌아오던 체첸 반군 지도자들을 태운 차량 행렬이 리모컨에 의해 폭파되는 사건이 발생한다.

1996년 9월 러시아의 알렉산더 레베드는 21개월의 체첸 전쟁으로 인해 8만 명이 사망했다고 발표했다. 체체니아라는 국호 대신 '이케리아'라는 국호로 무슬림 분리주의자들 사이에서 대체됐다. 1997년 1월 21일 대통령 선거가 계획되고 아슬란 마샤도프와 샤밀 바사예프가 선두 주자로 나서게 된다. 1997년 1월 28일, 아슬란 마샤도프가 대통령으로 선출됐음을 공식적으로 선언하면서 마샤도프 체제가 출범하게 된다.

1997년 1월 29일, 마샤도프 대통령은 비종교적인 법정을 해산하고 법률 구조에서 이슬람 법정만 남기는 개혁을 단행하고 이슬람 은행들도 라틴 문자에서 아랍 문자로 바꿀 일정을 잡기도 했다. 1998년 1월 마샤도프 대통령은 러시아에 의해 여전히 지명 수배 상태에 있던 바사예프를 수상으로 지명하면서 정부 조각권을 부여했다. 6개월 동안 수상으로 재직하면서 무법천지의 체첸니아의 치안을 잡는 데 실패했다.

1998년 7월 16일, 체첸 보안군과 무슬림 와하비스트 민병대 사이에서 충돌이 발생하여 약 50명이 사망하는 사건이 발생하면서 무슬림 민병대의 문제가 대두되기 시작했다. (와하비스트는 와하비즘을 신봉하는 이슬람 신도를 일컫는 말로, 사우디아라비아에서 18세기에 시작된 극단주의적인 이슬람 사상을 말한다. 지하드 이론이 와하비즘에서 나온다.)

1999년 1월, 1000명 이상이 무장 괴한들에게 납치됐다는 발표가 났다. 그리고 마샤도프 대통령은《쿠란》에 기초한 헌법 제정을 계획하고 있다는 발표를 한다.

1999년 6월 18일 수개월 만에 최악의 유혈 사태가 발생했다. 체첸군이 러시아의 국경 수비대를 공격하면서 7명이 죽고 15명이 부상하는 사건이 발생한다. 이 사건으로 러시아와 체첸니아는 다시 긴장 상태로 들어가게 된다.

반군 지도자 샤밀 바사예프와 와하비 지도자인 카탑을 중심으로 체첸니아 이웃에 위치한 다게스탄 공화국의 두 마을을 점령했다. 이에 러시아는 대포와 공습을 동반한 공격을 감행하게 된다.

1999년 9월, 게릴라 공격을 근절시키기 위해 러시아는 다시 체첸니아의 게릴라 근거지를 공격한다. 1999년 9월 23일, 러시아 전투기의 공습이 그로즈니시의 주위에 감행되면서 체첸 정부의 전쟁이 선포된다. 다음 날 수만 명의 시민들이 그로즈니에서 피난을 떠나고 러시아는 계속적인 공습을 수도 그로즈니에 퍼붓는다. 10만 명 이상의 피난민들이 잉구셰티아 국경으로 몰려드는 상황이 발생하기도 했다. 5일 동안 계속된 공습으로 체체니아 대부분의 지역에서 난민 행렬이 이어진다. 6만 명의 체첸 인구가 잉구셰티아와 다게스탄, 북오세티야와 스타브로폴로 피난했다는 발표가 있었다.

1999년 10월 1일, 러시아 수상 푸틴은 체첸 정부와의 공식 관계를 단절시키는 조치를 취하고 체첸을 두 지역으로 나누는 계획을 세우면서 체첸 난민촌을 건설하여 러시아군의 통제하에 두는 방안을 세우게 된다. 10월 6일에는 체첸 대통령이 러시아에 대한 성전을 선포했다. 곧 러시아의 계속적인 공습으로 체체니아 지역 대부분이 초토화되고 그로즈니는 완전히 폐허화되면서 거주하던 시민들은 대부분 그로즈니를 떠나게 된다.

2000년 5월 푸틴 대통령은 체체니아를 모스크바의 직접 통치 지역으로 선포하며 '아흐메드 카디로프'를 행정부의 수반으로 임명한다. 그러나 그는 2004년 이슬람주의자에 의한 폭탄 테러로 목숨을 잃었다. 그의 뒤를 이어 아들인 '람잔 카디로프'가 부수상에 이어 2007년에 체첸 공화국의 대통령으로 취임하면서 그의 철권통치가 지금까지 이어지고 있다.

## :: 코카서스 재단 이사장 메흐디 체틴바쉬
2004년 9월

■ **지난 9월 3일에 벌어진 베슬란학
교의 인질 참사극은 누구의 책임이라고
생각하나?**

메흐디 체틴바쉬

이는 체첸 반군의 소행이 아
니다. 다른 사람들이 의도적으로
저지른 것이다. 체첸니아는 러시
아에 저항해 싸워 왔지, 오세티야
에는 아무런 감정이 없다. 역사를
보면 금방 이해할 수 있다. 오세
티야 민족은 우리와 함께 러시아의 탄압을 받아 왔다. 1944년 스탈린은 체
첸과 잉구셰티야, 그리고 오세티야 민족을 모두 중앙아시아와 시베리아로
추방했다. 러시아는 나중에 그들이 돌아오자 오세티야를 위성 국가로 만
들었다. 지금은 남과 북 오세티야로 갈라져 있는 상태로 얼마 전 사건이 일
어난 북오세티야는 러시아 압제 아래에서 언제나 독립 기회를 엿보고 있
었다. 북오세티야는 러시아가 아니다. 오세티야인들이 죽었다고 러시아에
서 난리 법석을 떠는 건 희극이다.

■ **북코카서스가 체첸 전쟁으로 주목을 받고 있다. 이곳에 대한 미국의 정책은 무엇인가?**

미국은 러시아가 이 지역을 완전히 통제하기를 원치 않는다. 카스피해가 보유한 엄청난 석유 자원을 서구에서도 원하기 때문에 현재 지속되는 러시아와 체첸니아의 전쟁을 지켜보면서 개입할 명분만 노리고 있다. 결국 미국이나 서유럽이 이 지역에서 이권을 얻기 위해 러시아와 북코카서스 지역을 단절시키는 작업을 할 것으로 예상한다. 미국은 북코카서스를 코소보처럼 만들려는 시도를 할 것이다.

■ **러시아와 북코카서스 민족이 평화적으로 살아갈 가능성은 없나?**

1995~2004년에 걸친 1, 2차 체첸 전쟁으로 인구의 30퍼센트인 30만 명 이상이 목숨을 잃었다. 그 가운데 4만 2000명은 어린이다. 또 50만 명이 체첸니아를 떠나 난민이 됐고, 25만 명이 체첸니아에서 특별하게 지어진 난민 캠프에서 러시아군의 감시 아래 힘겹게 살아가고 있다. 체첸니아는 러시아의 압제에 맞서 300년 가까이 독립 전쟁을 벌여 오면서 엄청난 희생을 치렀다. 대부분의 체첸인들은 러시아와 완전히 분리되어 살기를 원한다.

■ **많은 사람들은 체첸 전쟁을 이슬람과 기독교의 전쟁으로 인식한다.**

그것은 완전히 잘못된 생각이다. 북코카서스에는 많은 종교가 공존하고 있다. 압카지아는 기독교인들이 주류고, 오세티야는 30퍼센트가 이슬람이고 70퍼센트가 기독교인들이다. 지금 일어나고 있는 전쟁은 체첸니아와 러시아의 전쟁이 아니라 북코카서스 전체 민족과 러시아 사이의 전쟁이다. 체첸니아는 북코카서스에서 가장 강하게 러시아에 저항하는 민족일 뿐이다. 체첸 전쟁을 이슬람과 기독교의 종교전으로 몰고 가려는 것은 러시아의 전시 선동일 뿐이다.

■ **언제, 어떤 이유로 터키에 와서 살게 됐나?**

증조할아버지가 1864년 러시아의 차르에 의해 추방됐다. 이때 수십만 명의 코카서스 사람들이 이곳으로 추방돼 왔다. 이런 이유로 터키에서 태어나고 자랐지만 나 자신을 한 번도 터키인이라고 생각해 본 적이 없다. 소련이 붕괴한 뒤 모국을 방문한 적이 있다. 그곳에서 조상들이 살았던 옛집도 구입했다.

■ **어떻게 4대에 걸쳐 민족 정체성을 잃지 않고 살아가나?**

집에서는 7살이 될 때까지 터키 말을 사용하지 않고 오직 코카서스 말만 썼다. 그러다 학교에 입학하면서 비로소 터키 말을 쓰기 시작했다. 지금도 터키에 사는 코카서스인들 가운데 70만 명이 여전히 코카서스 말을 사용하고 있다는 통계가 있다. 그러나 터키에 오래 살면서 많은 코카서스인들은 언어와 문화를 잃어버렸다. 약 700만 명의 코카서스인들이 터키에 살고 있지만 터키에 많이 동화됐고 지금은 500만 명 정도가 자신이 코카서스인이라고 생각하고 있다.

■ **터키에 살면서 민족적 차별은 당하지 않았나?**

1960년대까지 터키에서 우리 말 사용은 매우 위험했다. 학교에서 코카서스어를 사용하다가 교사에게 발로 차인 일도 있었다. 또 터키 정부는 코카서스인들을 공산주의 희생물이라면서 반공용 선전 선동에 이용해 많은 정신적 상처를 입었다. 이들은 코카서스인들을 동화시키기 위해 열정적인 노력을 기울였다.

■ **코카서스 재단을 설립한 동기가 무엇인가?**

   갈수록 고유문화와 언어를 잃어 가는 현실이 위태롭게 느껴졌다. 코카서스 문화를 공유하고 연구할 공간이 필요했다. 특히 코카서스 지역의 평화를 위한 회의나 강연회, 문화 강좌를 열고 있다. 그리고 기숙사를 운영하여 가난한 코카서스 학생들이 학업을 계속할 수 있도록 지원한다. 나중에는 문화 박물관과 연구소를 세워 본격적인 코카서스학을 강의하고, 정기 잡지도 펴낼 계획이다.

## 11. 분단국가 키프로스의 아픔

　보석을 누구나 탐내듯이 키프로스섬도 마찬가지로 누구나 탐내
온 섬이다. 그리스 신화에서 사랑의 여신 아프로디테의 고향으로 알
려진 섬이다. 따뜻한 기후와 비옥한 땅, 풍요로운 채소와 과일, 어산
물 등이 낙원과도 같은 곳이었다. 이 밖에도 중동과 가까워 뱃길로
도 하루만 가면 이스라엘이나 시리아, 레바논에 도착할 수 있다. 바
로 지리적인 위치 때문에 강대국들은 언제나 키프로스를 점령하기
를 원했다.

　키프로스의 난민 문제를 설명하기 위해서는 간략하게나마 키프로
스 현대사에 대해 조금 아는 것도 필요하다. 키프로스도 우리 한반도
처럼 1974년 이래로 남과 북이 분단된 상태이다. 키프로스의 전쟁이
마치 엊그제 일어난 것 같은데 벌써 40년 이상의 세월이 흘러 버렸
다. 필자는 키프로스를 두 번 방문했는데 남과 북을 모두 방문했다.

먼저 남키프로스에서 북키프로스로 올라가기 위해서는 유엔이 관할하고 있는 완충 지대(버퍼존: buffer zone)를 거쳐 가야 한다. 흥미로운 점이 있다면 이곳의 유엔군 병사들은 모두 영국군이다. 키프로스를 1873년부터 1959년까지 식민지로 지배했던 영국군이 지금은 유엔군의 복장을 하고서 계속 주둔하고 있다. 옷만 갈아입은 셈이다. 더군다나 키프로스에는 여전히 영국군의 군사 기지가 자리 잡고 있다. 즉, 영국이라는 존재는 지금까지 한 번도 키프로스에서 떠난 적이 없다.

1974년 7월 15일, 키프로스에서는 군사 쿠데타가 일어나 당시의 대통령이던 '마카리오스'의 정부가 전복된다. 마카리오스 정부는 당시 미국의 군사 기지 건설 제안을 반대하고, 남아 있던 영국의 군사 기지마저 폐쇄시키려 했다. 작은 섬나라 정부가 두 강대국들의 심기를 단단히 건드린 셈이다.

여기서 그친 게 아니다. 터키는 쿠데타를 빌미로 삼아 당시 18퍼센트의 인구를 차지하고 있던 북키프로스에 모여 살던 터키인들을 보호한다는 명목으로 1974년 7월 20일 대규모 군대를 동원해 키프로스를 침공했고 약 40퍼센트의 키프로스 영토를 차지하게 된다.

터키의 침공으로 인해 1700여 명의 키프로스 그리스인들이 의문의 실종을 당하고 20만 명 이상이 피난민으로 북키프로스를 떠나 각지로 흩어졌다. 이후 키프로스는 터키가 지배하고 있는 북키프로스와 그리스인이 대부분인 남키프로스로 분단된 채 지금까지 군사적 대립 상태가 지속돼 왔다. 1974년 이후 터키 점령 지역인 북키프로스는 지금까지 터키를 제외하고서는 공식 국가로 인정받지 못한 상

태에 있다. 그리고 유엔(UN)은 키프로스에서는 남키프로스의 정부
하나만을 인정한다는 결의안을 통과시킨 바 있다.

자신을 "자유로운 죄수"라고 밝힌 야니누(73세) 씨는 25년 전 키
프로스를 떠나 현재 아테네에 거주하는 난민의 한 사람이다. 같은 언
어를 쓰고 문화와 종교가 같은 그리스에 살고 있지만 전혀 마음이
편치 않다. "나이가 드니까 고향에 대한 그리움이 깊어지면서 우울
해지는 날이 늘어만 간다."면서 "죽기 전에 고향에 돌아가 부모님 묘
라도 찾아뵈었으면……" 하는 바람을 간절히 표현한다. 그는 또 "25
년 동안 북키프로스에 있는 고향을 한 번도 가 보지 못했다. 외국인
들은 마음대로 드나드는데 우리만 갈 수 없다."며 한숨을 내쉬었다.
지나온 삶에 대해 묻자 야니누 씨는 "아테네에서 의과 대학을 갓
졸업한 장남의 결혼식 준비로 한창 부산하던 중 1974년 7월 20일 새
벽에 갑자기 터키 군대가 들이닥쳤다."고 기억을 더듬었다. 당시 고
향인 카이레니아의 수도 사업소 소장으로 일하던 그는 군 복무 중인
둘째 아들의 생사가 걱정이 되어 피난도 단념하고 맨몸으로 아내와
딸을 데리고 다른 마을로 잠시 옮겼다. 외국인들이 거주하던 곳이라
안전할 것으로 믿었으나 곧 터키군에 연행돼 눈을 가리고 밧줄에 손
발이 묶인 채 어디론가 끌려갔다. 건강이 너무 나빠 바로 석방이 되
어 고향 마을에 머물고 있다가 다시 남자라는 이유로 터키군에 연행
돼 약 한 달 동안 전쟁 포로로 감옥에서 살았다. 석방된 뒤 그는 바로
가족과 함께 아테네로 떠났다. 하루아침에 집과 직장, 그리고 친지들
을 잃어버린 그는 인생을 다시 타향에서 시작해야만 했다. 그는 자

신의 결혼식 사진을 내보이며 "대부분의 결혼 축하객들이 터키 사람들"임을 가리키면서 당시 키프로스에서 그리스인과 터키인이 평화롭게 공존하던 시절을 잊지 못했다.

로도시아(37세)는 당시 열한 살의 초등학생이었다. 아버지는 담배 농사를 짓던 농부였다. 어느 날, 고향인 '아기아 트리아다'라는 작은 시골 마을에 터키군이 들어오면서 가족들의 인생은 완전히 뒤바뀌게 된다. 아버지가 터키군에게 끌려가서 행방도 모른 채 두 달 이상이나 감옥 생활을 하다가 돌아온 뒤 남쪽으로 피난 와서는 수천 명의 난민들과 텐트에서 2년 이상 생활해야 했다. 그 뒤 부모는 자녀들의 뒷바라지를 위해 호텔과 식당에서 청소나 접시닦이 일을 해야 했다. 그는 "지금도 고모 가족은 북키프로스에 남아 있지만 25년 동안 한 번도 만난 적이 없으며 부모님은 두고 온 친척과 고향 집 때문에 마음고생이 여간 아니다. 키프로스가 통일이 되어 하루빨리 내가 뛰놀던 학교를 다시 가 보기를 소원한다."고 말했다.

지중해 연안의 작은 섬 키프로스는 군사 전략적 가치로 말미암아 언제나 강대국의 점령지가 되어 왔다. 터키-오토만 제국으로부터 독립한 즉시 영국의 식민지가 되어 1959년까지 억압에 시달렸다. 독립한 이후에도 계속 영국의 군사 기지는 남게 되고 이는 정치적 갈등의 씨앗이 된다. 1974년 6월 당시 미국의 군사 기지 건설 제안을 반대하고, 남아 있던 영국의 군사 기지마저 철폐시키려던 마카리오스 정부가 쿠데타로 무너지자, 터키는 이를 빌미로 당시 18퍼센트의 인구를 차지하던 터키인들을 보호한다는 명목으로 1974년 7월 20일 대규모 군사 작전을 벌여 약 40퍼센트의 섬을 차지하게 된다.

이로 인해 1700여 명의 키프로스 그리스인들이 의문의 실종을 당하고 20만 명 이상이 피난민으로 북키프로스를 떠나 각지로 흩어졌다. 이후 키프로스는 터키가 지배하고 있는 북키프로스와 그리스인이 대부분인 남키프로스로 분단된 채 25년간 군사적 대립 상태가 지속돼 왔으며 '지중해의 화약고'로 불리며 그리스와 터키 사이의 가장 중요한 정치적 변수로 작용해 왔다. 1974년 이후 터키 점령 지역인 북키프로스는 지금까지 터키를 제외하고서는 공식 국가로 인정받지 못한 상태에 있으며 유엔은 키프로스에서 하나의 정부만을 인정한다는 결의안을 통과시킨 바 있다.

아테네에서 야니누 씨를 만난 뒤 2년이 지났다. (2002년도에) 필자에게 북키프로스를 다녀올 수 있는 기회가 생겼다. 한국의 KBS〈세계는 지금〉이란 시사 다큐멘터리 제작 팀과 함께 키프로스를 취재할 수 있는 기회가 생겼다. 우리는 우선 남키프로스의 난민들을 만난 뒤 북키프로스로 들어갔다. 그 당시 가장 중요한 이슈는 1974년 이전에 야니누 씨가 살았던 집을 방문해서 그곳에 사는 사람들과 집을 촬영하는 일이었다. 물론 북키프로스 정부에는 야니누 씨의 집을 방문한다는 말을 할 수 없었다. 키프로스의 자연과 도시와 북키프로스인들의 생활을 취재하고 싶다고 했지만 정보부의 언론 담당관이 따라붙었다. 일일이 가는 곳마다 따라왔고 우리를 감시했다.

야니누 씨가 그려 준 지도를 머릿속에 숙지했던 필자는 터키 정보부원의 주의를 분산시키기 위해 야니누 씨가 살던 마을의 이웃집들 여러 곳을 방문해서 그곳 사람들과 인터뷰를 했다. 질문은 거의 한결같았고 답변도 똑같았다.

"언제부터 이곳에서 살기 시작했나요?"

"1974년부터 살기 시작했습니다."

세 집을 방문한 뒤에야 야니누 씨가 살았던 집을 방문할 수 있었다. 야니누 씨가 그려 준 대로 집 마당에는 작은 연못이 있었다. 예상대로 연못은 말라 있었고 제대로 손을 보지 않았는지 집은 많이 낡아 있었다. 집 안으로 들어가니 60대의 할머니와 손녀가 나와서 우리를 반겨 주었다. 야니누 씨 집에 사는 가족들이었다.

"여기서는 몇 년이나 사셨나요?"

"1974년부터 살기 시작했습니다."

"그럼, 그 전에는 어디서 사셨나요?"

"터키에서 살았습니다."

이런 간단한 대화를 나눈 뒤 우리는 이곳을 빠져나왔다. 우리가 계획했던 목적을 달성할 수 있었다. 물론 터키 정보부원은 나의 태도를 이상하게 생각했지만 아무런 말도 없었다.

촬영한 영상은 한국의 방송에 나간 뒤에 야니누 씨에게 전달됐다. 야니누 씨는 아내가 당시의 집을 보고서 앓아누웠다고 했다. 결혼하면서 평생 살 곳으로 생각하고 장만했던 집이었는데 어느 날 갑자기 터키가 침공하면서 빈손으로 도망하다시피 나온 집이다.

모든 키프로스인들은 비극적 분단의 배후에 미국이 있다고 입을 모은다. 그 증거로 당시 터키 침공이 일어난 뒤 미국이 터키의 군사 기지를 사용하고 있다는 사실을 들고 있다. 그리고 영국도 자신의 군사 기지를 지키기 위한 방편으로 터키의 군사 작전을 배후에서 지원했다는 의혹을 받고 있다.

지난 25년 동안 줄기차게 유엔 중재로 회담이 오고 갔지만 여전히 줄다리기 상태가 이어지고 있다. 지난 9월(2000년) 뉴욕에서 열린 밀레니엄 정상 회담에서 코피 아난이 두 키프로스 지도자들과 접촉을 갖고 키프로스 통일의 중재 의향을 밝히면서 두 정상 간의 회담이 성사됐다. 정상 회담에서 터키 측 키프로스 정상인 덴크쉬는 분리 국가로 북키프로스를 인정해 줄 것을 요구하며 연합 수준의 통일 방안을 제안했다. 그러나 남키프로스는 '한 국가 연방제 통일안'을 고수했다. 다음 날, 당시 터키 국무총리였던 '불렌트 에제비트'는 앙카라에서 기자 회견을 통해 "터키는 유엔 사무총장의 생각인 '한 국가 한 정부'를 받아들일 수 없으며 '연합'을 원한다."는 공식 입장을 밝혔다.

유엔 통제 구역에 들어서기 전, 남쪽의 키프로스 정부가 관할하는 검문소가 나온다. 이곳에는 대여섯 명의 남쪽 키프로스 경찰들이 지나가는 외국인들의 신분증을 검사하면서 인적 사항을 상세하게 묻기도 한다. 반면, 북키프로스에서 넘어오는 사람들이나 남키프로스에서 북키프로스로 넘어가는 사람들은 그냥 형식적으로 신분증만 슬쩍 보이면서 지나간다. 이전에는 이곳을 지나가는 사람들은 모두 외국인들이었다. 키프로스의 그리스인들은 아예 이 부근에는 발길

조차 돌릴 수 없었다. 이들에게는 '금지된 구역'이었다.

그러나 드디어 얼어붙었던 키프로스에 해빙의 기운이 찾아왔다. 2003년 4월 23일부터 29년 만에 남과 북 전체 키프로스 국민들의 왕래가 자유로워졌다. 북쪽에서 남쪽으로 넘어오는 터키 사람을 만났다. 북키프로스의 수도 니코시아에서 회사원으로 일한다는 그는 지금 남니코시아의 한 상점으로 아기 용품을 사러 가는 중이었다. 잠시 후 다시 한 여성이 북쪽에서 내려오는 중이었다. 그는 남키프로스에 사는 그리스 여성이었다. 혼자서 북쪽의 니코시아에 가서 터키 음식을 먹고 오는 길이라고 말했다. "북쪽에 가는 게 두렵지 않느냐?"는 질문에 "그린 라인이 열리기 전까지는 그냥 적대적인 선전만 들었기 때문에 조금 두렵기도 했지만 지금은 한 주에 한 번씩 정기적으로 북쪽을 방문하고 있는데 지금까지 아무런 일도 없었다."면서 "북쪽에 이제는 정이 들기 시작했다."고 말했다. 많은 사람들이 북쪽에서 남쪽으로, 남쪽에서 북쪽으로 분단선인 그린 라인을 넘어 자유롭게 오고 가고 있었다. 남키프로스 검문소를 지나면 바로 유엔군이 주둔하는 건물인 '리드라팔라스'가 나온다. 이 건물은 1974년 터키가 침공하기 전에는 키프로스에서 가장 화려한 호텔로 유명했지만 분단이 되면서 지금까지 유엔군이 접수하여 군부대로 사용하고 있다. 지나다니는 많은 사람들이 이곳에 관심을 가지고 기웃거리는 모습도 눈에 들어왔다.

곧 북키프로스 검문소에 도착했다. 이곳에서는 외국인들에게는 조금 까다로운 절차가 있었으나 남키프로스에서 온 사람들은 신분증만 보여 주고서는 곧장 바리케이드를 통과했다. 남키프로스 검문소에서 북키프로스 검문소까지 150미터 남짓 될까? 이 150미터의 길을 넘어오는 데 자그마치 29년이나 걸렸다. 다섯 보를 옮기는 데 1년이 걸렸다는 계산이 나온다. 이들을 보면서 같은 분단국가의 시민으로서 느끼는 환희는 남다르지만 한편으로 솟구치는 부러움은 어쩔 수 없다.

니코시아에서 가장 번화한 중심가로 저녁만 되면 사람들로 북적대는 곳이 있다. '리드라 거리'로 불리는 이곳은 500미터 정도의 거리인데 10년 전부터 '차 없는 거리'로 변하여 지금은 쇼핑의 중심가나 가족 나들이의 장소로 자리를 잡았다. 거리의 끝까지 와 보지 않은 사람은 무엇이 있는지 알기 힘들 정도로 거리 양편에는 상점과 식당, 카페가 즐비하게 늘어서 있다. 원래 이 거리는 북쪽의 니코시아까지도 관통하던 거리였지만 지금은 '그린 라인'이라는 분단선이 막고 있다. 거리의 끝에는 샌드백을 쌓아 놓고 완전 무장을 한 두 명의 군인이 보초를 서는 작은 군사 초소가 있고 사람들이 장벽 너머를 볼 수 있게 전망대를 만들어 놓았다. 몇 명의 외국 관광객들이 전망대 너머에 보이는 북키프로스를 관망하고 있었다. 사진 촬영이 금지돼 있음에도 사진 촬영을 한 외국인 기자와 군인들 사이에 고성이 오고 가는 실랑이가 벌어지고 있었다. 바로 전망대 너머는 유엔(UN)이 관할하는 완충 지대이며 멀리 보이는 곳이 터키 측 니코시아이다. 터키가 지배하는 지역의 한 건물 지붕에는 터키 깃발이 휘날리고 있었다. 지금 필자가 서 있는 곳은 우리나라로 말하면 판문점이나 같은 곳으로, 실향민들이 한 번씩 와서는 건너편의 갈 수 없는 곳을 보면서 한을 달래는 곳이기도 했다. 과거 동·서독의 베를린을 동서로 나누었던 장벽처럼 키프로스의 분단선은 수도인 니코시아의 중심을 관통하면서 니코시아를 남북으로 나누고 있다. 그뿐 아니라 그린 라인은 키프로스 전체를 110마일(약 180킬로미터)에 걸쳐 가로지르고 있다. 니코시아를 가르는 그린 라인은 시내에서는 인공 장벽이나 건물의 벽들이 분단선 역할을 하기도 하지만 시외로 나가면 철조망이 쳐져 있어 더욱 분단을 실감 나게 한다.

리드라 거리에 있는 그린 라인의 전망대는 더 이상 사람들의 발길을 끌지 못하고 있다. 이제는 더 이상 전망대에 올라 북쪽을 바라보고 한숨을 쉬던 실향민들이 오지 않기 때문이다. 작년(2003년)부터 실향민들이 자유롭게 북쪽을 방문할 수 있도록 그린 라인이 개방된 이래 이곳을 찾는 사람들의 발길은 눈에 띄게 줄어들었다. 그래서인지 이 일대의 상가나 카페들은 호객 행위를 통해 현재의 위기를 넘기기 위해 안간힘을 쓰는 모습이 눈에 보였다. 그린 라인을 따라 걷기 시작했다. 니코시아의 구시가지를 따라 그어진 그린 라인은 건물들을 포함하기 때문에 즉각 판별하기 힘드나 담장 위에 가시철망을 설치해 놓은 곳은 금방 그린 라인이란 것을 알 수 있다. 골목을 따라가다 한 목공소 건물의 인부들이 커피를 마시면서 잠시 휴식을 하는 모습이 보였다. 이들이 사용하는 목공소 건물의 벽에는 총탄 자국 수백 개가 그대로 보존돼 있었는데, 이들은 "1974년도의 흔적"이라고 말했다. 1974년 터키군이 침공했을 때 이곳을 중심으로 치열한 전투가 벌어졌음을 보여 주는 증거였다.

다시 골목을 꺾어 들어갔다. 허름한 건물 이층에서는 영국 군인들이 휴식을 취하는 중인지 밖을 내다보고 있었다. 병사들은 이라크에서 왔다고 했다. 이라크 남쪽 지역을 담당하는 영국 병사들은 평화로운 키프로스에서 잠시 휴식을 취한 뒤 다시 이라크로 배치되는 모양이었다. 영국군은 '유엔군'의 이름으로 키프로스에 주둔하면서 이라크에서는 영국군으로 군복만 갈아입는다는 것을 보여 주었다. 사실 그린 라인을 그려 키프로스를 분단시킨 책임은 영국에 있다. 그린 라인이란 이름의 유래는 1963년, 영국군 장성인 '영' 장군이 그린 펜으로 지도 위에 분단선을 그었다는 데서 유래한다. 그 후 터키군이 키프로스를 침공한 뒤 그린 라인은 실질적인 분단선이 되고 말았다. 우리나라의 38선의 역사와 매우 유사한 역사를 갖고 있다. 그린 라인으로 설정된 건물들이나 담벼락들은 하나같이 모두 폐허나 다름없이 허물어져 가고 있었다.

다시 키프로스 그리스 병사들의 초소가 나타났다. 이들 중 한 병사가 기타를 연주하고 있었다. 이들은 모두 키프로스가 분단된 후 태어났기 때문에 분단의 아픔은 이들에게는 모두 간접적이다. 이들은 키프로스가 유럽 연합의 일원이 된다는 사실 때문에 매우 고무돼 있었다. 그러나 북키프로스와의 통일 문제에 있어서는 큰 열정을 보이지 않고 있었다. 어떤 병사는 "태어난 이래 언제나 통일 얘기를 들어왔는데 지금까지 결과는 없고 같은 얘기만 되풀이돼 이제는 아무것도 믿지 않는다."고 말하기도 했다. 리드라 거리에서 그린 라인의 국경 검문소가 있는 리드라팔라스까지 그린 라인의 거리는 2킬로미터이다. 시내의 그린 라인을 거의 벗어나 유엔군이 통제하는 국경 검문소 지대로 들어갔다.

남북을 통틀어 시행된 키프로스의 전체 찬반 투표는 2004년 4월 24일 아침 7시에 시작됐다. 필자도 키프로스 사람들과 함께 투표장으로 향했다. 투표장은 '리카비토스' 초등학교를 개조하여 6개의 투표소를 설치해 놓았다. 투표장 입구에는 경비를 서는 경찰관 두 명이 나와 있었고 투표장 안에는 선관위에서 파견된 여섯 명의 선관위 요원들이 유권자들의 투표를 돕고 있었다. 한 투표장에서 투표를 참관하기로 결정하고 그곳에서 자리를 잡았다. 아직 이른 시각이었는지 투표를 하기 위해 줄을 선다든지 하는 모습은 찾아볼 수 없었다. 이 투표소에 등록된 유권자 수는 475명이었는데 8시 50분이 지나면서 75명이 투표한 상태였다. 투표를 마치고 나가는 사람들에게 무엇을 선택했는지를 물었다. 현재 진행 중인 투표는 유엔 사무총장인 '코피 아난'의 통일안에 대한 찬반을 묻는 투표였기 때문에 유권자들의 선택도 간단했다. '니코스 파파도풀로스(55세)' 씨는 부인과 함께 투표하러 나왔는데 서로 다른 투표를 했다. 아내는 'OXI(반대)'표를 던졌고 자신은 'NAI(찬성)'표를 던졌다고 스스럼없이 밝혔다. "지금이 바로 통일을 위한 기회이며 변화의 시점이다. 변화를 위해서는 도박도 해야 한다."는 이유를 들었다. 그의 부인은 "나중에 다시 한 번 더 기회를 보자."는 쪽이었다. 시간이 지나면서 투표장 앞에 조금씩 사람들이 줄을 서기 시작했다. 90대의 노인이 손자의 부축을 받으면서 기표소로 향하는 모습도 보였다. 이 투표소의 관리소장은 지난 선거 때보다 투표율이 더 높다고 말했다. 찬성이나 반대를 표시하는 사람들의 이유는 모두 달랐다. 예상과는 달리 찬성표를 던진 사람들도 꽤 됐다. 투표 전부터 남키프로스는 '오히(반대)' 물결이 휩쓸었다. 두

주 전에는 키프로스 대통령이 공개적으로 아난의 통일안에 반대한 다는 의견을 밝혔고 국민들에게 반대할 것을 주문하기도 했다. 그리 고 며칠 전부터 니코시아 곳곳에는 'OXI'라는 글자가 시내 곳곳에 붙어 있었고 어떤 사람은 'OXI'를 차에 대문짝만하게 달고 다니는 모습도 보였다. 바로 이런 분위기로 인해 반대가 압도적일 것으로 예상했다. 투표장에서 나오던 관광 사업을 한다는 안드레아 씨는 찬성표를 던졌다. "비록 아난의 통일안이 싫지만 고립될 것 같아 찬성표를 던진다."는 말을 하기도 했다. 부부가 투표장에서 나왔다. 이들도 각기 주장이 달랐다. 남편은 'NAI(찬성)'였고 부인은 'OXI(반대)'였다. 이들은 "현재 뭣이 옳고 틀린지 잘 모른다."는 입장이었다. 이들의 말에서 현재 키프로스의 상황을 잘 알 수 있었다.

'아난 플랜'이라고 일컬어지는 유엔의 통일안에 대해 대부분은 정확한 지식을 결여하고 있었다. 그 내용은 책 한 권 분량의 법률적인 용어로 기록돼 있기 때문에 전문적인 지식을 가진 법률가가 아니고서는 그 내용을 정확하게 파악하기 힘들다. 따라서 시민들은 각 당에서 아전인수 격으로 설명하는 내용들을 따라가는 것 같았다. 다시 투표를 하고 나오는 백발의 노인에게 발걸음을 돌렸다. 그는 북쪽의 파마구스타에서 온 실향민이었다. "무엇을 찍었나?", "찬성표를 던졌다.", "이유는?", "나는 파마구스타에서 내려온 실향민이다. 고향에 돌아가고 싶다.", "고향에 가도 터키인들이 살고 있을 텐데?", "그곳에 가서 내가 살던 집에 터키인들이 살고 있으면 그 집을 다시 돈을 주고 살 생각을 하고 있다. 비록 내 집이지만 돈을 주고서라도 내가 태어나 살았던 조상의 집에서 살다 죽었으면 하는 소원이 간절하다." 작년에 국경이 열리면서 파마구스타에 다녀온 그는 "교회가 모스크로 변했고 조상들의 묘지도 망가졌다."는 대답을 하면서 감정이 북받쳤던지 눈시울이 조금씩 붉어져 갔다.

진행되고 있는 국민 투표는 남과 북 전체에 사는 키프로스 사람들의 마음을 뒤집어 놓았다. 이런 분위기는 작년 4월 23일 그린 라인으로 불리는 분단선이 양측에 개방될 때도 마찬가지였다. 당시 29년 동안 방문할 수 없었던 남과 북을 자유롭게 방문할 수 있게 되자 남과 북의 키프로스 사람들은 꿈인지 생시인지 도무지 분간할 수 없는 격앙된 감정에 휩싸이기도 했다. 곧이어 아난의 통일안에 찬성표를 던질 것을 주장했던 전 대통령이 투표장에 나타났다. 아난의 통일안을 반대하는 사람들은 그를 '매국노'라고 비난하기도 했다. 그래서인지 투표장 부근에서 그에 대한 경호는 철통같이 엄격했다. 용감하게 'NAI(찬성)'를 주장했던 요르고스 바실리우 전 대통령은 투표소 앞에서 기자 회견을 통해 "통일을 위해 가능한 한 많이 찬성표에 투표해 줄 것을 당부한다."란 의견을 밝히기도 했다. 이미 외부 세계에는 '찬성=통일, 반대=반통일'이란 등식으로 알려졌지만 키프로스 내에서는 '찬성=친터키, 반대=애국'이란 등식이 대중들 사이에 자리 잡아 왔다. 오전 11시가 넘어서면서 점점 투표소에는 사람들이 늘어났다. 젊은 사람들은 반대표를 던진 사람들이 많았다. 그들은 아난의 통일안에서 터키군이 완전히 철수하지 않고 6000명이 여전히 남아 있는 데 대한 두려움이 강했다. 무엇보다도 키프로스의 그리스 청년들의 터키에 대한 불신은 강했다. "우리와 함께 살았던 키프로스 터키인들과는 통일을 원하지만 키프로스를 침략했던 터키군과 그 가족들은 완전히 돌아가야 한다."는 것이 반대표를 던진 청년들의 주장이었다.

지난 2000년 필자가 썼던 키프로스에 관한 기사에서 자신을 "자유로운 죄수"라고 밝혔던 야니누(77세) 씨를 키프로스의 수도 '니코시아'에서 다시 만났다. 4년 동안 그는 많은 인생의 역경을 겪었다. 가장 큰 고비는 위암에 걸려 수술을 받았을 때였다. "위암 치료를 받은 뒤에는 머리카락이 다 빠져나간 적도 있었다."면서 수술 후 자신의 사진을 보여 주기도 했다. 지금은 머리카락도 원래대로 돌아왔고 위암 수술의 경과가 좋아 아주 건강한 모습으로 지내고 있다. 그리고 또 하나 그의 삶에서 변한 게 있다면 아테네에서 니코시아로 삶의 터전을 완전히 옮겼다는 것이다. 거의 30년 동안 살았던 아테네를 떠나 니코시아로 옮긴 것은 순전히 두고 온 북쪽의 고향 때문이었다. 그가 니코시아로 이사한 것은 국경이 열리기 전인 2년 반 전이었다. 우연이랄까, 그가 키프로스로 옮긴 후 키프로스의 상황도 많이 달라졌다. 남과 북을 분단한 '그린 라인(녹색 선)'이라고 일컫는 국경이 지난해 4월부터 남과 북의 키프로스인들에게 열렸다. 그 전에는 외국인들만 왕래가 가능했는데 지난해부터는 남북의 키프로스인들도 자유롭게 왕래할 수 있게 됐다. 국경이 열리면서 그는 29년 동안 한 번도 방문할 수 없었던 고향인 '키레니아'를 지난해 국경이 열리면서 몇 번이나 다녀오기도 했다.

이날은 야니누 씨 가족에게 특별한 날이었다. 키프로스 사태가 일어난 지 30년 만에 처음으로 가족 전체가 키프로스에서 한자리에 모이는 의미심장한 날이었다. 물론 모두 아테네에 삶의 뿌리를 내리고 살고 있기 때문에 아테네에서는 함께 모인 적 있지만 키프로스에서 한 가족이 모이기는 처음이라면서 모두 들떠 있었다. 다음 날은 키프로스에서 남북 동시 국민 투표가 벌어지는 역사적인 날이었다. 당연히 이 자리에서는 다음 날 있을 유엔 사무총장의 통일안에 대한 남북 동시 국민 투표에 대한 토론으로 떠들썩해졌다. 논쟁이 조금 가라앉으면서 야니누 씨 가족은 다음 날 대략 '반대'로 투표할 입장을 굳힌 듯싶었다. 아난 유엔 사무총장의 통일안에 따르면 야니누 씨 가족의 고향인 '키레니아'로는 난민들이 귀환할 수 없었고 잃었던 재산도 되찾을 수 없게 돼 있었다. 그러나 이들은 통일이라는 대의와 난민으로서의 권리 사이에서 많은 고민을 했던 모양이었다. "통일을 원하지만 이런 통일은 원하지 않는다."는 입장을 둘째 아들인 변호사 야니누 씨가 밝혔다.

아버지 야니누 씨는 이남 일녀를 두고 있는데 현재 이들은 아테네에서 변호사, 의사, 오페라 가수로 활동하고 있다. 그중 아테네에서 변호사로 일하는 둘째 아들은 터키가 키프로스를 침공한 뒤 군에 자원했다가 터키군에 붙잡혀 전범으로 99일을 터키군 감옥에 구속됐다 풀려난 적도 있어 키프로스 사태의 산증인이기도 했다.

2004년의 남북 키프로스의 총투표는 분단된 남북 키프로스를 하나로 통일시킬 수 있는 역사적인 사건이었다. 북쪽의 키프로스에 거주하는 터키 키프로스인들 대다수가 찬성표를 던졌지만 남쪽의 그리스 키프로스인들 대다수는 반대표를 던지면서 아난의 통일안은 폐기됐다. 1974년부터 키프로스의 유일한 합법 정부는 남키프로스 정부로 UN과 국제 사회의 승인을 받았고, 북키프로스 정부는 오직 터키에서만 인정을 받은 정부로 국제 사회에서는 불법 정부로 취급받아 왔다. 어쨌든 2004년 당시 가장 큰 변수로 떠올랐던 이슈는 유럽 연합의 가입 문제였고 북키프로스의 유럽 연합 가입과 그 배후에 있던 터키였다. 그로부터 2016년 현재까지 키프로스 남북 양측은 계속 회담만 해 왔을 뿐 통일을 위한 구체적인 절차에 돌입한 적은 한 번도 없었다.

# :: 남키프로스 정부 대변인 미할리스 파파페트루

### 2002년 2월

미할리스 파파페트루는 현재 키프로스 지역에서 유엔이 공식적으로 인정하고 있는 국가인 남키프로스의 정부 대변인을 맡고 있다.

**■   1974년 터키가 키프로스를 침공할 당시 미국의 역할에 대해 알고 싶다.**

약 2년 전 미국의 현 유엔 대사인 홀부르크가 키프로스를 방문했을 때 당시 키프로스 침공에 미국이 개입했음을 시인하고 키프로스 국민들에게 사과한 적이 있다. 이것이 모든 것을 말해 준다고 생각하며, 현재 이 문제를 해결하는 데 미국이 '추기경' 역할을 할 수 있으리라 믿는다.

**■   1973년에 키신저 국무장관이 노벨 평화상을 수상하고 바로 다음 해에 키프로스 침공에 중요한 역할을 수행했는데 이 점에 대해서는 어떻게 생각하는지.**

노벨 평화상이 언제나 바른 사람에게 간다고는 생각하지 않는다. 그리고 노벨 평화상이 좀 이상한 때도 있다. 많은 국민들은 지금도 여전히 터키의 침공과 점령을 조장했던 당시 미국 정부와 키신저의 역할에 대해 무척이나 실망하고 있다.

■ **키프로스 정부의 입장은 모든 상황을 1974년 이전으로 되돌리기를 원하는 것인가?**

현재 키프로스 정부의 입장은 '두 지방 정부와 한 중앙 정부'이다. 우리는 북키프로스의 터키 쪽 정부에 최대한의 자주성을 부여하고 중앙 정부의 의사 결정에 중요한 역할을 할 수 있도록 하는 방안을 준비하고 있다. 또한 키프로스의 완전한 비군사화를 추진 중이고 터키 쪽 생활 수준을 우리 쪽에 맞추기 위한 경제적인 방안도 검토하고 있다. 터키 정부가 현재 유럽 연합에 가입하기를 원하지만 유럽 연합에서는 협상 자체를 보류하고 있는 상태인데, 만약 터키가 민주화와 인권 문제, 소수 민족 문제, 군부 문제 등을 개혁한다면 함께 가입해 좋은 이웃이 될 수 있다고 보며 또 그러기를 바란다.

■ **이에 대한 터키 정부의 입장은?**

'연방 통일안'은 3, 4년 전만 해도 터키 정부의 입장이었다. 그러나 터키 정부는 말로는 '연방'제 통일을 받아들이면서도 현실적으로는 독립된 두 국가의 '연합'을 주장하고 있다. 어쨌든 한국인에게는 더욱 쉽게 얘기할 수 있다. 남북한보다 훨씬 작은 우리나라는 한반도가 통일돼야 하는 것처럼 통일돼야 할 때라고 본다.

■ **현재 키프로스에서 인권 문제가 대두되고 있는데 이것은 무엇을 말하는 것인가?**

거의 40퍼센트의 국민들이 난민이다. 그러나 터키 쪽에서는 누구도 귀향할 수 없다고 말한다. 예를 들어 보자. 여기가 분단선이고 100미터 전방에 나의 집이 보이고 외국인들은 마음대로 드나드는데 나는 내 집에 갈수 없다. 이것은 경제적인 문제가 아니라 인간 감정의 문제다. 이것은 반인간적이다.

■ **현재 키프로스에는 영국군 기지가 있는데 이것의 미래는 어떻게 될지?**

당시 터키의 존재는 아무런 문제가 아니었다. 영국은 대다수 그리스 키프로스인들이 자주적으로 키프로스의 미래를 결정하기를 요구하자 이에 대응하기 위해 잘 알려진 철칙인 '분리'와 '통치'를 키프로스에 적용하면서 터키가 북키프로스를 원한다는 것을 알고 터키를 끌어들인 것이다. 언젠가 영국이 군사 기지가 필요 없다는 것을 선언하고 돌아가기를 희망한다.

# 희망을 향한 끝없는 행진, 난민

2017년 8월 9일 1판 1쇄

**지은이** 하영식

**편집** 최일주, 이혜정, 김인혜
**교정** 한지연
**디자인** 최현숙(표지), 김명선(본문)
**제작** 박홍기
**마케팅** 이병규, 양현범, 박은희

**인쇄** 코리아피앤피
**제책** J&D바인텍

**펴낸이** 강맑실
**펴낸곳** (주)사계절출판사
**등록** 제406-2003-034호
**주소** (우)10881 경기도 파주시 회동길 252
**전화** 031)955-8588, 8558
**전송** 마케팅부 031)955-8595  편집부 031)955-8596
**홈페이지** www.sakyejul.co.kr
**전자우편** skj@sakyejul.co.kr
**블로그** skjmail.blog.me
**페이스북** facebook.com/sakyejul
**트위터** twitter.com/sakyejul

ISBN 979-11-6094-098-5 03340

이 도서의 국립중앙도서관 출판예정도서목록(CIP)은 서지정보유통지원시스템 홈페이지(http://seoji.nl.go.kr)와
국가자료공동목록시스템(http://www.nl.go.kr/kolisnet)에서 이용하실 수 있습니다. (CIP제어번호: CIP2017017725)